郑州商品交易所

Zhengzhou Commodity Exchange

期货市场研究丛书

期货市场研究丛书

INTELLIGENT COMMODITY INDEXING

A Practical Guide to Investing in Commodities

聪明的商品指数化投资

[美] 罗伯特·J. 格里尔 Robert J. Greer　尼克·约翰逊 Nic Johnson　米希尔·P. 沃拉 Mihir P. Worah ◎著

郑州商品交易所期货及衍生品研究所 ◎译

机械工业出版社
CHINA MACHINE PRESS

图书在版编目（CIP）数据

聪明的商品指数化投资 /（美）罗伯特·J. 格里尔（Robert J. Greer），（美）尼克·约翰逊（Nic Johnson），（美）米希尔·P. 沃拉（Mihir P. Worah）著；郑州商品交易所期货及衍生品研究所译 . —北京：机械工业出版社，2023.3（2023.4 重印）
（期货市场研究丛书）
书名原文：Intelligent Commodity Indexing: A Practical Guide to Investing in Commodities
ISBN 978-7-111-71763-8

I. ①聪… II. ①罗… ②尼… ③米… ④郑… III. ①股票指数期货 IV. ① F830.91

中国版本图书馆 CIP 数据核字（2022）第 249385 号

北京市版权局著作权合同登记 图字：01-2022-1626 号。

聪明的商品指数化投资

出版发行：机械工业出版社（北京市西城区百万庄大街 22 号 邮政编码：100037）

策划编辑：王 颖　　责任编辑：顾 煦

责任校对：韩佳欣 李 婷　　责任印制：张 博

印 刷：保定市中画美凯印刷有限公司　　版 次：2023 年 4 月第 1 版第 2 次印刷

开 本：170mm×230mm 1/16　　印 张：16

书 号：ISBN 978-7-111-71763-8　　定 价：79.00 元

客服电话：（010）88361066 68326294

期货市场研究丛书编纂委员会

总序

习近平总书记指出，创新是引领发展的第一动力。抓创新就是抓发展，谋创新就是谋未来。创新是期货市场的基因，而研究可谓是抓创新、谋创新的关键一步。

回顾来路，中国当代期货市场的发展与创新始终与研究息息相关：从试点探索阶段期货市场研究工作小组的推动、郑州粮油批发市场课题组的坚持，到清理整顿阶段对期货市场功能定位、初心使命的再审视和再探讨，再到党的十八大以来对中国特色现代期货市场发展道路的新认知、新探索，30 多年来，期货市场向前艰辛跋涉的每一步，无不源自市场前辈和同仁视野的拓展、认知的跃升。

作为国务院批准成立的首家期货市场试点单位，郑州商品交易所（以下简称郑商所）高度重视研究工作，早在 1997 年设立“期货市场研究丛书”，开启了国内期货交易所同类工作的先河，至今已累计出版著作近 30 本。这些著作较为系统地介绍了国外期货市场的发展经验、发展模式，较为全面地总结了我国期货市场产生、发展的基本经验，对期货市场的一些理论问题进行了思考和探索，为市场创新发展提供了诸多启示和借鉴。

为者常成，行者常至。中国期货市场从无到有、从小到大、由弱变强，在短短 30 多年的时间里，走完了成熟市场 100 多年的路程，走出了一条不平凡的发展道路。其间，中国期货市场产品体系不断完善、市场功能持续深化、风险防控更加成熟、创新开放不断深入、服务能力显著提升。《中华人民共和国期货和衍生品法》的颁布，将有力推动期货市场在法制轨道上持续健康发展。一个期货市场的崛起，是对众多期货人不断研究探索的最大褒奖。

眺望前路，新时代赋予了资本市场新的定位和使命。要牢牢坚持服务实体经济高质量发展的根本目标，打造一个规范、透明、开放、有活力、有韧性的资本市场。作为资本市场的重要组成部分，中国期货市场要不负使命、以创新跟上时代，需要直面众多待解决的重大问题：如何融入国家战略，在服务新发展格局中展现更大担当？如何融入实体产业，在服务经济高质量发展中更有作为？如何深刻把握市场运行规律，提高自身运行质量？如何立足国情、市情，学习借鉴国际最佳实践案例，建设中国特色现代期货市场？回答好这些问题，是新时代赋予期货人的机遇与考验。

中国期货市场三十而立，如何再出发？加强研究成为市场共识。持续加强期货行业理论方面的研究与创新，有了与时俱进的理论支撑，发展的方向会更明确，前进的步伐会更坚实。郑商所将充分发挥期货交易所作为金融基础设施的枢纽作用，继续以“期货市场研究丛书”作为行业研究交流、成果展示的平台和纽带，凝聚各方智慧合力，以研究为创新赋能、助推期货市场实现高质量发展，在奋进新征程、服务新格局中继续阔步向前。

郑州商品交易所党委书记、理事长

2022 年 5 月 31 日

译者序

近年来，商品指数化投资产品备受市场青睐。从全球看，商品指数化投资是居民配置大宗商品资产的重要渠道。据有关机构研究，截至2022年底，全球约有1120只商品（含单品种和价格指数）ETP，资金管理规模为4200亿美元左右。就国内而言，商品指数化投资的发展环境日渐成熟。经过30多年的发展，国内商品期货品种不断丰富，有色、黑色、农产品、能源、化工、建材等国民经济重要领域的覆盖度不断提升，具备对冲通胀的属性，作为大类资产配置的吸引力与日俱增。国内商品指数市场尚处于培育阶段，2013年7月，郑州商品交易所编制并发布易盛商品期货价格指数；2019年12月，深圳证券交易所首批三只商品期货ETF上市交易，基金规模稳步增长；2020年12月中证商品指数公司注册成立，并于2022年12月正式发布商品期货系列指数。国内商品指数化投资未来可期，急需境外成熟理论和经验以资借鉴。

太平洋投资管理公司（PIMCO）是较早涉足大宗商品市场的金融机构之一。太平洋投资管理公司的罗伯特·J. 格里尔在20世纪70年代首次定义了可投资的商品指数，并就商品指数化投资作为迥异于股票和债券的资产类别进行了深入解读和广泛宣传，被芝加哥商业交易所（CME）誉为“商品投资教父”。这本书由罗伯特·J. 格里尔、尼克·约翰逊和米希尔・P. 沃拉合作撰写，作者基于在太平洋投资管理公司从事大规模大宗商品交易的实践经验，在商品指数化投资简单复制标的指数、提供商品资产回报的被动投资基础上，从最大化展期收益、日历价差和季节性、替代和波动率等策略层面，以及策略的执行和风险管理等层面，力求“聪明”地优化商品指数化投资收益，对国内众多即将涉足商品指数化投资的机构投资者具有很强的启示和参考意义。本书从实践出发，但并未简单停留在实践层面，作者通过回顾大宗商品指数化投资发展历史，对大宗商品指数回报的驱动因素从抵押品回报、现货溢价、再平衡调整、便利收益和预期差异的角度做了专业分析，也对展期收益与商品库存的关系进行了深入论证，对于深刻理解上述优化策略有较大帮助。理论层面的支撑使得本书的内容更接近“授之以渔”，在成书 10 年后的今天更显历久弥新。同时，本书的撰写过程中使用了大量案例和图表，阅读体验良好。值得指出的是，这本书基于美国期货市场的实践撰写，在市场环境和监管环境方面与国内都有较大差距，读者在参考借鉴时需要结合国内实际情况，例如国内品种活跃月份结构对展期收益优化、季节性策略的影响较大。

2021 年，郑州商品交易所期货及衍生品研究所有限公司成立了《聪明的商品指数化投资》翻译项目小组，经过一年的共同努力，终于完成。参加初次翻译审校的人员有：王慧、刘鹏、陈玫茜、周博文。翟智君、刘鹏、芦发喜、王慧围绕译稿的专业性、准确度、语言表达及行文统一等方面，分别进行了二次审校和完善。吕保军对全书内容进行了审定。感谢以上人员为本书出版的辛苦付出。

衷心感谢汤珂、朱斌、王启户、李亚鹏、朱林、白玉、王楠在丛书立项和出版预审时给予的专业评审意见。感谢机械工业出版社对本书的大力支持。

受时间、精力和能力所限，本书译稿难免存在瑕疵，若有不当之处，敬请批评指正。我们期待，本书能对有志于商品指数化投资的读者有所启发，共同推动国内商品指数市场的健康发展。

郑州商品交易所期货及衍生品研究所有限公司

2022 年 12 月

序

在学术界乃至金融市场本身，大宗商品都是一个相对而言依然有待开发的资产类别。尽管长期以来，大宗商品期货一直是生产者借以对冲农作物未来产量波动的工具，然而就其相对于“现货”价格的估值问题的探讨却犹如蜻蜓点水。20世纪80年代初，太平洋投资管理公司（PIMCO）首次涉猎“金融”期货市场时，我们定制了一批印有“与太平洋投资管理公司一起进军期货市场”字样的T恤。此后不久，我们与一小群客户开启了一段非常有意义的旅程，迄今为止，我们已经在这条道路上坚持了30年。与那些紧盯大多存放在金库里的现金证券的竞争者相比，我们的研究和讨论赋予了自身独特的优势。金融创新是太平洋投资管理公司的特色，但是与此同时，我们始终确保自己所走的是一条稳定的道路，并时刻警惕不可避免的衍生品陷阱。

现在，太平洋投资管理公司的投资组合经理米希尔·P. 沃拉（Mihir P. Worah）、尼克·约翰逊（Nic Johnson）以及产品经理罗伯特·J. 格里尔（Robert J. Greer）正通过他们的著作《聪明的商品指数化投资》继续这一旅程。他们负责着全球最大规模的大宗商品交易，从其独特的角度出发解释了大宗商品期货的价值，探讨了他们对大宗商品指数投资的愿景，本质上，这是一种更新、更智慧的“PIMCO指数”。

我们的大宗商品部门所用的原则沿用了太平洋投资管理公司金融期货的交易原则。在接下来的章节中，你将会发现一个充满“利差”与“展期收益”等术语的世界，这些术语大多直接来自我们对债券和债券期货的管理经验。你将读到替代效应及其对合约定价的影响。纵观全文，各位作者强调了大宗商品作为一种资产类别的吸引力，它可以用来对冲太平洋投资管理公司所预期的未来通货膨胀。

我也为太平洋投资管理公司由资深投资组合经理组成的团队所提供的以下研究感到高兴与自豪。每天，我们在太平洋投资管理公司交易大厅都会因他们的思考而受益，希望更多人也能从他们的著作中汲取到有益的信息。

比尔·格罗斯

太平洋投资管理公司创始人兼联合首席投资官

前言

大宗商品是一种机构投资者和个人投资者都在使用的主流资产类别。与35年前相比，这是一项重大变化。几个世纪以来，股票和债券一直被认为是可以接受的，有时甚至是保守的投资，而大宗商品，或者说得更具体一些，大宗商品期货，直到最近才开始获得这种地位。以前，大宗商品期货市场的主要参与者是那些想要寻找对冲价格风险方法的商业组织。事实上，大宗商品期货市场的对冲功能是其最初能够发展起来的原因。大宗商品期货市场的风险由投机者承担，他们实际上通过猜测价格走势在市场中获利，而且经常使用杠杆，因而赋予了大宗商品期货市场风险极高的名声。

相对而言，投资者最近开始认识到，此类市场提供了对冲通货膨胀以及使资产多元化的机会，同时还具备获得可观回报的潜力。尤其是在2000年股市开始下跌之后，这些益处开始得到重视。随着投资者逐渐被这一资产类别所吸引，他们需要一种方法来定义什么是"大宗商品投资"。与其他资产类别一样，大宗商品也需要一个可投资的指数。几十年来，各种衡量现货商品价格的指标层出不穷，但是投资者现在购买的不是现货商品，而是商品期货。

投资行业推出了一种包含多种产品的可投资期货指数来满足这一

需求。投资者将这些指数的回报作为其配置资产类别的部分依据，开始将越来越多的资金投入大宗商品。如图 0-1 所示，据巴克莱估计，到 2010 年，投资额超过 3000 亿美元，2011 年甚至更高。

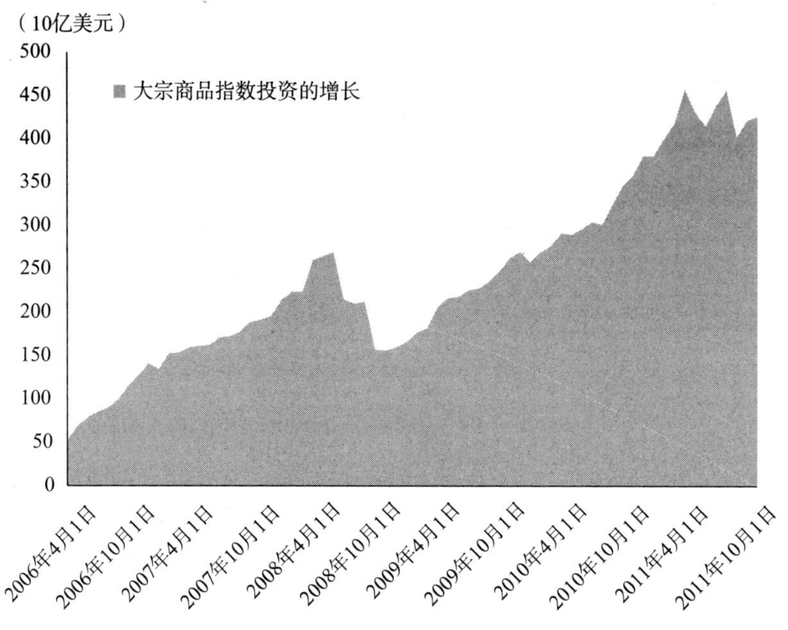

图 0-1　商品指数投资的增长情况

资料来源：巴克莱银行。

由于这一资产类别是最近才迅速发展起来的，投资者关于它的相关基本知识的了解不如股票和债券。许多投资者能够评估商品指数的构成以及这些指数的历史回报，但他们并不清楚如何才能明智地利用这些指数来获得比简单复制计算出的指数更好的回报，这就是我们撰写本书的原因。

我们相信，投资者在接触这一资产类别时，应该了解自己所追求的收益，并了解多元化和通货膨胀对冲是这一资产主要的潜在益处。我们相信，投资者应该了解大宗商品指数实现回报的历史驱动因素，因为作为一种资产类别，大宗商品与股票和债券有着根本上的差异。最重要的是，我们相信，聪明的大宗商品指数投资者应该了解如何才有可能在保留刚才提到的基本益处的同时，实现比经计算后公布的指数更具吸引力的回报。请注意，书中出现的“指数编制者”或“大宗商品指数投资者”指的都是通过跟踪商品指数寻求获得回报的投资者。

本书的编排结构如下：

- 为了便于理解，我们更精确地定义了大宗商品指数，并描述了其历史发展。
- 接下来，我们解释了这一资产类别的回报驱动因素，并说明这些驱动因素如何能够自然而然地提供通货膨胀对冲和投资组合多元化的潜力。
- 接下来的几章解释了聪明的大宗商品指数投资者为获得比简单计算的指数更有吸引力的回报，可能采用的各种策略，并给出了具体案例。这些策略包括讨论投资组合管理与风险控制。
- 我们还单独用了一章来讨论基本经济数据的来源，以有助于大宗商品投资者更好地了解市场。
- 最后，我们对未来进行了展望。

作为投资管理行业的专业人士，我们希望能够帮助投资者更深入地了解如何在其投资组合中利用这一重要的资产类别，希望读者能够真正从我们的努力中受益。

目录

第 1 章

大宗商品指数化历史

许久以来，人们对大宗商品价格及其指数一直很感兴趣。直到 20 世纪 70 年代末，这些指数主要指的还是实物商品的价格。无论是在美国还是在其他国家，大宗商品对整体经济的影响有目共睹，催生了人们对大宗商品价格的兴趣。但此时人们通常不会将大宗商品本身视为一种投资工具。

早期的一些指数是由路透社（Reuters）、《金融时报》（*Financial Times*）、《经济学人》（*Economist*）和其他数据来源发布的。这些指数涵盖许多大宗商品，包括那些在期货市场交易或没有上市交易的大宗商品。而不论过去还是现在，在诸如畜牧业、能源和矿业等特定行业的产品上，都存在许多其他的商品现货价格指数。道琼斯（Dow Jones）公司和美国商品研究局（Commodity Research Bureau）也发布了使用当月或现货月的期货合约价格（而不是现货价格）编制的指数，因为期货价格很容易获取。但与其他早期指数一样，这些已发布的基于期货价格的指数不可投资，因为金融投资者无法复制这些指数。因此，如果投资者想要获得大宗商品的价格敞口，他们通常会购买用于生产大宗商品的资本资产，如农田、金属矿、石油和天然气合伙企业或自然资源公司。虽然这些投资可以对大宗商品价格提供一些正敞口，但也存在一些缺点。

虽然流动性是最明显的问题，但投资生产资料还面临着其他风险，而这些风险并不都与商品价格有关。比如，投资农田的成功不仅取决于农作物的价格，可能还取决于天气；购买自然资源股票的投资者可能会受到公司财务结构和人才管理的影响。早在 2010 年，英国石油公司位于墨西哥湾的石油钻井平台发生爆炸时，该公司的投资者就意识到了这一点。当时，虽然油价最初因产量减少而飙升，但由于人们预计英国石油公司将承担与爆炸相关的责任和清理费用，公司股价反倒出现了大幅下降。

实际上，除贵金属外（因为相对于投资价值而言，贵金属的储存成本很小），为了从价格上涨中获益而购买和储存大宗商品的做法通常是不切实际的。工业金属也能被购买并长期储存，但其储存成本在投资中所占的比例要高得多。一些农产品只能在特定期限内被购买和储存，这类投资会因农产品变质以及高昂的储存和保险成本而蒙受损失。此外，人们为了从价格上涨中受益而持有大宗商品的意愿并不强烈，因为在第二次世界大战（以下简称“二战”）后的几十年里，许多大宗商品的价格上涨速度甚至跟不上通货膨胀的速度。部分原因是技术的改进提高了石油和金属的开采率以及谷物的产量，从而导致这一时期大宗商品的实际和潜在供应远高于需求。

然而，在 20 世纪 70 年代，出现了通货膨胀以及粮食和工业金属等相关大宗商品的短缺，人们开始对大宗商品产生投资兴趣。但是，这种兴趣往往表现为购买能够生产大宗商品的资本资产。尽管人们可能已经很好地理解了大宗商品价格上涨对通货膨胀的影响，但通过系统性地投资一篮子商品期货来对冲这种影响的可能性往往得不到重视。投资者一般无法获取到覆盖多种商品价格的指数风险敞口。

首个可投资的大宗商品指数

20 世纪 70 年代初，投资者首次接触到了通过复制股票市场指数进行投资的理念。当然，股票指数早已存在，但是直到 20 世纪 70 年代初才有了第一只股票指数基金。罗伯特 · J. 格里尔看到大宗商品在 20 世纪 70 年代对通货膨胀的影响以及可投资的股票指数基金的出现后，萌生了要找到一种帮助金融投资者获得大宗商品价格敞口方式的想法。当时，大宗商品被认为是高风险投资，但实际上，单个大宗商品的价格波动往往不会超过单只股票，比如小麦的价格波动通常不会比 IBM 的股价波动大。

人们认为大宗商品具有极高的风险主要基于两个原因。第一个原因是大宗商品期货市场的参与者通常使用大量杠杆。这种杠杆作用之所以可能实现，是因为市场参与者实际上并不需要通过借钱融资去拥有实物商品。相反，他们承诺在未来购买（或出售）某种大宗商品。只要在合约约定交割实物商品之前平仓，确保履约，他们只需存入足够的保证金，并在价格变动时及时调整保证金。这使得市场参与者只需投入少量资本就能接触到名义金额很大的商品。因此，大宗商品价格的小幅不利变动可能会完全毁掉这些杠杆投资者的资本，而小幅有利变动则可能会使投资者的资本成倍增加。这种保证金可能会被认为类似于房屋买主在签订房屋买卖合同时交的定金，买主只需在销售完成时支付全部购买金额。由此引出了大宗商品投资被误解的第二个原因。许多投资者并不了解期货合约的本质，将大宗商品期货市场的多头头寸视同大宗商品本身的完全所有权。

为了消除大宗商品投资的杠杆风险，可以对大宗商品合约进行全额抵押。若活牛合约（40 000 磅[㊀]）的交易价格为每磅 50 美分，则合约的名义价值为 20 000 美元。投资者可以将其投资组合中的 20 000 美元全部用于投资活牛的一手多头合约，而不是用于支付 1000 美元的最低保证金。如果这样做，这些投资者将拥有实际购买活牛的资金，杠杆将不复存在，因为无论活牛的价格下跌到什么程度，投资者都有钱来追加保证金。投资者的总回报等于抵押品的回报加上或减去期货合约价格的变化。这个概念意味着投资者在活牛价格上涨时总是拥有正敞口。这也意味着只有多头头寸才能进行全额抵押，而你无法确定空头头寸需要多少抵押品，因为你无法知道对你不利的变动上限。

与股票相比，这种类型的投资具有优势。因为商品的价格不可能降为零。[㊁]公司可以破产，但活牛不会破产。即使是在 1956 年洋葱期货市场崩溃时，期货合约的价格也没有归零（价格跌到 10 美分，比存放洋葱的袋子的成本还低）。

接下来，格里尔要确定投资者可用的抵押品。他选择用 90 天银行存单利率来模拟一种几乎没有明显利率风险的高质量投资。在大多数已发布的现代指数中，抵押品收益通常设定为 30 天的短期国债利率（每周重置），因为指数提供方希望使用风险相对较低的抵押品，以免将其他金融风险带入投资组合。除了风险低之外，短期国债

㊀ 1 磅 =0.4536 千克。——译者注

㊁ 2020 年 4 月 20 日，芝加哥商业交易所临时修改交易规则，在正在交易中的合约允许“负油价”，WTI 原油期货当天跌破零，最终以 −37.63 美元 / 桶收盘。本书写于 2012 年，当时主流市场尚未出现过商品期货负价格的情况。——译者注

还可以用作构成指数的基础期货头寸的抵押品。因此，选择短期国债可以简单地复制已发布的大宗商品指数。然而，投资者发现，在2009～2011年这样的超低利率时期，短期国债不仅被认为是“无风险投资”，还被认为是“无回报投资”。（第10章会对投资者如何选择抵押品进行讨论。）由此引出了大宗商品指数的三个定义特征中的第一个特征：对大宗商品期货头寸进行完全抵押以避免杠杆作用，并对抵押品进行选择。

但是当大宗商品期货合约到期时会出现什么状况呢？只做多头的投资者最终会收到一批活牛吗？当然，由于投资者进行了全额抵押，他们能够买得起活牛。但这通常不是投资者想要的。这个问题可以通过在交割日之前进行展期来解决，比如在10月合约的第一个交割日之前，投资者会卖出10月合约并买入12月合约。投资者仍然拥有活牛价格上涨的敞口，但他们永远不会真正地拥有这些活牛。此外，他们将始终通过抵押品来赚取利息。

凭借这种洞察力，格里尔确定了大宗商品指数三个定义特征中的第二个特征：有明确的大宗商品期货展期规则，这样投资者就可以持续拥有大宗商品市场的敞口，而无须实际交割或储存实物大宗商品。

担心通货膨胀的投资者可能不会只想获得活牛的价格敞口。他们希望接触一系列广泛的大宗商品，以获得更全面、更多元化的价格敞口。为了获得这种敞口，需要投资许多流动性充足的商品期货合约，并且选择的商品需对经济有一定的重要性，如在世界贸易或消费价格指数（CPI）中相对重要的商品。

对于现在的指数，有多种衡量方法来确定这种相对重要性，在某些情况下可以使用在线数据库和复杂的计算。格里尔的工作早于个人电脑普及和互联网时代，当时“在线”（online）这个概念并未出现。但是，还有其他衡量指标可以确定相对重要性，其中两个是美国劳工部发布的 CPI 和路透社英国商品价格指数，它们根据大宗商品在世界贸易中的重要性对其进行加权。格里尔使用这两个指数作为衡量商品对经济重要性的标准。他首先确定了可用期货合约所代表的大宗商品，然后排列了路透社英国商品价格指数的所有组成部分，并将每个组成部分映射到其中一个可用的期货合约中。显然，不是价格指数的每个组成部分都有一个活跃的期货市场，因此需要一些临时匹配。随后，格里尔以同样的方式处理 CPI，将 CPI 的每个组成部分映射到指数成分商品期货合约中。这里需要更多的临时匹配，因为并没有明确的方式将 CPI 的组成部分与小麦或生猪等大宗商品联系起来。最后一步是取两个指数的映射结果平均值，从而得出可投资大宗商品指数的权重，使其总和为 100%。这样就产生了定义大宗商品指数所需的第三个特征：用一种系统的方法来确定要纳入的大宗商品及其相对权重。首个可投资的大宗商品指数就此诞生了！本书前言中所述的“可投资”指的是金融投资者能够复制该指数所衡量的回报。

最后，随着指数方法的完全确定，格里尔计算了 1960 ～ 1974 年的历史结果（后来将回报范围延长至 1978 年）。由于个人电脑尚未被发明出来，数据收集和回报计算是相当费力的。因此，格里尔从《华尔街日报》的微缩胶片副本中手工收集数据后，选择以 6 个月为间隔来计算指数回报。这意味着头寸每年展期两次。由于他为每种商品分配了一个百分比权重，所以这个指数每年要进行两次再平衡调整。

该结果发表在 1978 年夏季版的《投资组合管理期刊》（*Journal of*

Portfolio Management）上。文章的标题“保守的大宗商品：一种关键的通货膨胀对冲工具”反映了指数的目的。如今的可投资指数通常体现了最初所确立的原则。可投资的大宗商品指数应反映以下投资过程的回报：

- 反映只持有多头头寸并按照特定规则进行展期的结果。
- 假设完全抵押了所有期货头寸。
- 假设权重通常以某种方式反映了各组成部分相对的经济重要性。
- 遵循透明且完全确定的计算方法。

20世纪80年代，还有一些关于商品指数投资的学术研究，包括博迪（Bodie）、罗桑斯基（Rosansky）等人的工作成果。但实际上，并没有投资者对商品指数投资表现出真正的兴趣。当时还没有像商品共同基金这样的机制，可以让个人投资者获得大宗商品指数的敞口。机构投资者几乎没有表现出任何兴趣，这可能是因为他们不了解期货合约的性质，更不了解这种新颖的指数化想法，或者他们只是被其投资组合中的股票吸引住了，又或者他们害怕冒险进入尚未有机构投资的领域。

20世纪90年代

直到1991年，即格里尔开创性地定义第一个可投资大宗商品指数的13年后，该行业才迎来了第一个由重要机构支持的商业适用指数。高盛隆重推出了高盛大宗商品指数（GSCI），这是目前被引用得最为频繁的大宗商品指数，估计有1000亿美元的资产以它为基准

[截至2011年12月31日，由标准普尔（以下简称“标普”）估算]。创建该指数的主要动机是让投资者有可能从生产商在期货市场上通过做空来对冲其产品价格的行为中获利（这在第2章中我们谈及指数回报的驱动因素时将会进行讨论）。这种投资方法旨在让投资者接触作为资产类别的大宗商品，同时通过更好地匹配买卖双方来提高市场的流动性。高盛后来将其指数业务出售给标普，因此该指数现在被称为标普高盛大宗商品指数（S&P GSCI）。

1993年，颇具影响力的弗兰克·罗素（Frank Russell）咨询公司发布了由厄尼·安克里姆（Ernie Ankrim）和克里斯·亨塞尔（Chris Hensel）所著的白皮书，解释了大宗商品指数在整体投资组合中的潜在优势。20世纪90年代，由其他投资银行支持的指数紧跟着GSCI指数出现。信孚银行开始营销信孚银行商品指数（BTCI）。美林证券（Merrill Lynch）开始营销美林能源和金属指数（ENMENT）。摩根大通（J.P. Morgan）开始发布摩根大通大宗商品指数（JPMCI）。大和证券则与罗伯特·格里尔合作，恢复使用格里尔的原始指数，并改进为大和实物商品指数（DPCI）。这些指数提供方主要寻找机构投资者，因为后者可能会进行场外互换交易以获得特定指数的敞口。

然后，在1998年，该行业出现了个人投资者可以获得大宗商品指数敞口的第一个工具。奥本海默基金公司发行了奥本海默实物资产基金（Oppenheimer Real Asset Fund），该基金以GSCI指数为基准，并使用结构性票据来获得大宗商品的敞口。大约在奥本海默发行其基金的同时，英国发行了一个封闭式基金来追踪GSCI指数。目前奥本海默的基金仍然存在，然而，英国封闭式基金的一些股东因基金折价交易而在20世纪末之前被迫进行了清算。

人们对大宗商品指数的兴趣和了解似乎仍然不多。然而，这并没有阻止美国国际集团（AIG）在1997年推出AIG商品指数，该指数目前是第二大广泛使用的大宗商品指数，约有800亿美元的资产以它为基准（截至2011年6月30日，由道琼斯公司估算而得）。AIG商品指数背后的动机是构建一个具有加权方法的指数，从而比GSCI指数覆盖的商品更加多元化。它还使其头寸比远期曲线略进一步，并且每年进行一次再平衡调整，而GSCI指数从未根据价格变化进行再平衡调整。后来，AIG与道琼斯公司于1998年达成协议，共同维护该指数，并将该指数重新命名为道琼斯AIG大宗商品指数（DJAIGCI）。该指数在AIG衰败后被出售给瑞银（UBS），现在被命名为道琼斯瑞银大宗商品指数（DJUBSCI）。与此同时，大和证券将DPCI指数出售给大通曼哈顿银行（后来与摩根大通合并），在那里它先是更名为大通实物大宗商品指数，之后又更名为摩根大通大宗商品期货指数。摩根大通在2000年停止计算该指数，而瑞士信贷最终在2009年使用格里尔的方法将瑞士信贷大宗商品基准（CSCB）指数推向市场。这三个主要大宗商品指数的定义特征如表1-1所示。

表1-1 三个主要大宗商品指数的定义特征

	道琼斯瑞银大宗商品指数	瑞士信贷大宗商品基准指数	标普高盛大宗商品指数
加权方法	1/3的世界产值和2/3的市场流动性	包含市场流动性阈值的世界产值	包含市场流动性阈值的世界产量
使用的合约	即月	前3个月（等权重）	即月
展期	5个工作日（每月第5个工作日至第9个工作日）	15个工作日（上个月月底前的第5个工作日至该月的第9个工作日）	5个工作日（每月第5个工作日至第9个工作日）
再平衡调整频率	年度	月度	不根据价格变化进行再平衡调整
指数重构	年度	年度	年度

（续）

	道琼斯瑞银大宗商品指数	瑞士信贷大宗商品基准指数	标普高盛大宗商品指数
加权约束	七大大宗商品组：最高 33%① 单一大宗商品：最高 15%，最低 2%① 单一大宗商品及其衍生品：最高 25%①	无	无

① 设置新权重的年初生效。由于价格变动，实际权重可能会超出当年范围。
资料来源：各种指数供应商。

指数投资增长

20 世纪 90 年代末，出现了大量关于大宗商品基本原理的研究，讨论其为何属于不同于股票和债券的独立资产类别。股票和债券都是资本资产，会产生现金流，并且可以使用净现值分析进行估值。而大宗商品虽然可以投资，但不会产生现金流。它们的价值源于它们可以被消费这一事实，而价值分析更多地由供需驱动，包括对未来供需的预判。(第三种可投资的“超资产类别”是保值资产，包括艺术品和货币等。)

尽管有几家投资银行的大宗商品部进行了学术研究并表现出兴趣，但在 21 世纪初，实际投入该资产类别的资金却很少。我们估计到 2000 年只有大约 100 亿美元用于跟踪大宗商品指数。其中大部分是机构资金，早期的投资者包括哈佛捐赠基金、安大略教师养老基金以及荷兰最大的两个养老基金 PGGM 和 ABP。新加坡政府投资公司也在 20 世纪 90 年代后期进行了大宗商品指数投资。

21 世纪

21 世纪的头十年，伴随着投资方式的不断创新，大宗商品指数的投资需求激增。一部分原因是股票投资者在 2000 年蒙受了损失，使得他们急于寻找另一个投资领域。虽然不会总是成功，但跟踪指数的商品投资大体上已表明其自身是一种用于投资组合多元化和通货膨胀对冲的机制。另一部分原因是该资产类别正逐渐为人所了解，而且个人和机构投资者都有几种可靠的投资形式可以使用。尤其是迄今为止以其在固定收益方面的专业知识而闻名的太平洋投资管理公司，开始意识到投资大宗商品指数的好处。该公司于 2000 年开始进行以大宗商品指数为基准的机构授权管理。2002 年，它推出了大宗商品指数共同基金，创新地采用了美国通货膨胀保值债券（TIPS）而不是短期国债，作为大宗商品风险敞口的抵押品。

在指数投资产品使用率增长的同时，供需因素正在推动许多市场的大宗商品价格走高。出现价格上涨的市场既包括小麦、铜、原油和其他属于已发行指数的大宗商品，也包括大米和钢铁等不属于主流可投资指数的大宗商品。这形成了一个反馈环，在这个反馈环中，一些早期使用者的满意度会影响新投资者。到了 2008 年夏天，在多种原因促使下，约有 3000 亿美元投入了大宗商品指数（资料来源：巴克莱资本）。这笔钱不仅投入了共同基金，还投入了机构独立账户和交易所交易基金（ETF）[⊖]，其中一些基金跟踪单个大宗商品或部门，而

⊖ 全球第一只商品 ETF 于 2004 年上市，此后商品 ETF 数量不断增加、规模不断扩大。彭博数据显示，截至 2021 年 11 月，全球共上市有 318 只商品 ETF，总规模达 1945 亿美元。——译者注

不是广泛的敞口，并且还有一些基金持有实物商品。在此期间，恶劣天气和地缘政治造成的供应中断以及“新兴经济体”不断增长的需求使大宗商品价格快速上涨。商品指数的投资者通常是试图对冲通货膨胀风险和金融风险的长期投资者，但是有人指责他们推高了实物商品的价格，甚至给他们贴上了“指数投机者”这一自相矛盾的标签。

毫不意外，大宗商品指数投资的增长使提供给投资者的新指数不断涌现。其中大部分新指数来自投资银行的大宗商品部，有些保留为专有指数，有些是在透明的基础上进行提供的。与第一代以标普高盛大宗商品指数和道琼斯瑞银大宗商品指数为代表的指数相比，这组新指数通常被称为“第二代”指数。就如何以及何时将期货敞口从即期合约展期至远期合约以及它们在期货曲线上的持仓敞口而言，这些第二代指数可能只是在设计上与第一代指数有所不同，或者它们实际上可能更加动态和算法化。但是作为指数，它们仍应有一个完全确定的计算方式。

表 1-2 列出了市场上的部分知名指数，这些指数可从多个来源获得。表 1-3 列出了一些其他专有指数和指数族。这个列表不可能详尽无遗，因为人们正在不断开发新的指数和指数的变形。此外，也很难列明指数的每个变形。因此，在某些情况下，我们会确定一系列指数族。最后，在主要列表（表 1-2）中，我们突出显示了可从多个来源获得的指数。

现在市场上也有一些自称为“指数”的策略，但实际上我们最好将其视为交易方法。这些策略确实遵循了预先定义的规则，因此它们的计算是透明的，但它们也可能包括反映期货市场多头和空头头寸的

表 1-2　市场上的部分知名指数（可从多个来源获得）

可交易的透明商品指数：
- 可从多个来源获得。
- 只有多头头寸。
- 只有商品期货；没有金融期货。

指数	指数编制者	描述	注释
道琼斯瑞银大宗商品指数	道琼斯公司和瑞银	20 种大宗商品；所有行业	原道琼斯 AIG 大宗商品指数；276 个独特指数族的基础，在 ftp 站点上发布了更多变形
标普高盛大宗商品指数	标普	24 种大宗商品；所有行业	原 GSCI；指数族的基础
瑞士信贷大宗商品基准指数	瑞士信贷	32 种大宗商品；所有行业	基于 DPCI/JPMCFI 技术；指数族的基础
罗杰斯国际大宗商品指数	比兰德股份	37 种大宗商品；所有行业	由吉姆·比兰德·罗杰斯（James Beeland Rogers）制定。行业指数族的基础
德意志银行流通大宗商品指数	德意志银行	代表能源、贵金属和工业金属以及谷物的 6 种大宗商品	能源每月展期，其他每年展期。这个指数族还有其他指数，其中一些以性能为基础
路透杰富瑞 CRB 大宗商品指数	杰富瑞投资管理公司	19 种大宗商品；所有行业	当前是原始 CRB 指数的第十次修订
摩根大通大宗商品曲线指数（JPMCCI）	摩根大通	34 种大宗商品；所有行业	基于未平仓合约跨曲线投资。权重可以追踪 GSCI、道琼斯瑞银大宗商品指数或其他指数
摩根大通全球资产配置指数（C-IGAR）	摩根大通	12 种或 24 种大宗商品，取决于版本	基于动量的指数

资料来源：各个指数编制者。

表 1-3 其他专有指数和指数族

专有指数和指数族： • 要么不透明，要么仅由一个来源提供。			
指数	指数编制者	描述	注释
美林大宗商品指数	德意志银行	多种基于业绩的指数；正在添加更多变形	
	美银美林	大约 450 个指数，使用 30 种不同 beta 系数的大宗商品。基于曲线、动量、波动率和基本面的 alpha 指数	
	瑞士信贷	基于基本面和技术面因素的指数，其中一个包含嘉能可（Glencore）的相对价值判断	
	高盛	一些与标普相关的专有指数。还提供包含克莱夫资本（Clive Capital）相对价值判断的指数叠加	
	巴克莱资本	“CORALS”指数包含基本面和技术面因素	
格林黑文连续大宗商品指数	作为 ETF 提供	同等权重。每个月根据远期曲线的形状从 27 种大宗商品中选择 14 种	
萨摩黑文动态大宗商品指数	作为 ETF 提供	结合基差和动量因素。基于戈顿（Gorton）和罗温霍斯特（Rouwenhorst）的研究	
摩根大通	摩根大通	“全能”版本中有 24 种大宗商品；动态选择期货曲线上的一个点	
纯 beta 大宗商品指数	巴克莱资本	18 种大宗商品；所有行业	寻找远期曲线的一部分，最接近于跟踪现货价格
固定期限大宗商品指数	瑞银	27 种大宗商品；所有行业	根据远期曲线的形状持有多个期限
现货溢价篮子	摩根士丹利	通常 9 种大宗商品，所有行业	对于标普高盛大宗商品指数或道琼斯瑞银商品指数的每个行业，仅选择了大多数现货溢价的大宗商品

资料来源：各个指数编制者。

回报。诸如此类的策略可能确实有优点，但它可能会失去该资产类别旨在提供多元化风险分散和通货膨胀对冲的这些固有优势。这种策略模型的回溯测试可能确实能够显示出相对于股票和债券分散风险的多元化潜力，以及一些通货膨胀保护和获得正回报的潜力。但如果没有一个经济基本面因素来解释这些回报，那么在未来可能更需要关注通货膨胀保护和分散风险。因此，多空大宗商品策略可能更像是对冲基金，寻求绝对回报，但碰巧使用了大宗商品工具箱。要衡量大宗商品投资的资产类别，指数应体现 20 世纪 70 年代创建的第一个指数某个版本的特征。商业适用的第一代和第二代指数也具有这些特征。提醒一下，其中一个指数

- 反映了只持有多头头寸并按照特定规则进行展期这一结果；
- 假设所有期货头寸都已充分抵押；
- 假设权重通常以某种方式反映各组成部分的相对经济重要性；
- 遵循透明且完全指定的计算方法。

所有这些指数和变形以及它们充分定义的计算和算法，都有另一个共同的特征。它们主要是静态的，因此作为跨不同时间段的指数，它们对于历史比较和分析更有用。它们并不体现对期货和现货市场震荡行情的动态反应。因此，虽然它们可以作为可投资大宗商品这一资产类别的良好衡量标准，但如果投资者智慧地复制其中一个指数，而不是简单地遵循所有透明的规则，投资者回报则可能会提高。

过去十年，对大宗商品指数策略的投资大幅增加，而且由于对这

些市场有了更为深入的了解，指数也变得更加复杂。我们认为，投资者的目标不应只是复制出由其中一个指数进行衡量的资产类别的回报。其目标应该并且可以展望未来的一二十年，并试图确定如何明智地定位他们的投资，以便从该资产类别提供的潜在收益中获利，而不仅仅依赖于回溯测试策略。其目标应该是选择一个最能代表该资产类别所提供的回报潜力的指数，然后尝试超越它，我们称之为“聪明的商品指数化”。本书介绍的正是实现聪明的商品指数化投资的方法。

第2章

大宗商品指数回报的驱动因素

20世纪90年代后期，人们开始更深入地理解通过投资来追踪大宗商品指数的想法，但同时却很少有人参与这种形式的投资。事实上，在投资者会议上，有关大宗商品投资的想法通常只在会议议程中占极少的部分，而其他形式的“替代性”投资，如对冲基金和房地产，则填满了会议议程。在一次会议上，在就大宗商品进行陈述介绍期间，一个提倡投资该类资产的发言者说：“购买燕麦吧，燕麦短缺，价格在上涨。”当然，这个投资者并不是在谈论持有燕麦实物，并承担相应的存储和运输成本，他所指的是购买燕麦期货合约，而且有个隐含的假设是将这些合约完全抵押。很遗憾，说此话的人没有指出当时交割的燕麦价格为每蒲式耳[⊖]2.00美元，而六个月后交割的合约价格为2.20美元。表面上，市场情况与此人观点一致，即预计燕麦价格会上涨，但要让其赚钱，则在接下来的六个月里燕麦的实际价格必须上涨10%以上。

这个故事阐明了大宗商品投资的一个关键考虑因素。除贵金属外，大多数投资者并不购买和持有实物商品，他们通常购买完全抵押

⊖ 在美国，1蒲式耳燕麦为25.401千克。——译者注

的大宗商品期货合约。随后，在近月合约到达交割月份之前，他们会将这些期货头寸从近月合约展期至远月合约。如上所述，大宗商品指数可用于衡量这种投资形式的回报。指数导向投资者（有时简称为指数投资者）也会遵循一种算法来确定其投资组合中的相应大宗商品的权重。通常而言，在国际贸易中越重要的大宗商品，在指数中的重要性就越高。[⊖]

大宗商品指数的回报并非由大宗商品现货价格的变化直接驱动，而是由大宗商品期货价格的变化（加上抵押品的回报）决定的。现货价格的变化几乎肯定会影响期货合约价格的变化，但指数回报将直接根据期货价格来计算，而非现货价格。然而，无论何时，期货价格都体现了“市场”对世界未来状态的集体预期，以及这些期货的买方或卖方所要求的风险溢价。因此，期货价格的变化是由意外事件、对未来某一日期现货价格预期的变化以及大宗商品期货合约固有的风险溢价引起的。这些意外事件（如俄罗斯干旱、智利铜矿罢工）尤为重要，它们通常是造成大宗商品指数回报与股票和债券相关性较低的原因，尤其是在意外事件影响供应预期的情况下。债券市场不关心智利铜生产的短期中断，而大宗商品市场则密切关注这一点。股票市场通常也不在意俄罗斯的天气，而它可能（并且已经）对小麦价格产生了实质上的影响。

不过，大宗商品指数回报的表现还有更多的影响因素。如果市场投资者认定通货膨胀会加速，那么债券收益率可能会上升，这会损害到债券的总回报。如果市场预期通货膨胀继续上升，那么股市也可能

⊖ 关于此类可投资性大宗商品指数最早的论述，请参见 Greer（1978）。所有主要大宗商品指数基准都体现了该论述中所述的相同原则。

受到打击。但大宗商品指数受预期期货价格的影响，如果全世界都认为可能会出现更高的通货膨胀，那么某些大宗商品（即大宗商品期货合约）的预期期货价格可能会上涨。因此，若出现某类意外事件，投资者可能获得比大宗商品指数与股票和债券缺乏相关性更好的东西，即负相关性。在第 3 章中将更详细地探讨大宗商品资产类别的这种分散化特征。

事实上，历史数据表明大宗商品指数通常与股票和固定收益指数回报呈负相关关系，但与通货膨胀和在长期通货膨胀中的变化呈正相关关系。部分原因在于，大宗商品是一种具有独特性的资产类别，这意味着大宗商品投资回报的驱动因素往往不同于上述其他资产类别。重点是要了解这些投资回报的驱动因素，以便正确预测大宗商品投资是否适合某种投资组合，并了解大宗商品在不同经济事件中呈现相应表现的原因。有一个重要的问题需要回答：如果大宗商品期货市场是有效的，那么大宗商品指数的固有实际（即通货膨胀调整后的）回报是否为正？答案是肯定的，而且这种固有的回报并不直接依赖于大宗商品价格的上涨。大宗商品期货合约的价格已经集合了投资者、投机者和贸易公司对未来供需状况的集体观点，而他们每日全天都在交易诸如燕麦等合约。他们使用所有可获取的信息，这些信息是通过农业分析，以及从其在美国和其他各地燕麦田的代表那里得到的。

然而，集体市场影响也承认期货市场存在一定固有的风险溢价，并会影响大宗商品指数回报（不仅是燕麦期货，还包括其他在交易所中交易的大宗商品）。大宗商品指数投资者可能会从多个来源获得潜在回报，其中不包括市场已经预期到的大宗商品价格上涨带来的回报。

大宗商品指数产生溢价的四个来源

本章描述了大宗商品指数产生溢价的四个来源：抵押品回报、现货溢价、再平衡调整和便利收益。

抵押品回报

首先，投资者可以从充当大宗商品期货合约的抵押品中获得回报。大多数已发布的指数将抵押品指定为美国短期国债。这是因为这些指数的设计者不希望他们的资产类别回报由于在抵押品中引入风险（信用风险或利率风险）而变得不确定。因此，他们选择了在过去被认定为“无风险”的资产——短期国债。长期以来，当政府没有主动抑制短期利率时，国债在预期通货膨胀的基础上可提供小幅的实际回报率。但是，正如我们在2008年金融危机之后很长一段时间内所看到的那样，短期国债不仅可以被视为“无风险”资产，也可以被视为几乎“无回报”资产。美联储的举措（包括量化宽松政策）造成很长一段时间内短期国债的利率保持在趋近于零的水平。同样，“二战”后的利率限制导致美国短期国债的实际利率为负值。这就是聪明的指数投资者可能会使用除“短期国债”以外的一些抵押品的原因，正如本书将在后续章节中继续探讨的那样。但无论抵押品是什么，它都会体现市场对未来通货膨胀的集体预期，这就是资本资产定价的性质。因此，这也是大宗商品指数投资的一个重要特征。投资者所获得的对冲预期通货膨胀的收益，不是来自大宗商品的敞口，而是来自所使用的抵押品。这一特征暗示了如何思考利用大宗商品对冲通货膨胀，这是第3章要探讨的主题。

现货溢价

早在可投资大宗商品指数存在之前，约翰·梅纳德·凯恩斯（John Maynard Keynes）就确定了只做多头大宗商品投资的第二个潜在回报来源。生产商通常会支付一笔可被视为“保险费”的费用，以确保其产品的未来销售价格。也就是说，他们会以低于其认为的未来实际价格的形式出售产品以备期货交割。通过这种方式，他们继续经营，并将价格风险转嫁给投机者、消费者、加工商……或只做多头的投资者。该合约买方支付的价格低于市场认为的最终现金实际结算价。这个差额是买方为生产商承担价格风险而赚取的保险费，凯恩斯把该回报称为现货溢价。

需要注意的是，保险费不随现货价格上涨或下跌而变化，也不随远期曲线向上或向下倾斜而变化。术语现货溢价通常用于描述远期向下倾斜的期货曲线。为了明确起见，有时把它称为交易者的现货溢价。但现货溢价随观察到的期货价格与（未观察到的）预期未来现货价格而变化。当期货合约价格低于市场预期的未来现货价格时，就会出现凯恩斯所指的现货溢价。尽管并非所有市场都存在现货溢价（如本章稍后解释的天然气），但它明显存在于大多数市场中，因为生产商通常比大宗商品买方（通常是加工商或最终消费者）拥有更多的库存和更高的固定成本。

加工商的商业模式往往是支付原材料市场价格，加上加工商利润，并把成品投放出去。因此，加工商的价格风险低于生产商。实际上，如果加工商无法锁定其成品的销售价格，那么当它们利用期货合约锁定其中一项投入品的价格时，可能会增加经营风险。

那么大宗商品最终消费者的情况如何呢？大宗商品的价格只是消费者总成本结构的一部分，且通常是一小部分。由于生产商在大宗商品价格上的风险比消费者更集中，因此生产商有更大的动机来对冲其价格风险。例如，很少有消费者会通过购买汽油期货来设法对冲他们在加油站购买汽油的风险；他们也不会通过购买活牛期货来对冲牛排和汉堡的消费；而且由于咖啡豆的成本仅占咖啡店咖啡成本的一小部分，因此店铺并没有太大的经济需求来对冲其原材料采购。

这种现货溢价只是大宗商品指数回报驱动因素的一部分。这对于指数投资者来说是幸运的，因为存在一个合理的预期，即随着越来越多的指数投资者进入市场，为生产商提供这种保险，（难以察觉的）保险成本可能会下降。也就是说，大宗商品指数投资目前为个人消费者提供了一种方式，来对冲他们所购买的汽油或消费的牛排，同时还能为生产大宗商品的石油生产商和农民提供更有效的潜在定价对冲。

再平衡调整

单个大宗商品价格的变化通常彼此之间并不是高度相关的，因为它们均由不同的自然和经济事件驱动。大宗商品指数回报的下一个组成部分即来源于此。这种弱相关性尤其体现在供给因素上，它是决定价格的供需平衡的一部分。小麦市场一般不关心智利铜矿是否发生罢工，而铜市场一般也不在意霜冻是否会影响巴西咖啡的生产。但正如某些时期所显示的情况，对某一种大宗商品的需求变化可能会影响几种大宗商品，使它们彼此之间产生更强的相关性，尤其是当预期需求的变化来源于对全球增长展望的变化时，具体内容将在第 3 章中展开探讨。当单个资产（大宗商品合约）达到互不相关的程度，投资者可以通过调整投资组合使其再平衡来获得潜在的增量回报：出售价格上涨的大宗商品，购买价格下跌的大宗商品。这种再平衡的想法隐含在哈里·马科维茨（Harry Markowitz）关于现代投资组合理论的先驱性著作中。在他的开创性著作《资产选择》中，他写道：

> **合理的投资组合**
>
> 在三种证券分析中…… 我们令
>
> X_1 代表投资于第一只证券的投资组合部分；
>
> X_2 代表投资于第二只证券的投资组合部分；
>
> X_3 代表投资于第三只证券的投资组合部分。

在投资组合中，一旦为每个资产分配了百分比，那么为了保持该百分比，就需要随着价格的变化进行一些再平衡调整。由于单个大宗商品期货价格往往波动较大，但彼此之间的相关性通常较低，因此回报中这种再平衡部分的潜在收益可能颇具吸引力。对再平衡的潜在收益有不同的测算方法。正如所料，研究中显示收益取决于再平衡调整的频率、指数中大宗商品的权重以及进行研究的时间段。如果市场走势强劲，那么频繁的再平衡调整可能会降低回报。在理想情况下，投资者不希望在走势开始逆转之前进行再平衡调整。另外，如果几个市场均波动剧烈但仍然互不相关，那么可能值得进行更频繁的再平衡调整。

亚当·德·奇亚拉（Adam De Chiara）和丹·拉布（Daniel Raab）的一项早期研究（2002）分析了道琼斯 AIG 大宗商品指数（现在的道琼斯瑞银大宗商品指数）从 1992 年到 2002 年的回报。该指数每年进行再平衡调整。两位作者计算了指数从来不进行再平衡调整情况下的回报，发现每年对该指数进行再平衡调整会带来年均 280 个基点（bp）的更高回报。

罗伯特·格里尔（2000）以不同的方式计算再平衡调整的回报。他使用了一个每日进行再平衡调整并且每年改变权重的指数回报，即第 1 章中所提的摩根大通大宗商品指数。为了估计总指数回报中来自再平衡的部分，他使用了费恩霍尔茨（Fernholz）和谢伊（Shay）（1982）构造的公式，并采用了 1970 年至 1999 年的数据。他发现每日进行再平衡调整的回报为平均每年 248 个基点，并且一般随着指数中大宗商品数量的增加和平均互相关性的降低而增加。

在 2006 年发表的一篇论文中，加里·戈顿（Gary Gorton）和格特·罗温霍斯特（Geert Rouwenhorst）计算了基于再平衡调整的频率回报会有何不同。例如，他们表明，如果他们创建的指数是按每年而不是每月进行再平衡调整，几何回报率将每年增加 120 个基点。这项研究表明，再平衡会影响回报，但这并不能明确归因于再平衡回报。此外，再平衡调整的最佳频率应该取决于单个资产在任何子时期的走势强劲程度。

瑞信对其瑞士信贷大宗商品基准进行了分析，根据是否每日、每月、每季度或每半年进行再平衡调整来分析回报，并与从不进行再平衡调整进行对比。它以年为单位，分析了从 1998 年到 2010 年的情况。研究发现，如果该指数没有进行中期再平衡调整，那么在 13 年中只有 4 年的回报更高。

与戈顿和罗温霍斯特不同，埃尔布（Erb）和哈维（Harvey）（2006）将大宗商品指数（不包括抵押品）的全部回报归因于再平衡调整。阐述该观点的论文，与戈顿和罗温霍斯特的著作同时发表。埃尔布和哈维将这种再平衡回报称为“多元化回报”。它不仅来自卖高买低，而且在投资组合层面，也来自降低投资组合的波动性。尽管再平衡调整无疑是他们的回报的一个组成部分，但他们的理论却无法解释为何在 1982 ～ 2004 年，高盛大宗商品指数（现在的标普高盛大宗商品指数）每年的回报比抵押品回报高 4.49%。然而，标普高盛大宗商品指数从未根据价格变化进行再平衡调整，它仅根据全球生产量的变化每年重构一次。因此，除了再平衡调整外，肯定还有其他因素影响回报，就像除了现货溢价外，还有其他原因一样。

便利收益

回报的下一个组成部分源于这样一个事实：有时在某些市场，低库存会造成远期曲线向下倾斜，这在本章前述部分被称为交易者的现货溢价，以区别于凯恩斯的现货溢价。（相比之下，向上倾斜的远期曲线则代表“期货溢价”。）曲线的形状受买方（加工商）为确保供应而支付的价格的影响，因为它们无法承受哪怕只有一天没有原材料而带来的损失。它们要么抬高现货价格以试图建立库存，要么抬高近月期货合约的价格以确保它们能够获得库存（不管价格如何上涨，要么通过接受交割，要么通过获得足够的期货利润来偿付实物商品）。如有必要，这些加工商可以按照合约进行交割，但更有可能出现的情况是，它们会在按现行市场价格完成向当地供应商支付的同时结清该合约。远期曲线的形状和方向会进一步受到卖方的影响，在上涨的市场中，它们会通过卖出远月合约来锁定利润。

在远期曲线向下倾斜的情况中，只做多头的大宗商品投资者自然能够卖出高价的近月合约，转而买进低价的远月合约。如果现货价格保持不变，那么这个远月合约的价值会随着它趋近于现货价格而增加，这将为指数投资者带来利润。经济学家将这种对于只做多头的投资者的潜在回报描述为“便利收益”，它是由希望获得某种供应便利的大宗商品买方付出的。这种向下倾斜的远期曲线还表明，与未来的较低价格出售相比，库存持有者最好现在以更高的价格出售库存，从而在短缺时期将大宗商品从库存中释放以供应市场。这种向下倾斜的远期曲线通常被描述为产生正向“展期收益”，具体内容将在第 5 章和第 6 章中进行讨论。

早在可投资的大宗商品指数出现之前，就已经存在对便利收益的描述。卡尔多（Kaldor）（1939）是早期从大宗商品买方的角度来使用该术语的人。不久之后，沃金（Working）（1949）扩展了便利收益理论，他从生产商持有库存并将库存释放到市场的角度来对其进行了解释。便利收益主要由库存水平驱动，但如果它造成远期曲线向下倾斜，使得投资者把高价的近月合约展期为低价的远月合约，就能使投资者从中受益。

2006 年，由于原油库存高企，原油出现了向上倾斜的远期曲线（期货溢价）。这种状态被错误地归咎于“指数投资者”，因为他们会卖出近月合约并买入远月合约。然而，在 2007 年指数投资总量相当的情况下，随着库存量下降，原油曲线变为向下倾斜（现货溢价）。其中的关键在于远期曲线的形状往往更多地受原油库存水平的影响，而不是受市场中的指数参与者的影响。图 2-1 以图的形式呈现了原油远期曲线斜率与库存水平之间的历史关系。这种关系与可投资大宗商品指数出现之前就存在的经济理论是一致的。

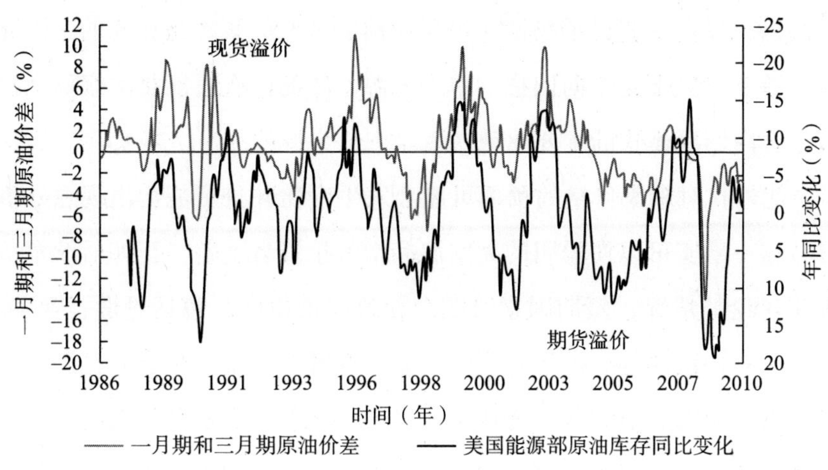

图 2-1　基差图：原油价差与美国能源部原油库存的同比变化

资料来源：彭博，截至 2011 年 9 月。

非风险溢价：预期差异（即价格变化）

到目前为止，本章已经解释了大宗商品指数潜在回报的各种来源。但另一个决定回报的重要因素是意外事件或预期的变化，这些预期的变化会对可投资指数的期货合约产生直接影响。如前所述，当意外事件发生时，改变市场预期的意外事件发生的可能性或许是大宗商品指数潜在多元化收益的主要驱动因素。这也是通货膨胀对冲特性（尤其是在短期内）的一个重要特征，该特性有助于解释指数化投资。短期内（一天、一个月，有时甚至是一年），预期差异[⊖]或对新信息的价格反应通常是大宗商品指数回报的主要驱动因素。因此，正如我们所解释的那样，这可能促成了多元化和通货膨胀对冲。但在很长一段

⊖ 预期差异，法兰克·罗素公司的格兰特·加德纳（Grant Gardner）在 20 世纪 90 年代后期创造的一个术语。

时间内，投资者假设市场预期过高和预期过低的频率是相同的，因此预期差异一般不是正向回报的单一来源。然而，它可能是大宗商品投资组合内回报模式的主要驱动因素。[⊖]

此外，对未来价格的预期可能会发生变化并且可能会出现意外事件，这一事实可以使聪明的大宗商品指数投资者受益。正如后续章节即将讨论的情况，短期因素可能会导致定价扭曲，包括恐惧、贪婪、天气、对冲活动等。由于聪明的指数投资者通常眼光长远并且进行了完全抵押，因此他们有能力从与大多数市场参与者不同的角度来看待市场。这种长期眼光与财力相结合，有时可以使指数投资者具备周期性或长期性洞察力，在比典型市场参与者更长的持有期内把握大宗商品的价格水平。换句话说，聪明的指数投资者不必"猜透"市场的方向性价格变动来增加投资组合的价值，并且还可能利用市场结构因素（包括市场结构、风险溢价和流动压力的知识）来增加价值。

回报的经济框架

所有这些因素表明，大宗商品指数的回报在很大程度上并不是由大宗商品现货价格的预期变化决定的，而是由可能影响期货价格的因素的预期变化以及固有风险溢价和抵押品的核心回报所驱动。总体而言，长期公布的大宗商品指数回报往往由以下因素驱动：

⊖ 然而，正如希拉里·蒂尔（Hilary Till）在一份未发表的报告中指出的那样，宏观投资组合中引入的资产类别回报的不相关性可以成为回报的来源，因为它可能会降低波动性并创造大宗商品相对于股票和债券的再平衡。

- 预期通货膨胀加上或减去短期国债抵押品的实际回报率。
- 假设生产商厌恶价格风险而产生的经典溢价（凯恩斯理论的现货溢价）。
- 再平衡调整的回报。
- 在某些市场中，有时会产生的便利收益。

这些回报通常与股票和债券（资本资产）缺乏相关性，与通货膨胀正相关。这种预期差异通常是短期回报的主要驱动因素。从历史上看，大宗商品指数的回报通常高于对应抵押品的回报。（对不同时期各种指数表现的取样见表 2-1。）而且大宗商品期货价格往往会对不断变化的微观经济因素做出反应，而同样的因素可能并不会影响股票和债券，因此大宗商品指数回报通常与股票和固定收益回报无关。当价格变化受供应预期而非需求预期影响时，这一点更为明显。更理想的情况是，在通货膨胀预期发生重大变化的情况下，大宗商品指数可能与股票和债券呈负相关关系。

表 2-1　自编制以来至 2011 年 12 月 31 日的抵押品年化超额回报

指数	道琼斯瑞银大宗商品指数	标普高盛大宗商品指数	戈顿和罗温霍斯特指数	瑞士信贷大宗商品基准	罗杰斯国际大宗商品指数	德意志银行流通大宗商品指数
回报	1.93%	3.70%	5.11%	6.67%	7.73%	6.25%
开始日期	1991 年 1 月	1970 年 1 月	1959 年 7 月～2007 年 12 月	1998 年 1 月	1998 年 7 月	1988 年 1 月

资料来源：彭博，戈顿和罗温霍斯特。

遗憾的是，除了抵押回报之外，这些与回报有关的经济驱动因素并不适用于简单的数学归因。再平衡调整的回报取决于指数再平衡调整的频率，以及是否使用费恩霍尔茨和谢伊公式，或者反而仅仅简单地比较有无再平衡后的回报。此外，如果再平衡调整是在权重发生变化的时候进行的（出于指数规则变化或增加新组成部分），那么再平衡调整的归因会受到不断变化的指数构成的影响。而且，凯恩斯理论的风险溢价和便利收益都受到市场参与者对未来现货价格预期的影响。但我们无法观测这些预期，只能看到发生交易的价格。由于所描述的这些原因，这个观察到的期货价格并不是对真实市场预期的衡量。尽管缺乏精确的量化，但这并不能否定其对理解基本经济关系的帮助。从进行精确量化但不反映基本经济关系的因素出发，它又向前迈进了一步。

这里介绍的经济框架与历史上使用的算术归因方法形成对比。由于所讨论的许多因素实际上是难以察觉的，因此有必要尝试建立一个简单而直观的框架来解释大宗商品指数的可观察回报。这一探索促成对观察到的回报进行算术解构，即：

- 抵押品回报。
- 现货回报。
- 展期收益。

这种算术方法与第一个商业适用指数（高盛大宗商品指数）同时开发，对于了解回报归因基础算法（相对于经济学）来说是非常重要的第一步。展期收益仅仅是卖出的近月合约与买入的远月合约之间的差额。如果远期曲线向下倾斜，则展期收益为正。现货回报是同一时间段内（从一个展期到下一个展期）交割月份（现货合约）价格的变化。如果现货价格随时间下跌趋近于该期货价格，则现货回报为负。根据定义，总回报等于抵押品回报加上现货回报，再加上展期收益。

如果期货曲线精确预测了未来的现货价格走势，那么展期收益会恰好被现货回报抵消。

众所周知，这种抵消不常发生。自1970年以来，大多数大宗商品的现货价格（未经通货膨胀调整）随着时间的推移而上涨。但算术模型并未显示这种价格上涨中有多少是在预期之外的。此外，有时远期曲线向下倾斜，而算术模型并未显示这种现货溢价是由便利收益引起的，还是仅仅反映了未来现货价格会走低的预期。最后，算术模型没有考虑再平衡调整的回报。然而，这种第一代归因模型提供了精确的算法，我们结合对此处描述的基本经济学的理解，可以更好地发挥它的作用。如果将（观察到的）展期收益与（未观察到的）现货溢价加上便利收益结合起来，则可以更好地进行理解。（未观察到的）预期差异可以帮助了解（观察到的）现货回报。

并非所有大宗商品都具有现货溢价

如果有一位投资者只持有天然气期货，并在1994年1月～2009年12月期间每个月进行展期，那么这位假设投资者的回报将是累计超过90%的损失（不包括任何抵押品回报），尽管同期天然气现货价格实际累计上涨了118%。那么凯恩斯理论的现货溢价或便利收益在哪呢？天然气代表了一种负向现货溢价的反常情况，而它可以被聪明的大宗商品指数投资者加以利用。

与大多数大宗商品的情况不同，天然气的买方比生产商更需要在远期曲线的前端降低风险。公用事业公司难以承受哪怕能源仅断供一天所导致的后果，但它又无法就地储存大量天然气。因此，公用事业公司可能会支付比预期的未来现货价格更高的价格，以确保无论当前的供需平衡如何，它始终可以负担购买天然气的价格。（请注意，这种负向现货溢价与便利收益不同，后者往往发生在行业库存量实际上很低的时候。）如果投资者按月对近月天然气合约进行展期，那么他每年必须支付12次与电力公司相同的溢价。因此，回报为负。支持这一观点的是一项假设性的观察，即如果一位指数投资者在1994～2009年，每年1月提前12个月为次年1月的合约展期，则累计正向回报将比短期国债的收益高出14%，远远优于每月展期的回报。投资者处于一个买方对冲并不普遍的远月合约中，而每年仅须支付一次远月合约中固有的风险溢价，而不是每月一次。该段描述解释了以前在大宗商品投资圈中关于天然气的一个难题，其具体内容将在第7章中进行探讨。

结论

20世纪90年代初，回报的算术归因方法展示了分析师如何量化指数回报的组成部分，为刚刚起步的大宗商品指数行业提供了巨大的帮助。但这种算术方法掩盖了同样重要的回报经济学原理。近期的研究从各个角度分析了回报经济学原理。一旦投资者了解了这些经济学原理，他们就会发现，如果预期现货价格上涨，大宗商品指数的回报通常不会受到此类上涨的推动。相反，该资产类别的回报往往由抵押品回报驱动，叠加可投资大宗商品指数被开发之前就存在的风险溢价，并因特定大宗商品价格之间的非相关性而进一步加强。同时，短期内的回报模式通常由市场预期的变化决定。理解了这一点，投资者就可以更好地解释大宗商品指数回报的表现，并评估回报的历史模式和幅度能否持续或何时能够持续。该框架不仅可以帮助投资者了解大宗商品指数表现，还可以帮助投资者更明智地投资于相应的资产类别。

正如本章所述，展期收益（结合了现货溢价和便利收益）是长期大宗商品指数回报的主要影响因素，而预期差异或现货价格变化通常在短期内具有更大的影响力。正确理解大宗商品期货曲线形状产生的原因，并利用这些知识来提高追踪大宗商品指数的投资组合展期收益，是聪明的商品指数化投资的主要关注点，这也是我们在第 5 章和第 6 章中专门对此进行详细研究的原因。

第 3 章

关于通货膨胀对冲和多元化的思考

作为一种资产类别，大宗商品能够吸引投资者主要有两个原因。第一，大宗商品通过一种可投资的大宗商品指数回报进行衡量。它通常可以对冲通货膨胀并对其做出积极反应。第二，大宗商品往往提供正回报，而与股票和债券等其他金融资产几乎没有关联，甚至呈负相关关系。然而，通常因为本章所讨论的原因，这些潜在的好处并不会一直出现。对于投资者来说，重要的是要知道他们从大宗商品指数化投资中可以得到什么，这样他们才能优化其资产配置。本章解释了应该如何看待通货膨胀和多元化相关大宗商品，我们首先会考虑通货膨胀对冲。

大宗商品指数与通货膨胀之间有怎样的相关性

通货膨胀对投资者来说可能是悄无声息发生的灾祸。它不一定是恶性的，就像 20 世纪 70 年代全球经历的通货膨胀那样，在一段时间内，美国 CPI 以两位数的速度增长。其他国家有时也会出现极端的通货膨胀。比如 1923 年魏玛共和国著名的恶性通货膨胀，或者是近年人们目睹的 2007 年津巴布韦超过 11 000% 的通货膨胀，希腊也在“二战”后的 20 世纪 40 年代中后期经历了极端通货膨胀，而巴西则在 1994 年经历了超过 2000% 的通货膨胀。但请考虑一下，即使通货膨胀很温和，例如每年 4%，那么 1 美元也可能在 10 年内失去 1/3 的购买力。这是一种购买力损失，尤其是对于那些为退休而储蓄的人们、退休人员、养老金计划（用于支付其承诺的福利）以及基金会和捐赠款项（用于支付工资、运营费用和赠款）而言。通货膨胀率越高，投资者最终需要的货币量就越大。因此，聪明的投资者可能会试图对冲其部分投资组合以抵御通货膨胀可能带来的影响。此外，更激进的投资者可能会将其投资组合定位为专门用来从未来通货膨胀的加剧中受益。大宗商品投资通常可以帮助这些关注未来通货膨胀水平的投资者。

首先，只要看一下大宗商品指数回报与通货膨胀之间的历史相关性，就会有所帮助。但这有点困难，因为相关性并不稳定。相关性可能取决于所观察的大宗商品指数种类、回报期长度（月度、季度、年度），以及进行统计计算覆盖的时间段。例如，在“关于大宗商品期货的事实与幻想”中，戈顿和罗温霍斯特（2006）计算出了基于其所投资的大宗商品期货编制的指数的回报。该指数每月调整权重，并进行再平衡，覆盖时间为 1960 ～ 2004 年。他们按月度、季度、年度以及每 5 年的时间间隔，计算出了其指数与通货膨胀（CPI）的相关性。为了研究的完整性起见，他们还计算了相同时间间隔下股票（标普 500 总收益指数）和通货膨胀的相关性以及债券（伊博森企业债券总收益指数）和通货膨胀的相关性。他们的研究结果在其论文表 5 中进行说明，如表 3-1 所示。在这四种情况下，无论是使用月度回报、季度回报、年度回报还是使用5年期回报，大宗商品都与通货膨胀呈正相关关系。随着观察期的延长，该相关性的大小也增加了。这意味着，当第2章中描述的基本驱动因素随着时间慢慢显现，进行通货膨胀保护的可能性也会增加。同时，在所有衡量期内，股票与通货膨胀之间的相关性为负。同样地，债券与通货膨胀的相关性也为负。

表3-1 戈顿和罗温霍斯特的研究中资产类别与通货膨胀的相关性（1959年7月～2004年12月）

资产与通货膨胀的相关性			
	股票	债券	大宗商品
月度	−0.15①	−0.12①	0.01
季度	−0.19①	−0.22①	0.14
年度	−0.19	−0.32①	0.29①
5年期	−0.25	−0.22	0.45①

① 表明使用Newey-West校正标准误差时，在5%的水平上相关性是显著的。
资料来源：戈顿和罗温霍斯特的研究。

债券与通货膨胀呈负相关关系的原因是比较容易理解的。如果利率随着通货膨胀而上升，那么债券的市值就会下降。（但请注意，当持有TIPS至到期时，它们确实可以提供与通货膨胀高度相关的回报。）股票的情况更为复杂，因为乍一看人们会认为股票最终代表的是持有实物资产，而实物资产应该与通货膨胀挂钩。但还有其他因素在起作用。首先，如果通货膨胀上升导致利率上升，那么用于评估股息或收益的未来流量的隐含贴现率会更高，这在理论上会导致产生较低的市盈率倍数。其次，已报告的收益反映了历史资产成本的折旧，但如果通货膨胀较高，则这些资产的重置成本就会高于折旧率所反映的成本，这可能会影响所报告的收益质量。最后，如果股票不能将较高的成本转嫁给其客户，则它们通常就无法有效地应对通货膨胀。在经济疲软的情况下，这也许是正确的，可能会导致滞胀。这一讨论并不表明长期来看股票不能跑赢通货膨胀率。毕竟，如果有足够的时间，股票风险溢价是可以提供正回报的。但长期来看，跑赢通货膨胀率与应对通货膨胀是两码事，一些投资者等不及股票跑赢通货膨胀，因为这可能需要很长时间。正如戈顿和罗温霍斯特汇编的数据所示，在应对通货膨胀方面，股票往往会落后。

这些结果令人欣慰，但聪明的投资者不应只关注相关性。例如，考虑两个假定的投资组合：

- 投资组合A持有100%的标普500指数。
- 投资组合B持有10%的标普500指数以及90%的现金。

实际上这两个投资组合之间的相关性非常高。请记住，正相关意味着当投资组合 A 的表现优于其长期平均水平时，投资组合 B 的表现同样也优于其长期平均水平。在这种情况下，由于持有的 10% 股票会推动投资组合 B 的表现和波动性，投资组合 B 的表现之所以优于其长期平均水平是因为股票表现良好。这意味着投资组合 A 的表现也同样优于其长期平均水平。尽管这两个投资组合之间的相关性非常高，但它们的回报仍然可能大不相同。如果股票价格翻倍，投资组合 A 将获得 100% 的回报，而投资组合 B 将仅获得 10% 的回报（加上现金回报）。因此，投资组合 B 对股票的反应较为温和，它的股票 beta 系数为 0.10。

考虑到这种区别，投资者可能会寻求一种不仅与通货膨胀相关，而且具有高“通胀 beta 系数”的通货膨胀对冲。同样重要的是，不仅通货膨胀水平会发生变化，通货膨胀也会发生变化，该变化会驱动金融资产价格发生变化。因此，投资者需要一种对通货膨胀变化特别敏感的资产类别——它要有应对通货膨胀变化的高 beta 系数。

在将大宗商品指数回报与通货膨胀联系起来时，应考虑几个因素，包括：

- 食品和能源（即大宗商品）往往是整体CPI[㊀]中波动最大的组成部分。
- 由于大宗商品指数回报反映了期货价格的变化，它们本质上反映的是人们对于未来现货实际价格的预期变化。
- 为投资大宗商品指数而缴纳的抵押品回报往往包含了市场参与者预期的通货膨胀。但正如我们在2010～2011年所看到的那样，某些类型的抵押品实际上跟不上通货膨胀的步伐。

在此背景下，考虑到大宗商品指数的抵押品回报，而不是大宗商品敞口本身，可以对冲一些预期的通货膨胀。（如果预期通货膨胀率很高，则抵押品对应的利率也会很高。）从所研究的时代来看，短期国债收益通常为通货膨胀加上小额的实际回报。短期国债一般被认为是“无风险”资产，并且可用作大宗商品期货交易的保证金，因此现有指数通常假设期货合约抵押品为短期国债，并以此为标准计算指数。

然而，投资者偶尔会被提醒，在 2010 年和 2011 年这样的时期，

㊀ 整体 CPI 是美国劳工统计局每月发布的通货膨胀数据，其中包括“核心”通货膨胀以及食品和能源通货膨胀。

或者在20世纪70年代某些遭遇恶性通货膨胀的年份，短期国债不仅可以被视为无风险资产，还可以被视为无回报资产。图3-1显示了经通货膨胀调整后的历史短期国债收益率。短期固定收益证券的负实际收益率可能会受到政策制定者行动的影响，他们可能刻意将利率保持在通货膨胀率以下。因此，投资者在实践中可能会使用另一种形式的抵押品，例如增强型现金产品或TIPS，以潜在地提高剔除通货膨胀因素后的收益率（第10章讨论的主题）。但无论抵押品是什么，就像任何其他资产一样，它会嵌入通货膨胀时市场集体的预期。（同样，包括股票在内的其他金融资产也内在地反映了市场的通货膨胀预期。）

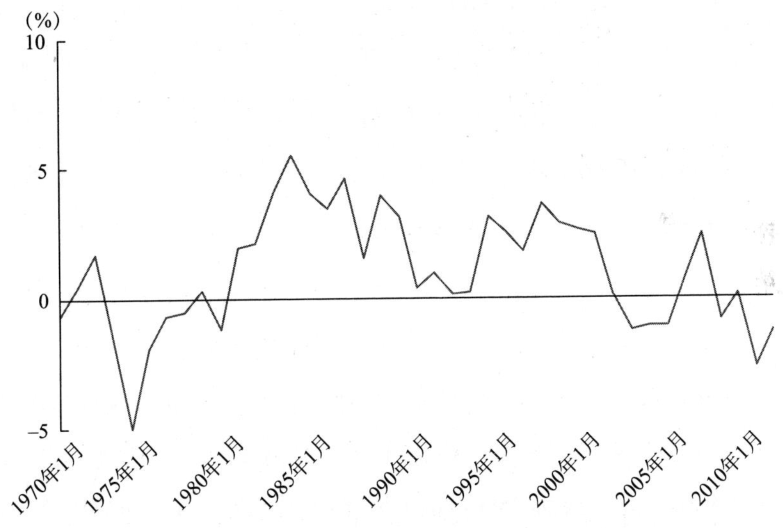

图3-1　经通货膨胀调整后的历史短期国债收益率

资料来源：彭博。

然而，非预期通货膨胀或通货膨胀预期的变化会对金融资产产生影响。例如，如果市场出现通货膨胀意外加剧或通货膨胀预期将要加剧的情况，那么债券收益很可能会上升，这将导致债券价格下跌。正如本章已讨论的那样，根据经济的其他方面情况，在通货膨胀预期将要加剧的时期，股票价格也可能会受到影响。在大多数情况下，通货膨胀或通货膨胀预期出乎意料的变化或突然变化是由大宗商品价格的变化引起的，因为食品和能源往往是大多数通货膨胀衡量指标中波动最大的组成部分。因此，随着时间的推移，大宗商品期货敞口会产生跟随这种出乎意料的通货膨胀的自然反应（以及第 2 章讨论的风险溢价导致的增量回报可能性）。

因此，在大多数情况下，由于抵押品的回报，在大宗商品指数型投资上投入的 1 美元预计可以对冲 1 美元的预期通货膨胀，除非该抵押品的实际收益率为负——这时聪明的指数投资者可以转向更具吸引力的固定收益证券。大多数投资者更为担心的出乎意料的通货膨胀，更有可能被大宗商品指数成分中的期货合约所覆盖。当抵押品投资组合在通货膨胀意外加剧的情况下也能获得正回报时，可能是将抵押品投资于 TIPS 或其他对通货膨胀敏感的证券，这属于例外情况。大宗商品价格变化的百分比通常是整体 CPI 变化的倍数。无论是意料之中的还是意料之外的现有通货膨胀变化，相对于其他组成部分（如住房成本）的变化而言，在中短期内会更多地受到波动最大的组成部分（食品和能源）变化的推动。美国劳工统计局表明：食品和能源约占美国消费者物价指数的 25%，但通常推动了一半以上的消费者物价指数总波动。

在一些新兴经济体中，这种影响甚至更大。在这些经济体中，食品和能源在 CPI 中的占比要高于美国。食品和能源占大多数大宗商品指数的 25% 以上，因此大宗商品期货回报的方向性变化会放大 CPI

的变动。如果考虑到 CPI 中只有一部分食品和能源价格是原材料的实际成本，那么这种放大效果会更加强烈。然而，原材料的成本往往是成品发生变化的主要驱动因素。有个极端的例子：考虑到小麦的价格为每蒲式耳[⊖]7 美元，一盒 3 美元的麦片所含的生小麦价值可能不到 15 美分。因此，如果小麦价格翻倍，那么它对麦片（进而对 CPI）的直接影响要远小于小麦价格 100% 的上涨。此外，大宗商品指数的抵押品实际上反映了食品和能源价格的预期变化，指数成分中的期货合约则反映出乎意料的变化。因此，人们可能会期望大宗商品指数的总回报能放大总 CPI 的变化。

可以通过在一个简单的回归中计算 beta 系数来衡量这种放大的反应，其中通货膨胀的变化是自变量，而大宗商品回报是因变量。（将通货膨胀变化视为非预期通货膨胀的替代物应该不会太过牵强，只需假设市场认为未来的通货膨胀将与当前的通货膨胀一致，而研究倾向于支持这一假设。）表 3-2 表明了对各种指数的“通货膨胀 beta 系数”的计算，括号中是不同时期的 R^2。例如，1992 ～ 2009 年，通货膨胀率的 1% 变化与道琼斯瑞银大宗商品指数的 10.8% 变化相关（伴随着许多其他因素）。尽管结果在统计上很有意义，但 R^2 较低，这表明尽管通货膨胀仅可以解释部分大宗商品回报，但许多其他因素也会影响大宗商品指数回报，如第 2 章所述。尽管如此，抵押品为 1 美元的大宗商品指数投资，结合相关的其他因素，可能会用来对冲超过 1 美元的通货膨胀相关负债，以避免受到通货膨胀变化的影响。影响金融资产价格的往往是通货膨胀的变化，而不是通货膨胀本身。例如，如果通货膨胀水平稳定且可预测，则债券可能不会受到高通货膨胀的影

⊖ 在美国，1 蒲式耳小麦为 27.216 千克。——译者注

响，利率也可能很高但很稳定。然而，正如已讨论过的那样，随着利率从低水平上升至高水平，债券持有人必定会遭受损失。

表 3-2 通货膨胀 beta 系数的计算

	标普高盛大宗商品指数	道琼斯瑞银大宗商品指数	戈顿和罗温霍斯特的研究
1960 ～ 2007 年	不适用	不适用	1.6（0.08）
1971 ～ 2007 年	1.1（0.02）	不适用	1.5（0.06）
1971 ～ 2009 年	2.8（0.11）	不适用	不适用
1987 ～ 2007 年	8.7（0.18）	不适用	4.1（0.14）
1987 ～ 2009 年	13.7（0.50）	不适用	不适用
1992 ～ 2007 年	11.7（0.13）	7.6（0.14）	7.5（0.23）
1992 ～ 2009 年	17.0（0.50）	10.8（0.46）	不适用

资料来源：彭博，戈顿和罗温霍斯特的研究（采用 12 个月的滚动数据计算）。戈顿和罗温霍斯特的研究构建的是一个具有同等权重的大宗期货指数。

关于 beta 系数，表 3-2 表明，自 1987 年原油被纳入许多大宗商品指数之后，通货膨胀 beta 系数有所增加，这不足为奇。指数成分中能源占比较大的大宗商品指数通货膨胀 beta 系数高于能源占比较小的指数，这也不足为奇。毕竟，能源是生活成本的重要组成部分。然而，正如 20 世纪 70 年代的恶性通货膨胀所表现的那样，当能源不体现在指数中时，整体资产类别可能仍然具有宝贵的通货膨胀保护特性。换句话说，能源敞口是通货膨胀对冲的重要组成部分，但这种通货膨胀对冲不仅仅只涉及能源。在评估大宗商品指数时，需要考虑的一个因素是它们对通货膨胀的预期相对反应，以及它们的预期波动性和它们对回报驱动因素（在第 2 章中描述到）的预期反应。

最后，将通货膨胀与大宗商品回报联系起来的另一个因素是投资者的本币价值。如果该货币的价值下降，那么进口成本就会增加，从而推高通货膨胀率。例如，如果美元贬值，那么任何以美元计价的物品价格都会上涨，包括大宗商品等实物资产的价格。

如何考虑大宗商品的多元化

有关大宗商品多元化特征的一种思考方式是，虽然它们是可投资的资产，但它们不是资本资产，因此会受到经济因素的驱动，这与驱动资本资产的因素是不同的。资本资产可以使用未来付款的贴现现值进行估值，例如股息、收益或利息支付，但大宗商品不会产生支付流。大宗商品之所以有价值，是因为它们可以用于消费，或者转化为可以消费的东西。此外，贵金属是这种估值的例外情况，尤其是黄金，它不会产生支付流，不是资本资产；相反，黄金代表了一种价值储存方式，类似于艺术品或货币。所以实际上存在三种可投资的“超资产类别”——资本资产、消耗性资产和保值资产。大宗商品通常属于这些超资产类别中的第二类。但如果它们实际上可以有效存储，就会具有某些保值资产的特征。在全球主要央行不断加码宽松政策时，人们对法定货币的耐久性和央行债务货币化持怀疑态度，这一点（大宗商品的“保值”属性）可能会成为另一个重要的估值因素。如果某一特定大宗商品具有某些保值特征，则其估值可能会受到利率水平和利率变化的影响。然而，大宗商品也是（或主要是）消耗性资产，因此我们认为供需分析是一种比净现值分析更好的评估价值方法（参见格里尔，1997）。

我们已经在本书中看到了支持大宗商品潜在多元化收益的相关性统计数据。但是，仅想想在哪些具体情况下，大宗商品提供了有益的多元化，也是有帮助的。例如，如图 3-2 所示，当伊拉克于 1990 年入侵科威特时，大宗商品做出了积极的反应，以抵消这一意外事件对股市（以标普 500 指数为代表）的负面影响。

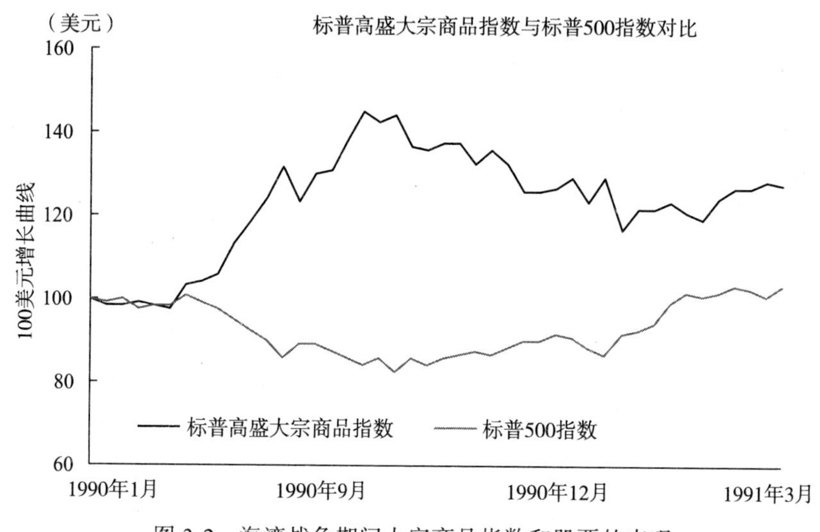

图 3-2 海湾战争期间大宗商品指数和股票的表现

资料来源：彭博。

另一个案例发生在 1987 年 10 月，当时大宗商品为不利的股票回报提供了分散化投资。流动性突然丧失使股市陷入自由落体状态。但如图 3-3 所示，大宗商品指数几乎没有发生变化。股市下跌并没有立即导致全球经济衰退，预期需求也没有随之下降。人们继续喝着咖啡，吃着牛排（或者可能只是改吃汉堡），开着车。大宗商品的供需在此期间并没有发生重大变化。这代表着大宗商品指数通常可以带来的基本经济多元化，也就是风险因素分散化。

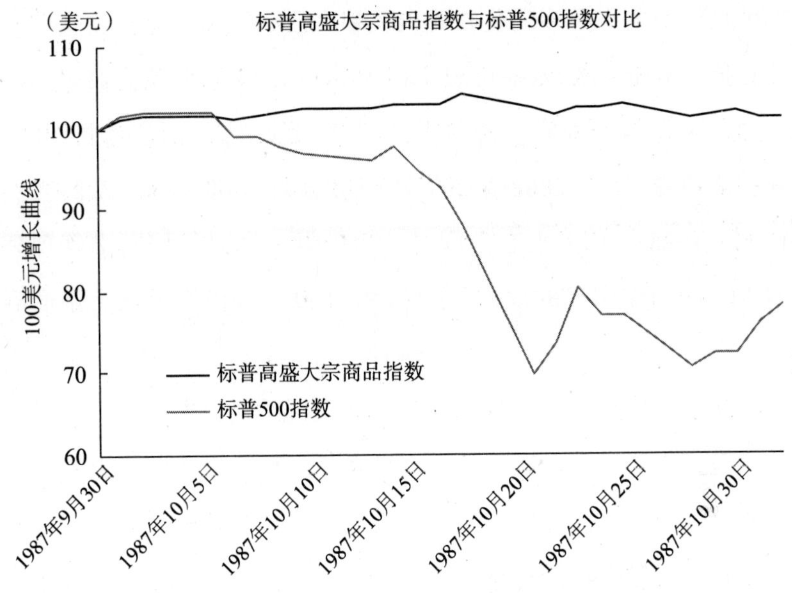

图 3-3 1987 年 10 月大宗商品指数和股票的表现

资料来源：彭博。

大宗商品价格的驱动因素通常与决定传统资产类别价格回报的因素大不相同。其中包括微观层面的天气，如乌克兰降雨不足影响全球小麦价格，印度季风延迟影响全球糖价，低于或高于预期的温度影响美国天然气的价格；还包括局部地缘政治风险，如尼日利亚内乱影响全球油价，科特迪瓦的动乱影响全球可可的价格，智利为改善工作条件而举行的罢工影响全球铜价。

此外，正如前面讨论的通货膨胀对冲的情况，将少量资本分配给大宗商品指数策略，非常有助于分散或降低股票和债券投资组合的整体波动性。这仅仅是因为大宗商品与现有投资组合相结合所产生的负相关性，以及较高的波动性对整体投资组合的波动性产生了很大的抑制作用。如果一项资产与投资组合的其余部分呈负相关关系，则该资产的波动性越大，其多元化收益也就越大。

这种多元化的潜力在历史上经常奏效，但并非总是如此。每次多个市场崩溃后，人们都会发问："当我需要多元化投资时，我的多元化投资在哪里？" 2008 年下半年全球金融危机之后，人们当然会这样问。1998 年夏天也有人问过这个问题，当时长期资本管理公司（LTCM）的内爆引发的危机[㊀]导致股市下跌，却没有得到大宗商品市场的有利抵消。毫无疑问，不论何时，当股票和债券急转直下，而大宗商品却未能扭转这一趋势时，都会有人再次提出这个问题。答案很简单，多元化并不能保证一种资产会在另一种资产下跌时上涨。就基本面而言，多元化意味着不同资产的价格往往受到不同风险因素的驱动。因此，当寻求降低整体风险时，在投资组合内分散风险因素应该是投资者的重要目标。关键是尽管价格回报的基本驱动因素可能大不相同，但技术驱动因素可以在市场承压时取代并超过基本驱动因素。

想想大宗商品指数在 2007 年末开始的衰退中发生的事吧。从 2007 年到 2008 年上半年，在全球同步增长的情况下，大宗商品市场的供应却受到限制，期货（和现货）市场一直在寻求一个价格，以平衡许多大宗商品市场的供需。这些供应限制包括与天气相关的一次性事件，如智利降雨不足导致开采铜矿的水力发电受阻，以及中国严重的暴风雪和地震影响了那里的煤炭供应。2008 年年初的这个时候，认识到经济开始衰退的市场参与者都认为这只是美国的问题，而新兴市场的增长可以在全球范围内对其进行抵消。

㊀ 长期资本管理公司（Long-Term Capital Management，LTCM）是 1994 年在美国创立的一家对冲基金公司。在 1998 年的金融危机中，由于 LTCM 大量持有具有高风险的发展中国家债券，它到了破产边缘。同年 9 月 23 日，美林、摩根出资收购接管了 LTCM。——译者注

短期内，大宗商品的供需都相当缺乏弹性。由于短期弹性较小，价格上涨，因此需要寻求一个平衡供需的价格水平。最终，高价加上初期的经济衰退，引发了合乎逻辑的结果——需求下降。面对缺乏弹性的供应，需求下降会对价格造成影响，这是很合理的。这种影响很早就在美国汽油市场中显现出来了。根据美国能源信息管理局的数据，在经济衰退以及面临汽油价格为每加仑[⊖]4 美元的情况下，美国司机在 2008 年夏天驾驶的车辆里程同比减少，这种情况已经 20 多年没有发生过了。汽油消费量的减少导致了对未来需求的预期下降，这反过来又降低了对未来价格的预期。

之后出现了全球流动性危机，使世界从衰退的预期转变为**衰退**。雷曼兄弟破产后立即出现了流动性危机，因为在“大稳健”的良性时期，金融体系中多年积累的杠杆必须被迅速消除。这导致市场参与者同时却不协调地试图摆脱各种风险，使得信贷、股票和大宗商品头寸都被平仓。然而，在信贷和股市中，所有的清算都是由多头一方尝试进行，因为在这些市场中卖家多，买家少。不过至少在大宗商品期货中，空头和多头头寸一样多，流动性危机没有那么严重。但由于结算系统混乱，全球贸易陷入停滞，经济衰退导致大宗商品需求下降，大宗商品价格也大幅下跌。一些需要流动性的产业机构减少了实物库存水平，使情况恶化。

图 3-4 显示了 2008 年下半年全球金融危机期间股票、债券和大宗商品指数的表现。图 3-5 显示了 2008 年下半年和 2009 年上半年主要大宗商品行业（能源、农业、工业金属、贵金属、牲畜）的表现。2008 年，所有行业都遭受了损失。黄金受到的损失最小，因为它通

⊖ 1 美加仑 =3.785 立方分米。——译者注

常更像是一种货币而不是大宗商品。但请注意，由于一些政府实施的刺激和危机预防方案开始奏效，2009 年需求开始改善。供给因素再次发挥作用，大宗商品价格回升。此外，一旦所有大宗商品价格同步下跌和回升这一过程结束，个别大宗商品市场的基本驱动因素就会开始再次发挥作用，导致各大宗商品的回报更加分散。

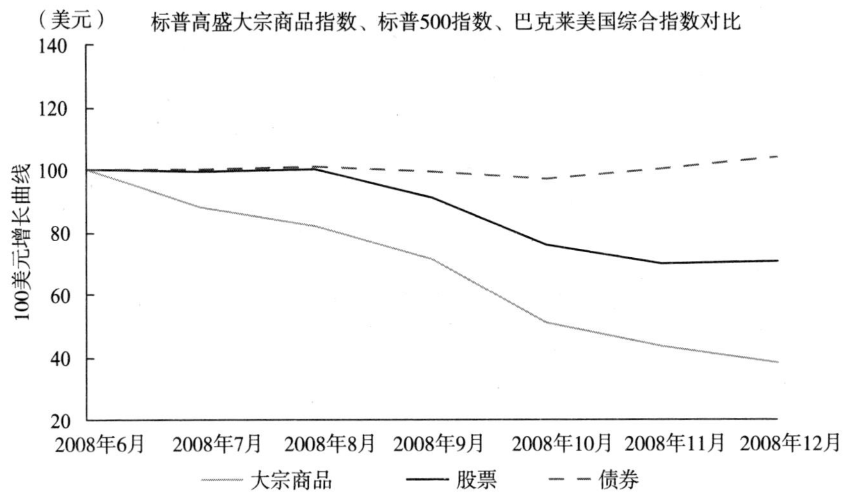

图 3-4　2008 年下半年股票、债券和大宗商品指数的表现

资料来源：彭博。

2008 年出现的下跌并不是大宗商品第一次未能提供一定程度的保护以防止股价自由下跌。从 1997 年年中到 1998 年，由于亚洲货币危机、之后的卢布暴跌等意外的全球经济衰退影响，全球需求意外减少，因此大宗商品指数回报为负。（与此同时，石油输出国组织为了保住市场份额，在需求下降时继续开采石油，导致能源价格大幅下跌。）在此期间，LTCM 内爆，导致 1998 年夏季股价暴跌。当 LTCM 事件出现时，其所持大宗商品的多元化收益在哪里？

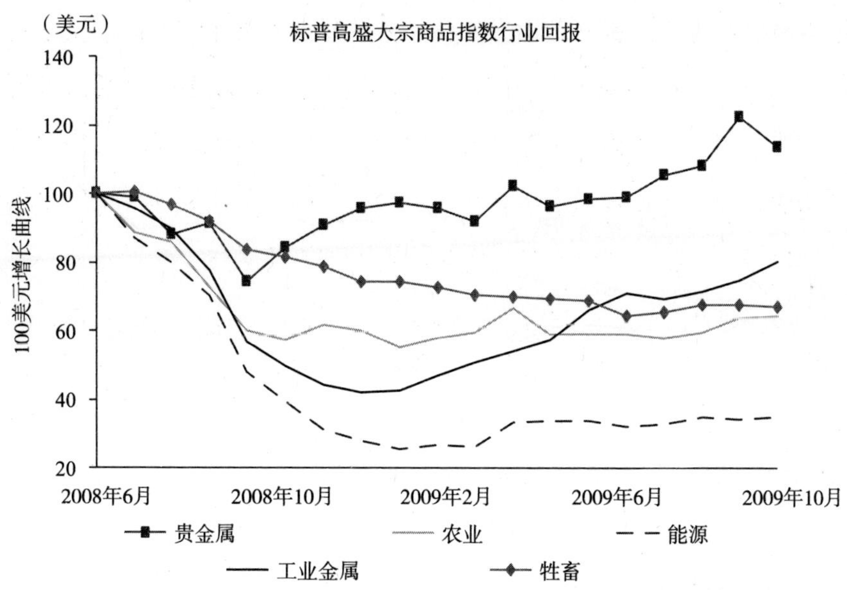

图 3-5　2008 年下半年和 2009 年上半年主要大宗商品行业的表现

资料来源：标普。

遗憾的是，如图 3-6 所示，大宗商品价格在 LTCM 危机发生之前、发生期间和发生之后都出现了下跌。但这种下跌与 LTCM 无关，而是市场根据供需预期变化进行的调整，对全球需求的预期不断变化。分散风险因素并不能保证回报的多元化。尽管大宗商品的特有风险因素常起作用，但有时一个共同的风险因素（如全球增长的整体水平）会比任何供应因素都更占主导地位。例如，可以思考一下戈顿和罗温霍斯特所描述的股市极端下跌时产生的回报。他们确定了 1959 ～ 2004 年股票表现最差的月份，回报仅为 5%。在那些非常糟糕的月份中，股票（标普 500 指数）平均每月下跌 8.98%，而其大宗商品指数则获得了 1.03% 的正回报。然后，他们调查了一个更极端的样本——股市表现最差的月份，其回报仅为 1%。那几个月，股市的

平均回报率为 −13.87%，而大宗商品指数回报率为 +2.38%。

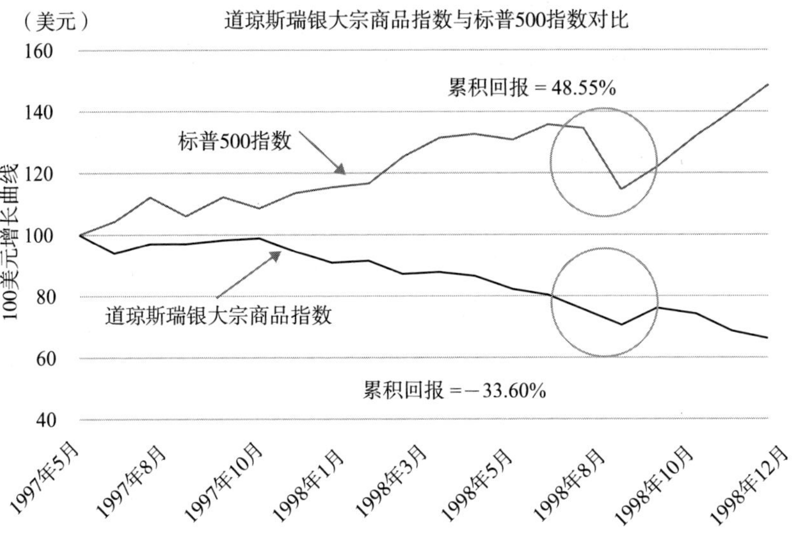

图 3-6 LTCM 内爆期间股票和大宗商品的表现

资料来源：彭博。

这里建立的框架还强调了这样一种观点，即当预期变化出现在(影响单一大宗商品的）供给中，而不是出现在（影响大量的大宗商品和金融资产的）需求中时，更有可能带来多元化收益。金融市场中没有任何保证，就像没有绝对正确的预测一样。但正如马科维茨在《资产选择》中所说的那样，“对经济力量的了解还不够充分，无法做出绝对正确的预测……如果我们要求证券分析师明确预测，那我们的期望就过高了”。

然而，这些证券分析师和其他投资者仍然必须在不确定的情况下做出决定。大宗商品指数投资往往伴随着多元化可能性和通货膨胀反应，这可以在无法确定未来事件的情况下带来更好的预期结果。

在前面两章中，我们描述了大宗商品指数回报的驱动因素，并探讨了这通常是如何带来多元化和通货膨胀对冲的好处的。这可以为详细分析聪明的大宗商品指数投资，或者为如何在保留潜在的通货膨胀对冲和多元化好处的同时，利用市场的风险溢价和低效率提供卓越回报奠定基础。

第 4 章

聪明的商品指数投资策略概述

我们已经描述了各种大宗商品指数代表了怎样的资产类别，以及随着时间的推移，该资产类别如何潜在地带来多元化和对冲通货膨胀的好处，同时带来在规模和波动性上可能与股票相当的回报。这些指数都具备代表从以下投资过程中获得回报的普遍特征，这些过程包括：

- 持有各种大宗商品期货合约的多头头寸（即没有金融期货）。
- 按照指数计算方法，通过使用短期国债为所有的头寸缴纳足额保证金。
- 有一个描述完整且透明的方法来确定持有合约类型、合约的展期方式以及大宗商品的相对权重。

所有这些指数都有一个共同特征，即从某种意义上来说，它们都是静态的，所以它们显然必须遵循明确的投资规则，否则，它们就不是指数。没有任何静态指数能够对其所代表的大宗商品市场的所有变化特征做出充分反应。这些动态特征可以反映期货市场或现货市场中不断变化的风险溢价，还可以独特地呈现当下供需因素或来自市场流动性的压力。例如，农产品市场的风险溢价可能会随着天气或作物条件的变化而变化。静态指数并不能通过提前设定的“程序”来响应这些情况。

但举例来说，某种情况可能会影响远期曲线的形状，这会影响聪明的投资者在特定市场中持有头寸的时机。如果主动型投资者研究并了解大宗商品市场，那么他们就可以利用这些因素并且可能针对指数的回报生成“结构性 alpha”，即便他们不能完全确定现货大宗商品价格的走向。这样做时，聪明的指数投资者比完全被动的市场参与者更具优势，因为那些市场参与者显然严格遵循所选指数的指示，不管指数的效率如何，也不管现货和期货市场的结构特征如何变化。那些完全被动的投资者本质上是“价格接受者”，他们愿意接受市场需求的任何价格，而忽略了对于这些自然出现的结构性 alpha 的机会。聪明的大宗商品指数投资者无须关注短期价格走势，但通过谨慎执行和利用结构性流动、风险溢价以及客户效应，仍可能跑赢大宗商品指数。

在对个别大宗商品价格的走向没有明确看法的情况下，生成结构性 alpha，或大宗商品指数的超额回报，是本书的精髓。我们称其为聪明的大宗商品指数化投资，因为从定义来看其他任何大宗商品指数投资都很被动！通过利用大宗商品市场中的经常性风险和流动性溢价，该 alpha 得以实现。它还涉及力求避免在构建静态大宗商品指数以及谨慎执行交易和期货展期时所出现的无效性。此外，通常来说选择三个月的短期国债作为大宗商品期货的抵押品并不是特别明智，因此我们讨论了如何通过选择和管理固定收益产品用作大宗商品期货抵押品，为大宗商品指数投资组合再增加一个结构性 alpha 组成部分。

让我们举例说明结构性alpha的组成部分，例子来自债券和股票市场，我们对此更熟悉并有更充分的研究。债券市场收益率曲线通常是向上倾斜的，这种形状可以使一个运作良好的金融系统从短借长贷中获利。鉴于这一事实，债券投资者可能会在其投资组合中进行结构性选择，选出维持相对于其指数或基准而言更长的期限（或平均期限）。只要收益率曲线向上倾斜，这种延期就可以获得相对于指数的增量收益率或利差。同样，在股票方面，人们可能会发现，投资于同一行业流动性较差的小盘股与投资于类似的大盘股相比，可以获得更高的长期回报（尽管风险可能更大），因为这样做可以避免支付"流动性溢价"，它包含在大盘股价格中，这样的大盘股更为人们熟悉，因此流动性也更好。我们将在本书的其余部分讨论类似的策略，这些策略可能在短期内表现不佳，但它们有可能为有耐心和自律的投资者带来长期优异的表现。

本书余下的大部分章节描述了投资者可获得的各种机会，总结如下。这些投资者除了寻求所选指数beta系数外，还寻求结构性alpha。这些策略由风险溢价、流动压力、存储成本以及现货和期货市场的其他结构性因素驱动。

- 第5章和第6章讨论了展期收益的概念，也就是通过将大宗商品敞口从一个期货合约展期到另一个期货合约时获得的回报或损失。当投资者卖出近月合约并用更远期的合约取而代之时，他们会高卖低买，反之亦然，这取决于远期曲线的形状。理解并管理这一方面（展期收益）是长期大宗商品投资最重要的要素之一。因此，我们用两章的篇幅对它进行讨论。

- 第7章讨论了基于大宗商品价格季节性变化的策略。种植和收获、假期驾驶汽油用量、供暖和降温都会对特定大宗商品的实际或表面需求产生影响。了解这些季节性影响以及它们如何改变风险溢价，有助于产生超额回报。
- 第8章阐述了如何利用同一大宗商品在不同市场（例如不同的期货交易所）中的合约，来更有效地构建商品指数。基本相同的大宗商品在不同的市场进行交易，可能会受到不同的供需基本面、对冲活动、投机注意力、不同程度的流动性或不同的存储成本影响。其中任何一个因素都可能导致本质上完全相同的大宗商品在某一市场中的表现优于在另一个不同市场中的表现。
- 第9章解释了对冲及其他交易行为是如何为期货市场波动性的买卖创造结构性机会的。明智地出售期权，可能是另一种产生正回报的结构性因素，正如保险和彩票的买家通常需多付钱一样。此外，经常出现这样的情况，由于期权相关的交易流，导致使用期权复制一个头寸相较于使用期货或者互换成本更低、效率更高。
- 在描述了聪明的指数投资者使用的结构性策略后，第10章和第11章描述了关于如何处理大宗商品指数敞口的重要方面，包括对风险管理的深入讨论，这对于有效执行来说至关重要。在这些章节中，我们还讨论了如何选择和管理大宗商品期货的抵押品，以丰富结构性alpha来源。
- 第12章确认了大宗商品价格确实受到个体市场经济基本面

的影响，了解市场基本面可能有助于指数投资者确定是否依赖风险溢价的历史模型。因此，本章描述了投资者可获得的基本经济信息众多来源中的一些内容。

- 第13章着眼于大宗商品指数可能出现的新发展，并阐述了聪明的指数投资者应该如何看待交易员与投资经理未来提供的新策略。

第 5 章

展期收益的驱动因素

正如在第 2 章中已经讨论过的那样，展期收益是大宗商品期货近期合约与递延合约之间的标准化价格差异。在现货价格没有发生变化的情况下，它就是将大宗商品期货合约从一个月展期到下一个月所获得的回报。由于大宗商品指数长期投资者不断对其期货敞口进行展期，了解它对持有期回报的影响非常重要。事实上，它是大宗商品指数投资者长期回报最重要的驱动因素之一，因此本书将用两章的篇幅来理解投资组合的展期收益，并增强对它的认识。

例如，如果即月石油期货合约的价格为 80 美元，而下个月石油期货合约的价格为 79.50 美元，那么当投资者将其头寸从即期合约展期到下个月的合约时，他们的成本基准就降低了 50 美分。如果即月石油现货价格保持在 80 美元不变，那么随着期货合约的价格与现货价格趋于一致，投资者将获得 50 美分的利润。如上所述，对于长期投资者而言，展期收益可能是提高回报的助力，但在相反的市场结构中，它可能是阻力，会使该回报落后于现货商品的回报。这就是大宗商品指数投资者如此关注展期收益的原因。从短期来看，大宗商品现货价格的变化是每日回报、每周回报和每月回报的主要驱动因素。然而，在更长的时间范围内，展期收益可能会产生巨大的正面影响和负面影响。

例如，从1998年底到2004年10月，原油价格从12美元上涨到50美元以上，涨幅达330%。然而，在这六年的跨度中，即月期货合约的展期收益为636%。在这六年里，原油的展期收益额外贡献了306%的回报，这一时期与2009年发生的情况形成鲜明对比。当时，大宗商品价格在2008年次贷危机平息后再度飙升，2009年油价从34美元的低点一路上涨至80美元，涨幅近80%。然而，即月期货合约的展期收益仅为7%。当展期收益导致投资表现不佳时，引发了众多投资者对它的极大关注，以及对此问题的高度关注。但当它产生可观的正回报时，人们却似乎在很大程度上忽略了它。

在本章中，我们将采取长期的分析方法，努力将有关展期收益的事实与假设区分开来。为了做到这一点，我们将研究如何把展期收益分解为基础的基本因素来对它进行量化。我们还将论证展期收益在长期大宗商品指数回报中的极端重要性。最后，我们会对展期收益进行基本分解，研究投资者如何才能寻求展期收益最大化，从而使长期回报潜力最大化。

展期收益这一概念最初是作为一种工具引入的，有助于向投资者解释大宗商品指数回报的归因。如第2章所述，我们把展期收益定义为大宗商品期货的无抵押投资实现的回报（超额回报）与大宗商品标的现货价格的百分比变动（现货回报）之间的差额。

$$R_{\text{超额}} = R_{\text{现货}} + R_{\text{展期收益率}}$$

展期收益本质上是大宗商品指数投资的利差。如果现货价格从未变动，那么从未重新平衡的无抵押指数投资中获得的所有回报都必须归因于展期收益。因此，展期收益只是利差。假设投资者正在将当前持有合约展期为递延合约。在这种情况下，展期收益可以表示为：

$$展期收益率 = \frac{P_{当前} - P_{递延}}{P_{当前}}$$

如果递延合约的价格高于当前合约的价格，则展期收益为负。例如，如果即月原油期货合约的价格为 80 美元，而展期的递延合约价格为 80.81 美元，则该时间段的展期收益为 −1%。换句话说，如果投资者之前以 80 美元的价格持有 100 份合约，那么在以 80.81 美元的价格展期到递延合约后，投资者将只持有 99 份合约，以维持相同金额的名义美元敞口。对于相同金额的名义美元，投资者持有的合约减少了 1%，即展期收益为 −1%。投资者在展期时实际上并没有亏损，但他们确实失去了敞口。同理，如果即月原油价格为 80 美元，而展期的递延合约定价为 79.20 美元，那么投资者将持有 101 份递延合约以维持相同的美元敞口。投资者会另外持有一份合约，即展期收益为 +1%。在任何一种情况下，如果投资者在展期后的第二天平仓并且保持开盘价不变，那么他们就不会赚也不会亏。当投资者或指数将其敞口向前展期时，展期收益回报会被相等且相反的现货价格回报完全抵消。

展期收益本身不会产生任何利润或损失，完成展期后，期货价格的变化将决定盈亏。实际上，展期收益仅决定了所拥有头寸数量的变化。从以上例子中，我们可以看到，当展期收益为负时，投资者会减少持仓数量；当展期收益为正时，他们会增加持仓数量。因此，我们也可以将展期收益视为一种机会成本或收益，它可以通过投资者持续对特定大宗商品或大宗商品指数的长期多头敞口进行展期来获得。

图 5-1 展示了具有正展期收益和负展期收益率的大宗商品曲线示例。当大宗商品曲线向上倾斜并且递延合约的价格高于近期合约的价格时（即展期收益为负），称该曲线处于期货溢价状态。相反，当递延合约的价格低于近期合约的价格时，称该曲线处于现货溢价状态。接下来我们将考虑大宗商品具有这两种不同曲线形状的原因，以及导致它们从一种类型转换为另一种类型的原因。

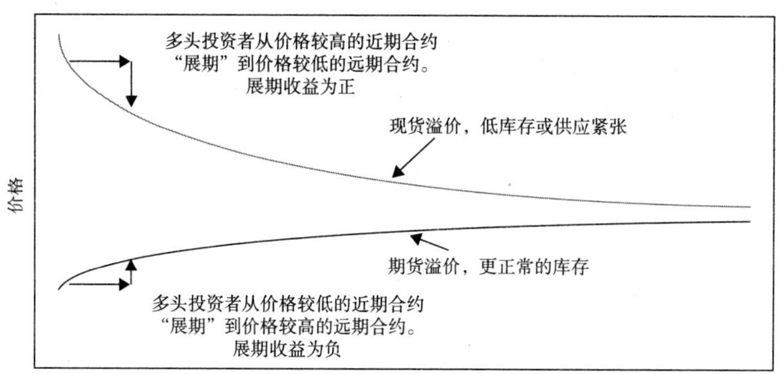

图 5-1　具有正展期收益和负展期收益率的大宗商品曲线示例

基本原理

要了解一种大宗商品的远期价格和当前价格之间的关系，最好从现货市场参与者的角度来考虑。现货市场参与者以某种方式参与现货商品流通，例如生产、存储、加工或消费。假设一位现货石油交易者进行了一项交易，他购买了一份近期期货合约并出售了一份远期的期货合约。由于近期期货合约赋予交易者在特定日期获得石油的权利，因此现货交易者可以持有近期合约进行交割并收取现货石油。然后，交易者可以存储石油，并且最终可以根据他出售的长期合约将其交割回去。除去交易成本，交易者产生的成本是与持有现货石油相关的存储成本加上用于支付石油的资金的融资成本。这种存储加上融资的成本通常被称为全覆盖持仓成本（full carry），因为它代表了与购买和持有现货商品本身头寸相关的全部成本。全覆盖持仓成本是同一大宗商品的两个不同合约之间的价差在正常情况下应该交易的最小负值，因为更多的负价差产生了现货套利机会。然而，如果现货参与者发现了持有现货商品的价值，那么合约之间的价差可能会以低于全覆盖持仓成本的负价差进行交易。持有现货商品的这种价值通常被称为便利收益。便利收益可以被认为是隐含的或可推算的，因为它不是一个实际可观察到的数字。确切地说，它隐含于以当前期货价格和全覆盖持仓成本之间。使用便利收益这一概念后，展期收益可以表示为：

$$展期收益 = 便利收益 - (存储成本 + 融资成本) / P_{当前}$$

回想一下，展期收益指的是指数投资者在给定大宗商品中的机会成本或收益。持有现货商品的成本为存储成本加上融资成本。

因此，便利收益代表了持有金融性大宗商品期货头寸与现货商品本身头寸的相对机会成本或收益（部分是因为正常的现货溢价，如第3章和本章稍后讨论的那样）。如果给定大宗商品的便利收益长期为正，则展期收益将大于全覆盖持仓成本。这意味着长期买入并持有的投资者在大宗商品指数（即展期期货）中的机会成本或展期收益会低于持有现货商品的成本。同样，如果便利收益在结构上为负，那么长期投资者最好持有现货商品本身而不是大宗商品指数敞口，因为展期收益会比全覆盖持仓成本更差。

以铜为例

利用以上原理，我们来详细看一下铜的展期收益。在此例中，我们将查看伦敦金属交易所（LME）第二个和第三个铜合约之间的展期收益。首先，我们来计算第二个和第三个 LME 铜合约之间的价差（即 P2−P3）。该价差通过除以第二个 LME 铜合约的价格转换为收益率。相对于价差来说，使用展期收益的优势在于展期收益被标的商品的价格标准化，这使得不同时间段和不同价格机制之间的比较更有意义。图 5-2 中的线条表明了第二个和第三个 LME 铜合约之间的历史展期收益。过去 12 年，这些铜合约之间的展期收益平均为 1.4%。展期收益为 1.4%，这意味着投资者只要买入并展期铜多头头寸，每年就会在现货价格回报外额外获得 1.4% 的收益，超过了任何现货价格回报。1.4% 代表了过去 12 年中持有和展期铜期货合约的投资者所获得的收益或机会收益。请注意，这超出了持有现货铜的存储和融资成本。交易者认为持有现货铜的便利收益会很高。因此，持有铜期货实际上比拥有现货商品更便宜、更有效。

图 5-2 还显示了展期收益的长趋势变化。1998 ～ 2003 年这前五年，展期收益为负；然后在接下来的五年里，它为正；在最后两年，它在零附近徘徊。重点是，不要单纯地仅从历史展期收益中推断大宗商品的未来展期收益，这一点很重要。大宗商品的展期收益反映了随时间演变的现货基本面。虽然过去五年，我们对于道琼斯瑞银大宗商品指数和标普高盛大宗商品指数的负展期收益已经做了很多工作，但图 5-2 显示了仅从过去的这些结果进行推断所带来的问题。不能仅因为某种大宗商品或指数的展期收益在前五年为负，就断定未来五年的

收益也为负。因此，为了对大宗商品和大宗商品指数的未来展期收益做出公正的评估，有必要了解驱动展期收益的不同基本因素。

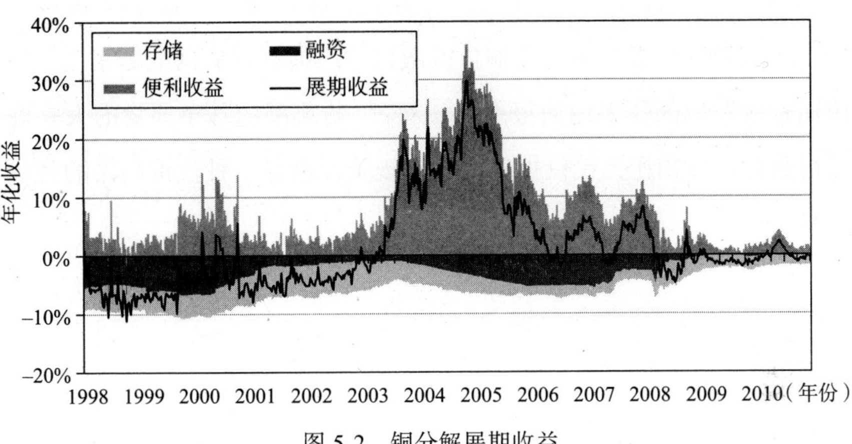

图 5-2　铜分解展期收益

资料来源：彭博、太平洋投资管理公司、伦敦金属交易所，截至 2011 年 6 月 30 日。

要将展期收益分解为其基本组成部分，我们需要获取存储成本和融资成本的数据。铜的历史和当前存储成本可以直接从 LME 或 LME 的经纪人处获得。图 5-3 显示了 1998 ～ 2010 年主要的基本金属市场的平均存储成本。假设本分析中使用的融资成本为三个月期的伦敦同业拆借利率（LIBOR），也可以使用其他衡量指标，但这不改变关键结论。既然我们知道了展期收益以及融资成本和存储成本，就可以求解便利收益。

关于过去 12 年的分析结果如图 5-2 所示。第一个也是最重要的结论是，在期货合约中对多头敞口进行展期要明显好于持有现货铜。首先，展期收益为 1.4%，这意味着除现货市场回报之外，指数投资者还赚取了 1.4%。然而，与持有现货库存相比，持有期货的收益通常远大于仅从展期收益中获得的利益。本期平均融资成本为 3.3%，平均存储成本为3.1%。这两种成本是指数投资者通常不必支付，但现货金属的持有者必须承担的。现货铜金属的持有者赋予现货铜可用于商业运营的价值，在过去12年中，这种便利收益平均每年为7.8%。假设投资者想要获得铜价的敞口，与拥有现货铜金属相比，使用期货所获得的年平均回报率为7.8%！与典型的基于期货的大宗商品指数化投资相比，仅仅被动地持有现货商品是一种代价高昂的替代方案。

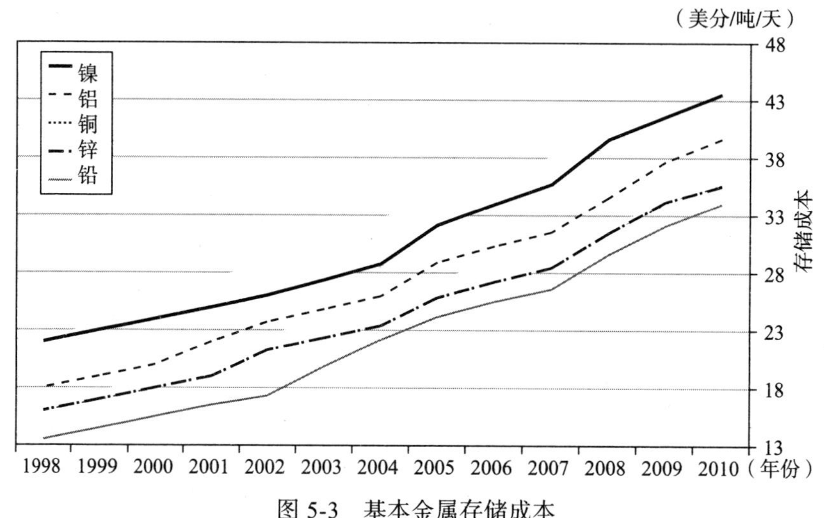

图5-3 基本金属存储成本

资料来源：伦敦金属交易所，截至2010年12月31日。

换句话说，假设当时是1998年，两位投资者都非常有远见地看到中国大宗商品需求即将激增，他们决定每人拿出1000美元投资于铜。一位投资者选择购买价值1000美元的现货铜，并将其存储在仓库中。另一位投资者选择将他的1000美元投资于GSCI铜分指数。购买GSCI铜分指数的投资者获得了铜价的金融敞口，他持有铜期货合约来复制该指数，并将现金投资于三个月的短期国债来赚取额外收益。通过现货金属获得了铜价敞口的投资者不但没有抵押品收益，而且需要向持有现货铜的仓库支付所需的存储成本。两位投资者一开始都持有价值1000美元的铜敞口，但在1998 ~ 2011年这13年间，投资GSCI铜分指数的投资者获得的总回报是持有现货铜的投资者的两倍多。GSCI铜分指数投资者获得的总回报率为767%，而持有现货铜的投资者仅为305%。这种回报差异是由大宗商品期货持有者获得的便利收益造成的，购买和持有现货商品的投资者无法获得这种便利收益。

适用于现货金属支持的ETF

寻求更高商品回报的投资者不太可能通过被动投资现货商品找到答案。与可以获得便利收益的大宗商品指数化投资或期货合约相比，几乎可以肯定的是，持有现货商品的年度存储成本以及零抵押品收益，在很长一段时间内会导致现货商品投资的回报较低。这一规则有一个例外，那就是黄金。黄金不会像大多数大宗商品那样被消费。据估计，历史上已开采了166 000吨黄金，而几乎所有黄金至今仍然以珠宝、金条等形式存在于世。（世界黄金协会，2012）这意味着，相对于电子产品和珠宝每年2000 ~ 3000吨的现货需求，可用的黄金库存多到令人难以置信。除了库存充足外，与其他大宗商品相比，黄金的存储成本非常低。

基本金属每年的存储成本可能只有几个百分点，谷物的成本可能高达10%，而黄金每年的存储成本仅为0.1%，因为它不会被腐蚀，并且具有很高的美元价值和密度。（例如，可以考虑把世界上所有的黄金都存放在大约2.5个奥运会标准大小的游泳池中。）大量的现货库存加上低存储成本，意味着黄金的便利收益通常接近于零。因此，无论投资者选择持有黄金期货还是持有现货黄金，黄金的表现差异都不大。

截至2011年，几家公司已经推出或正在努力推出现货支持的基本金属ETF（尤其是铜），以尝试复制由现货支持的黄金ETF的成功模式。我们认为投资者应该意识到这些由现货支持的新大宗商品ETF有可能大大落后于基于大宗商品期货的投资。一些投资者更倾向于持有现货商品，因为这样可以增加安全感；然而，即使ETF拥有现货商品，它仍然是一种金融工具，依赖发行公司的偿付能力和运作良好的金融市场来收回其投资。

此外，还需要考虑的一点是，当投资者购买现货商品ETF时，他们为每100美元的大宗商品敞口提供了100美元的现金。然而，就大宗商品期货而言，投资者只需要提供保证金，通常只是名义价值的几个百分点。想想期货交易所或ETF运营商不太可能会有的欺诈或违约事件（希望是这样），也应考虑这一事实。最终，每个投资者都必须考虑最佳的投资方法来得到其想要的大宗商品头寸。如果要进行现货大宗商品投资，则相对大宗商品期货或大宗商品指数的成本而言，投资者应确保持有现货所带来的看得见的收益能超过因表现可能不佳而产生的成本。

类推到其他大宗商品上

虽然上面的展期收益示例侧重于铜，但是也可以对谷物、基本金属和能源领域进行同样的分析，结果是相似的。便利收益几乎总是正的，而且在许多情况下尤其如此。在过去十年中，这些行业的大宗商品便利收益率通常平均在 5% ～ 15%。就咖啡或糖等软商品而言，存储成本数据差异很大；与谷物市场不同的是，交易所对于软商品一般没有明确的仓储费率。在软商品中，对便利收益做出详细结论是比较困难的，但其他市场的一般结论仍然是适用的。对于投资者而言，被动持有现货大宗商品不会获得任何便利收益，而在过去十年中，所有主要大宗商品的便利收益大多为正。这意味着，在几乎所有主要大宗商品市场上，被动投资大宗商品期货的效果更好。

考虑到持有现货商品并没有吸引力，有人可能会问："为什么还会有人持有现货商品库存？"卡尔多在 20 世纪 30 年代撰写的一篇论文中首次创造了便利收益这一术语。他建议消费者持有现货库存，以最大限度地减少"订购频繁交付的产品或等待交付而产生的成本和麻烦"（卡尔多，1939）。只有当投资者或商业参与者从持有现货库存中获得的价值达到或超过便利收益时，才应该持有现货库存。

例如，即使表面看来不够经济实用，但是一部分业务可能会同意持有现货库存，因为它可以使另一部分业务更有效地运营并产生更大的利润。就小麦而言，一家谷物公司可能会持有小麦库存，因为它的面粉碾磨业务需要能够拥有一定的小麦库存，以应对供应中断或订单增加的情况，即使持有小麦库存的成本预计会增加。另外，对于持有大宗商品头寸的投资者而言，出于多元化、通货膨胀对冲或价格升值的原因，他从持有现货商品（如铜）中获得的收益可能要少得多（如果有的话）。因此，现货商品的主要持有者通常是从这些现货库存中获得一些利益的商业实体。

关于存在便利收益的另一个相关解释来自凯恩斯的现货溢价理

论，我们已经在第 3 章中首次讨论了该理论。根据凯恩斯的逻辑，生产者比消费者更有可能对冲风险。因此，必须鼓励投机者作为生产者的交易对手方承担交易流带来的相应风险，以平衡市场。如果投机者通常无法从其服务中获得回报，那么他们就无法作为交易对手方。这种情况会导致进行交易的期货价格低于市场对未来现货价格的预期。交易的期货价格低于现货价格的未来预期会使得投机者获得便利收益。在这种情况下，与持有现货商品本身相比，指数投资者持有大宗商品期货敞口，境况会更好一些。

凯恩斯和卡尔多得出的结论非常相似，但他们得出结论的角度完全不同。凯恩斯对便利收益的解释是基于生产者寻求对冲未来价格风险的角度，而卡尔多对便利收益的最初讨论是从消费者或加工者的角度。实际上，生产者交易流与存储运营商的相对经济情况之间的相互作用，决定了大宗商品期货持有者的便利收益水平。

进一步深入研究展期收益的组成部分

之前已经集中讨论了便利收益及其在确定持有现货相对于投资指数或基于期货的大宗商品的吸引力方面的作用。然而，便利收益仅在评估相对吸引力时很重要，因为它代表了持有现货与持有大宗商品期货之间的回报差异。展期收益（便利收益加上存储融资成本）对指数投资者来说是非常重要的，因为它是衡量投资者机会成本或收益的绝对指标，而不是相对指标。展期收益是长期投资者在大宗商品指数化投资中获得或支付的利差。鉴于这一点，有必要更详细地考虑构成展期收益的各个要素。

存储成本

图 5-2 分解了铜的展期收益，请注意融资成本和存储成本相对于便利收益的稳定性。这种情况是意料之中的，因为融资利率受短期收益率驱动，而短期收益的波动往往比大宗商品价格波动要小得多。此外，存储成本通常是固定的，其波动甚至小于短期利率。相反，仓储费率或收益率的大部分变化并不是由实际存储成本的变化（即每磅每月多少美分的变化）造成的，而是由大宗商品价格的变化造成的。例如，如果一种大宗商品的价格翻了一番，那么投资者基本上会看到，每一美元该大宗商品的名义仓储费率减少了一半，即使每单位体积或重量的存储成本保持不变。当大宗商品价格较低时，按百分比计算的存储成本会较高，整体展期收益会减少。同样地，当大宗商品价格较高时，存储成本则较低，而展期收益会提高。这意味着仓储费率及其对展期收益的影响与大宗商品的基本价格呈顺周期关系，它对某些存储成本高的大宗商品（如谷物市场中的大宗商品）的影响可能会变得很明显。

各种大宗商品的融资利率大体相似，但会随着经济中的一般信贷成本不同而有所不同。另外，不同大宗商品之间的仓储费率可能会有很大差异。仓储费率主要取决于建立仓库的成本加上保险费用，以及在一段时间内保持大宗商品等级或质量的成本。例如，黄金的仓储费率非常低，因为它的美元价值和密度都很高。一吨黄金的价值约 5000 万美元，而一吨铝的价值约 2000 美元（截至 2010 年 12 月 30 日）。此外，黄金的密度是铝的七倍以上。更高的美元价值和密度意味着在给定的空间量中，可以存储的黄金价值大约是铝的 175 000 倍。用石油或谷物进行对比会更加明显一点，因为它们的密度以及每单位重量价值都更低。

在保持质量方面，大宗商品存在广泛差异。一方面，黄金几乎没有维护要求，而铜和钢等金属必须在适当的条件下存储才能避免氧化或受到其他损坏。另一方面，谷物和石油产品更难存储，而且通常需要定期轮换以避免劣化，这使得它们的存储成本变得更高。

这些基本特征是存储成本的主要驱动因素。因此，随着时间的推移，大宗商品之间的存储成本排名往往是相当稳定的，因为成本取决于大宗商品本身的潜在物理特性。对相对仓储费率影响最大的是大宗商品之间的相对价格变化。例如，铜的价格是铝的两倍，反之亦然。表 5-1 显示了 2010 年底 13 种大宗商品的年存储成本占大宗商品价格的大致百分比。这些存储成本及其基本驱动因素对投资者来说应该是非常重要的，因为它们直接影响了大宗商品指数化投资的机会成本。

表 5-1 存储成本约占大宗商品价格的大致百分比

大宗商品	存储成本（%/ 年）
原油	6.9
取暖油	7.5
氧化混调型精制汽油	7.9
黄金	0.2
银	0.4
铜	1.5
铝	5.6
镍	0.9
锌	5.2
铅	4.8
玉米	10.1
大豆	4.6
堪萨斯小麦	6.7

资料来源：芝加哥期货交易所、芝加哥商业交易所、堪萨斯市期货交易所、伦敦金属交易所、摩根士丹利、太平洋投资管理公司，截至 2010 年 12 月 31 日。

便利收益

关于展期收益的最后一个部分，通常也是最不稳定的部分就是便利收益。便利收益很少低于零，因为除极端情况之外，在所有情况下，通过买入现货商品和卖出期货进行的现货套利都将理论下限设为零。从好的方面来看，便利收益基本上是存在的。如前所述，便利收益可以被认为是商业市场参与者分配给现货库存持有的价值。这实际上是市场参与者为持有库存而不是在未来购买商品而支付的成本。因此，为了了解便利收益的驱动因素，我们需要了解是什么驱动了持有现货库存的价值。

假设特定大宗商品（如铜）的库存水平非常低。对于许多商业参与者来说，铜供应不足是不可接受的，因为这可能会使他们停产，或者可能导致在其他相关流程中出现代价高昂的延迟或出现无法满足客户订单的情况。当库存不足时，采购和保证未来供应的能力就会下降，这会使商业参与者更愿意支付溢价以持有特定大宗商品库存。同样地，当库存充足时，商业参与者并不愿意为大宗商品的存储支付溢价，因为他们对在未来有需要时可以随时购买到这种大宗商品很有信心。

图 5-4 显示了铜市场的便利收益和库存水平之间的密切关系。图 5-5 显示了铜市场的便利收益与库存水平的回归。请注意，便利收益会随着库存的增加而逐渐趋近于零，而随着库存逐渐减少到零，它会呈现指数式增长。在某个时候，库存水平可能会变得足够低，以至于便利收益会比存储成本和融资成本高。当这种情况发生时，展期收益为正，曲线被称为现货溢价。相反，当库存较高时，便利收益通常不足以抵消存储成本和融资成本，因此展期收益为负，曲线处于期货溢价状态。

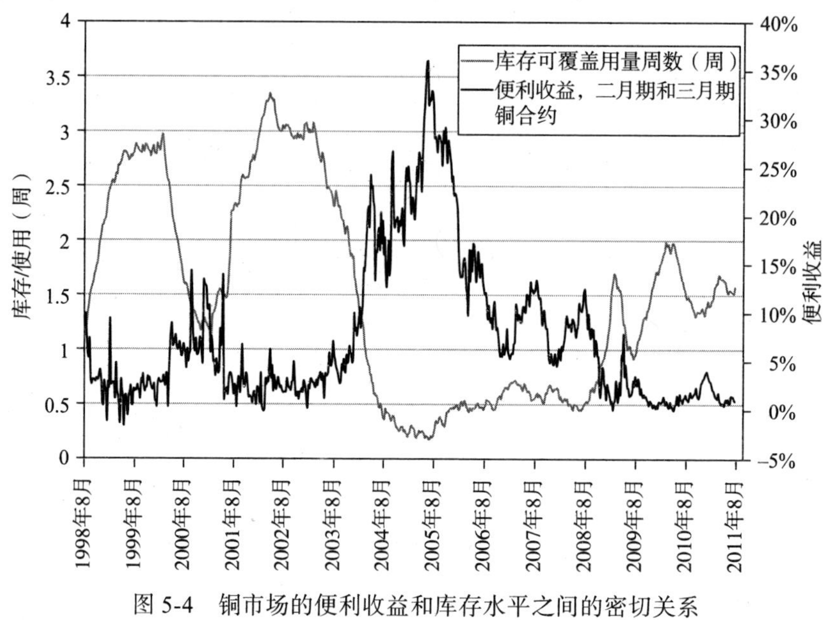

图 5-4 铜市场的便利收益和库存水平之间的密切关系

资料来源：彭博、太平洋投资管理公司、伦敦金属交易所，截至 2011 年 6 月 30 日。

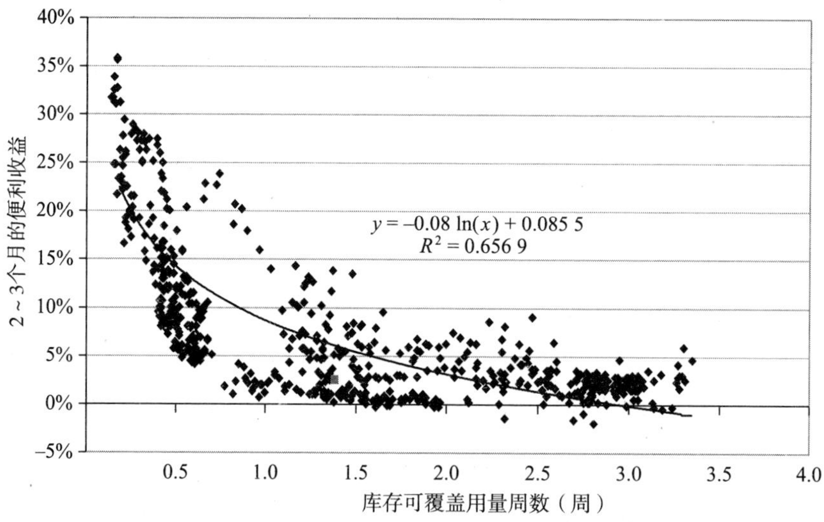

图 5-5 铜市场的便利收益与库存水平的回归

资料来源：彭博、太平洋投资管理公司、伦敦金属交易所，截至 2011 年 6 月 30 日。

除了库存水平，其他因素也会影响大宗商品的便利收益。在其他条件相同的情况下，较高的价格通常表明市场供应紧张或不足以满足需求，而较低的价格则表明供应过剩。因此，较高的价格通常与较高的便利收益相关，反之亦然。价格影响便利收益和最终展期收益的另一个根本原因是实际（经通货膨胀调整的）大宗商品价格的均值回归性质。查看几乎所有大宗商品时，你会发现尽管长期实际价格的波动幅度常常很大，但它往往会在某个长期平均水平附近波动。当展期收益为正时，递延合约价格就会低于近期合约价格。因此，从较高价格到较低价格，市场按照某种程度的均值回归进行定价。基于期货合约的期限结构，市场价格包含了对价格的远期预期。因此当价格变高时，正展期收益具有直观的意义。如果均值回归所需的时间比市场暗示的要长，那么这种正展期收益会提高投资者的回报。然而，如果价格突然暴跌，那么正展期收益更容易被价格下跌带来的负现货回报所抵消。理想情况下，指数投资者希望从可能存在长期库存短缺的市场中受益，从而保持正展期收益，同时避免市场上的展期收益受到可能很快崩溃的短暂高价的影响。

被动投资者的影响

如果没有处理好展期收益的最后一个驱动因素，即纯粹被动投资者，就会出现疏漏。正如我们之前说明的那样，大宗商品市场的展期收益很大程度上受基本因素的驱动。大宗商品市场展期收益变化的主要驱动因素往往是可用库存水平的变化。在被动投资者变得引人注目之前，这种情况已经出现，今天仍然如此。然而，仅仅因为展期收益仍然主要对基本因素做出反应，并不意味着投资者的边际影响为零。

被动投资者指近期合约的常规卖家和递延合约的买家。从 2004 年起，他们占据了越来越大的市场份额，因此改变了期货市场展期合约的供需平衡。为了让这些投资者展期，必须鼓励其他人作为对手方进行交易。其他人必须购买近期合约并出售递延合约。因此，对于给定的库存水平而言，随着被动投资者的显著增加，我们会看到较低的平均便利水平，这似乎是合乎逻辑的。

图 5-6 显示了指数活动增加前后，铜市场的便利收益与库存水平的回归，它与之前图 5-5 所示情况相同，但这次数据分为两个时期。第一个时期是 1998 ～ 2003 年，它代表了指数活动很少的时期。第二个时期是从 2004 年开始到 2011 年，它代表了被动投资者活动增加的时期。市场的基本面是这两个时期最重要的主导力量。当铜库存在

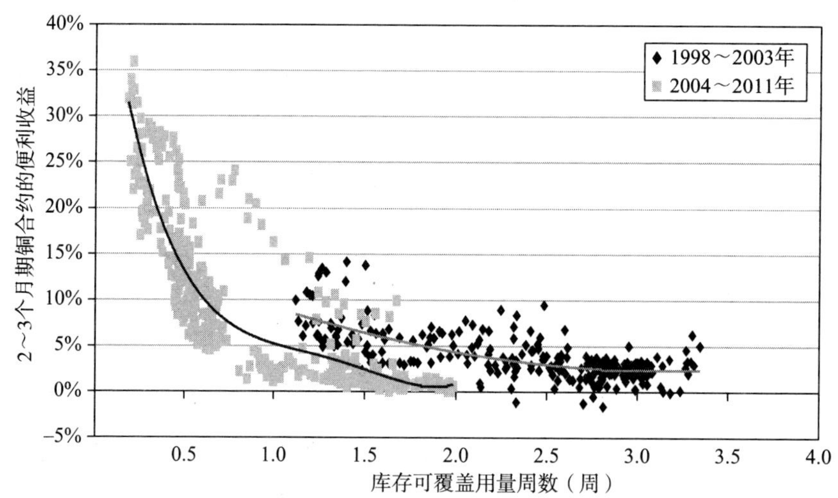

图 5-6　指数活动增加前后，铜市场的便利收益与库存水平的回归

资料来源：彭博、太平洋投资管理公司、伦敦金属交易所，截至 2011 年 6 月 30 日。

2004年年中下降并达到前几年从未有过的水平时，便利收益如预期的那样呈指数级上升，创下新高。被动投资者的存在并没有改变市场的基本性质或曲线的形状。然而，与具有类似库存水平的时期相比（即库存可以覆盖1～2周的用量），在被动指数活动增加期间，便利收益平均而言也略低。通过相同的分析，其他基本金属以及能源和谷物商品都显示出类似的结果。

被动投资的增加通常会导致便利收益的降低，因此使边际展期收益降低。如前所述，造成这种影响的原因是大宗商品期货展期的供需平衡发生了变化。由于被动投资者已占据较大的市场份额，因此每月展期的多头期货头寸供应量有所增加。这并不意味着投资者要避免投资大宗商品。大宗商品仍然是一种可以带来许多好处的资产类别。这些好处包括投资组合多元化、通货膨胀对冲以及由于远期曲线中存在风险溢价或便利收益而产生的超额回报。然而，随着被动投资活动的增加，获取风险溢价的竞争也在增加。

回想一下凯恩斯的现货溢价概念。该概念表明，由于生产者对冲的主导性质，交易时大宗商品的远期价格通常会低于实际市场预期价格。随着被动投资的增长，越来越多的投资者可能会出售近期合约并购买递延合约，这样做会降低现货溢价和风险溢价的程度。在大宗商品市场中，为获取风险溢价而日益激烈的竞争增强了大宗商品指数化投资策略的重要性，以实现总回报潜力最大化。聪明的大宗商品指数投资的作用是确定哪些市场有可能持续存在最高风险溢价，从而为投资者承担的风险提供补偿。

在本章中，我们介绍并详细讨论了展期收益的概念。我们将其细分为存储成本和融资成本以及由现货库存持有者支付的便利收益。作为案例，我们对铜的情况进行了研究，并将其类推到其他大宗商品上。最后，我们将其应用于现货金属 ETF，并讨论被动指数复制可能产生的影响。有了这些知识，我们将在下一章进一步讨论，首先讨论展期收益如何成为长期大宗商品指数回报的重要驱动因素；其次，我们还说明了相对于大宗商品指数而言，投资者可以提高其投资组合展期收益的方法。

第 6 章

展期收益最大化

在本章中，我们除了展期收益的驱动因素，还将着眼于它给大宗商品指数化投资的短期和长期回报带来的影响。在证明了展期收益在长期大宗商品指数回报中的重要性之后，我们可以借助具体例子来说明，有哪几种方法可以使聪明的大宗商品指数化投资者的展期收益最大化。我们特地研究了当前大宗商品交易部门使用的一些流行的系统策略，这些策略通常以“动态化”或“优化”展期收益指数等名义向投资者收取费用。我们将这些策略分解为前一章中讨论的展期收益的各个组成部分，即融资成本、存储成本和便利收益。这种分解有助于更透彻地了解这些策略相对回报的基本驱动因素。这种类型的分析会进一步强化展期收益作为不同大宗商品行业长期回报的主要驱动因素的作用，并为读者提供专业知识来构建其基于基本面的展期收益优化策略。

展期收益是长期回报的驱动因素

如前所述，投资者从大宗商品指数化投资的大宗商品期货部分获得的回报通常被称为超额回报。超额回报与总回报不同，总回报还包括抵押品组合的回报。超额回报可以分为两部分：现货价格回报和展期收益回报。在短期内（即 1 ～ 2 年内），个别大宗商品和指数的超额回报往往由现货价格回报主导，而现货价格回报包含了第 3 章所讨论的预期变化。我们认为这是明智的，因为在构成道琼斯瑞银大宗商品指数或标普高盛大宗商品指数的 20 多种大宗商品中，大多数商品的年价格波动率在 20% ～ 40% 范围内，这远远大于大多数大宗商品的平均年展期收益。

图 6-1 显示了 24 种大宗商品在 2010 年的现货回报、展期收益回报和超额回报，这些商品构成了标普高盛大宗商品指数。正如预期的那样，在一年的期限内确定超额回报时，现货回报在很大程度上比展期收益更有优势。在任何给定的年份，展期收益几乎不会告诉你关于超额回报的情况。从统计上看，2010 年这 24 种大宗商品的年现货价格回报与年超额回报的相关性为 96%，而年展期收益与超额回报的相关性仅为 39%。因此，对于投机或追随趋势的大宗商品投机交易者而言，展期收益对整体表现而言可能是次要的，因为他们通常持有短期头寸。

然而，指数型投资者采用的投资方法与大多数趋势追随者或投机交易者采用的截然不同。指数型投资者的目标通常是获得大宗商品头寸以对冲未来的通货膨胀意外事件或分散其投资组合。为了实现这些目标，指数型投资者通常会投资较长的期限，而且他们的大宗商品头寸主要是只做多头，展期收益回报在此变得越来越重要。

如图 6-1 所示，2010 年的超额回报主要是由每种大宗商品的现货价格变动驱动的，但是在多年的时间里，情况仍然如此吗？事实证明，在逐渐拉长的时间周期内，超额回报的驱动因素从现货回报逐渐转变为展期收益。为了直观地展示这种转变，图 6-2 显示了

1994 ～ 2010 年 19 种大宗商品样本的年化超额回报相对于年化展期收益的回归（回归仅针对自 1994 年起发布的标普高盛商品分指数的 19 种大宗商品）。这 19 种大宗商品的超额回报与展期收益之间的相关性高达 94%！

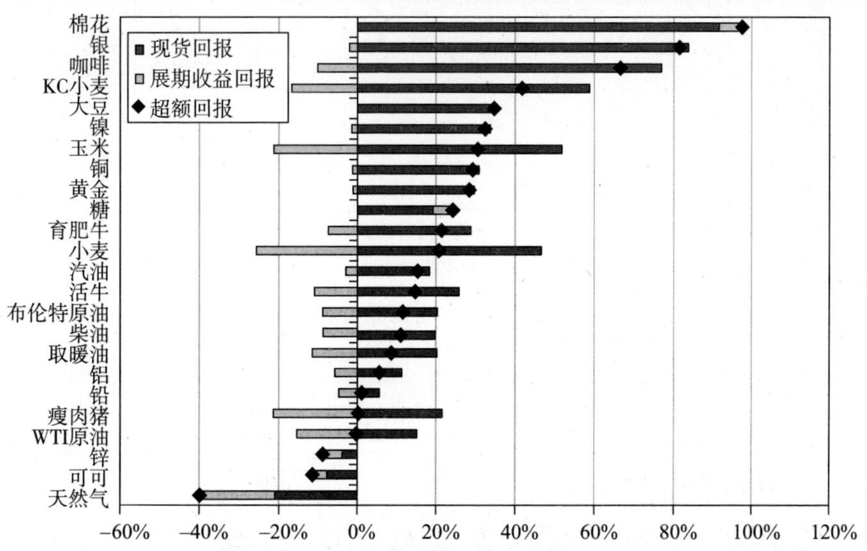

图 6-1　构成 2010 年标普高盛大宗商品指数的 24 种大宗商品的回报（细分为现货回报、展期收益回报和超额回报）

资料来源：彭博、标普、太平洋投资管理公司，截至 2010 年 12 月 31 日。

同期，超额回报与现货回报之间的相关性仅为 61%（见图 6-3）。从较短期转向较长期时，现货回报和展期收益回报的相对重要性也会发生变化。对于将大宗商品视为资产类别和长期投资的一部分投资者来说，这意味着首要任务应该是寻求展期收益最大化。实现这一目标的主要方法是进一步提高某些大宗商品提供的正展期收益，同时最大限度地减少具有负展期收益的大宗商品的影响，本章的其余部分将会对此进行详细探讨。

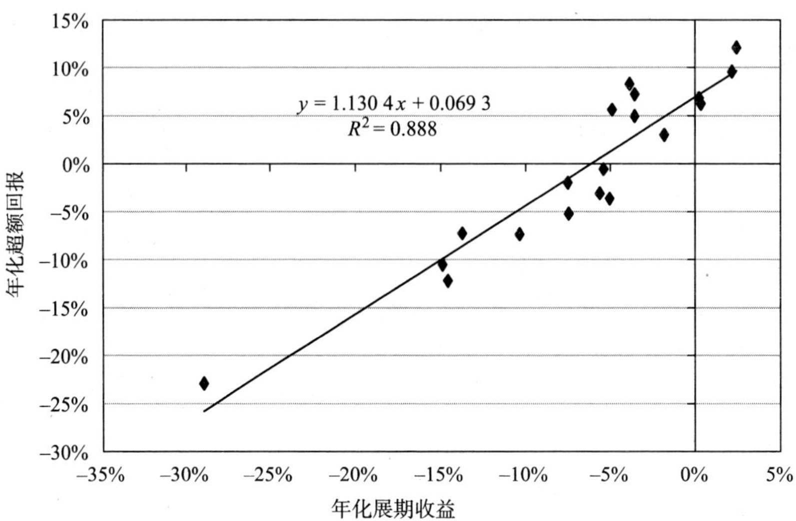

图 6-2 1994 ～ 2010 年标普高盛大宗商品指数中 19 种大宗商品的超额回报与展期收益

资料来源：彭博、标普、太平洋投资管理公司，截至 2010 年 12 月 31 日。

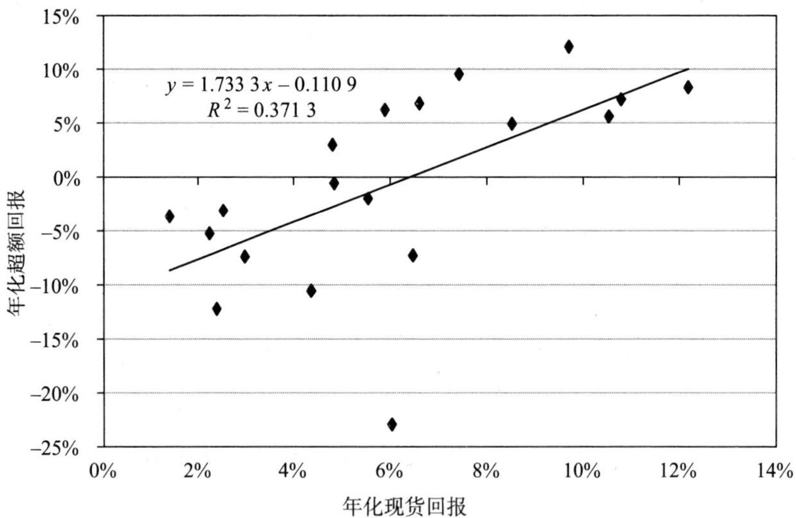

图 6-3 1994 ～ 2010 年标普高盛大宗商品指数中 19 种大宗商品的超额回报与现货回报

资料来源：彭博、标普、太平洋投资管理公司，截至 2010 年 12 月 31 日。

展期收益变得如此重要，这似乎有悖于常理，但这是展期收益年复一年的持续影响与现货大宗商品价格（在很长一段时间内以实际价值衡量时）均值回归性质二者的复合效应带来的结果。债券市场投资者很熟悉这种效应，因为具有正利差和向下调仓（rool-down）的投资组合会为回报带来助力。从长远来看，即使利率和价格变动常常主导短期表现，这种助力也可以帮助投资组合跑赢其基准。同样地，研究表明，股票的历史长期表现主要归因于股息收益。不管在哪一年，从股息中获得的回报都很可能在股票价格的直接变化面前相形见绌，但随着时间的推移，它们的累积影响是巨大的。在股票和债券中观察到的这种复合效应和在大宗商品市场中观察到的并没有什么不同。

以大宗商品 A 和 B 为例。假设出于某种原因，大宗商品 B 的年展期收益预计比大宗商品 A 平均低 10%。15 年后，当投资者回顾过去，会发现大宗商品 A 的展期收益平均为每年 0%，而大宗商品 B 的展期收益为每年 −10%。如果大宗商品 A 的现货价格保持不变，那么大宗商品 B 的现货价格需要每年上涨 10%，才能使 A 和 B 的超额回报相同。这意味着大宗商品 B 的现货价格总共需要上涨 317%。

期限越长，大宗商品 B 的表现就越不可能超过大宗商品 A。在任何给定的年份，大宗商品 B 的表现可能会优于大宗商品 A，但在足够长的时间范围内，它几乎肯定会输。

图 6-4 显示了过去 100 年里原油和玉米的长期实际价格，图 6-5 显示了同期黄金和铜的长期实际价格。虽然几年内，现货价格肯定会出现 500% ～ 600% 的波动，但通货膨胀调整后的价格总体水平相当稳定。在过去的 100 年里，原油、玉米、铜和黄金的实际价格的年化

百分比变化总额分别为 1.8%、-0.6%、0.3% 和 1.2%。虽然并没有关于展期收益在过去 100 年里的准确数据，但与近年来的展期收益回报相比，这些长期价格变动通常是温和的。从 1994 年到 2010 年，19 种不同大宗商品的展期收益率为 -30% ～ 3% 不等（见图 6-2）。展望未来，如果我们从最近的时期推断，对于长期投资者回报而言，展期收益可能会比现货价格变动更为重要。

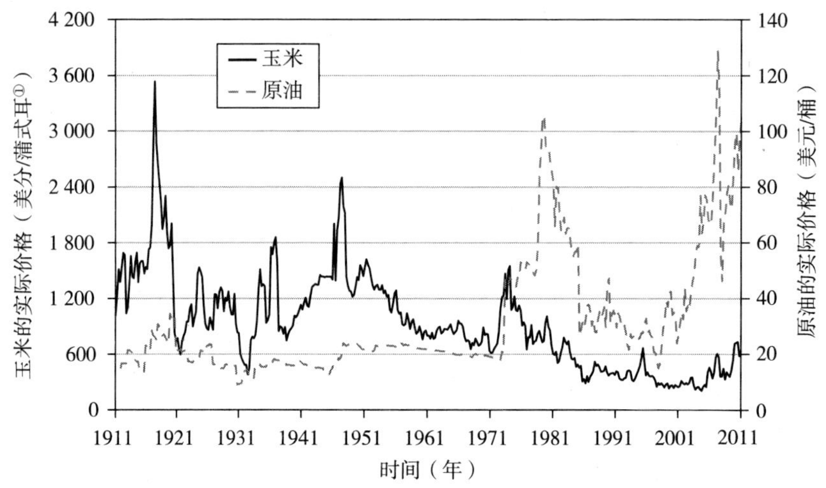

图 6-4 大宗商品长期实际价格：WTI 原油和玉米

①在美国，1 蒲式耳玉米为 25.401 千克。
资料来源：彭博、Haver、摩根士丹利，截至 2012 年 3 月 1 日。

如果投资者希望在较长的时间范围内从一篮子多头大宗商品中获得最大的超额回报，那么就现货价格而言，挑选长期赢家不太可能有什么好处。相反，这样的投资者需要选择具有强劲正展期收益的大宗商品。然而，与未来的现货价格变动相比，展期收益的先验性优势并不大。现货回报和展期收益回报均取决于许多基本因素和未来的发展，其中大部分在多年后是不可预见的。因此，重要的是要根据供需平衡和存储成本制定一个基本框架，使人们能够了解展期收益。我们试图在本章中充实这个框架。

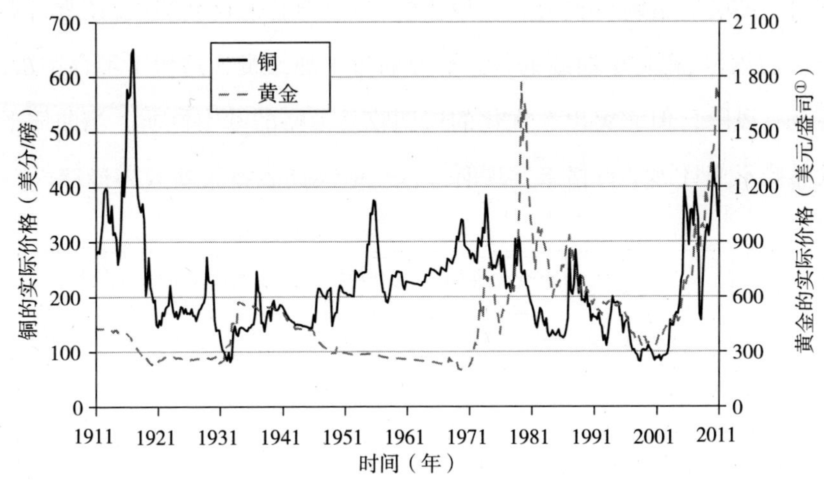

图 6-5　大宗商品长期实际价格：黄金和铜

① 1 盎司 =28.35 克。
资料来源：彭博、Haver、摩根士丹利，截至 2012 年 3 月 1 日。

寻求展期收益最大化

考虑到展期收益在长期大宗商品指数回报中的重要性，我们已经提出了许多使其最大化的可能解决方案。最常见的方法，也是许多较复杂策略的主要方法，就是所谓的优化的展期收益策略。无论涉及的是单一大宗商品还是一篮子大宗商品，优化的展期收益策略的基本前提都是一样的，它始终将大宗商品合约保持在展期收益最佳的曲线点上。

例如，假设原油曲线上的即月合约是 1 月合约，并假设其价格为 100 美元，还可以假设 2 月合约的价格为 100.50 美元，而 3 月以后的其余合约价格为 100 美元。此类曲线如图 6-6 所示。1 月合约的展期收益为 −0.5%，2 月合约的为 0.5%，其他所有合约的为 0%。根据优化的展期收益策略，投资者应该持有 2 月合约，因为它的展期收益最佳。2 月合约相对于曲线的其余部分而言更加昂贵，这似乎不合逻辑，甚至有风险，但它突出了优化的展期收益策略的基本性质。当曲线形状保持不变且远期价格未实现时，优化的展期收益策略效果最佳。

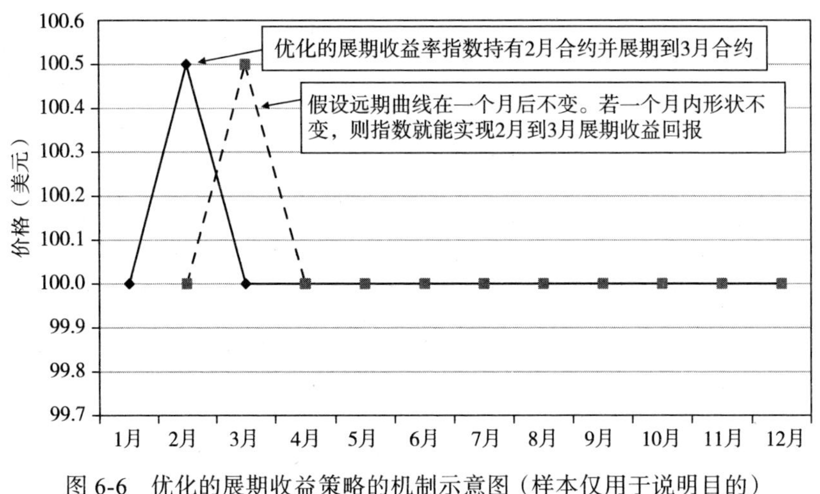

图 6-6 优化的展期收益策略的机制示意图（样本仅用于说明目的）

如果曲线形状保持不变，那么显然曲线仍会在第二个月错位。在这种情况下，持有第二份合约的多头头寸并每个月展期到第三份合约是最佳交易，因为每展期一次，就会实现 0.5% 的展期收益利润。显然投资者进入第二份合约后会有风险，但最后证明这种错位是短暂的，并且在投资者仍然持有第二份合约时就消失了。图 6-7 展示了这样一个例子。在这种情况下，曲线上的第二份合约在现货方面的表现要比其他所有合约差，而且不同合约之间不再有展期收益优势。在这种情况下，优化的展期收益策略使投资者遭受了 0.50 美元的损失。

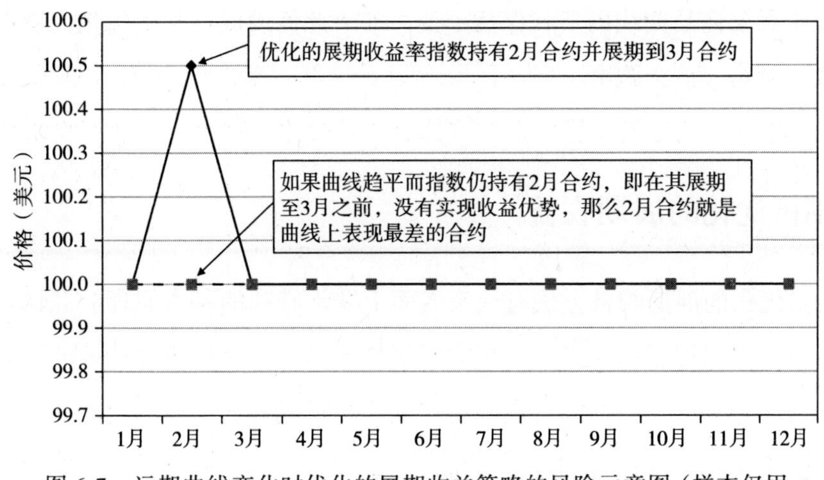

图 6-7　远期曲线变化时优化的展期收益策略的风险示意图（样本仅用于说明目的）

再进一步看下这个例子，如果第二份合约的跌幅超过 0.50 美元，那么第二份合约当时的展期收益在曲线上会是最差的，而即月合约的展期收益会是最好的。此时，相对于曲线的其余部分而言，第二份合约会再次出现定价错误的情况。然而，优化的展期收益策略的“逻辑”是让投资者从第二份合约转移到即月合约，从而锁定可能仅仅由现货价格短期变化导致的损失。这个例子非常简单，但它有助于展示优化的展期收益策略的机制和潜在缺点。

这种优化的展期收益策略也可以应用于一篮子大宗商品。这是人们听说过的大部分优化的展期收益指数或策略背后的基本前提。在这种情况下，投资者会查看一篮子大宗商品的当前展期收益，然后做多那些展期收益最高的部分，比如最高 50%。需要明确的是，这种方法并不能确保投资者获得最佳的超额回报，也不能保证获得所需大宗商品集的头寸。如果实现了大宗商品曲线的远期价格，那么展期收益正好会被现货价格损失抵消。如前所述，优化的展期收益策略的基本假设是大宗商品曲线的形状保持不变。如果此假设成立，则优化的展期收益策略应该会跑赢。

剖析优化的展期收益

优化的展期收益方法有一个表面上非常直观的基本原理。逻辑很简单：如果回报的长期驱动因素是展期收益，那么你应该持有的是展期收益最高的大宗商品，而不是展期收益最低的大宗商品。此外，如果一个市场目前出现了现货溢价，则意味着供需平衡吃紧。吃紧的市场存在缺货的风险，即给定大宗商品的可用供应已用尽。在这种情况下，价格必须大幅上涨才能对剩余供应进行有效配给。投资者希望在如此吃紧的市场中拥有多头头寸，这一想法似乎是合乎逻辑的，因为当库存较低时，价格突然上涨的可能性就会增加。因此，投资者不仅有可能遇到价格突然上涨的情况，而且他们还可以在等待这些价格上涨的同时获得正展期收益。类似的逻辑也适用于期货溢价市场。当供应过剩时，库存要么很高要么在上升。投资者不希望接触供过于求且因此处于结构性疲软的市场。毕竟，如果未来产品的数量会增长，那么谁还想要拥有该产品呢？投资者对期货溢价市场不感兴趣，不仅仅是因为它们的展期收益低，还因为它们几乎没有现货价格升值的潜力。但是如果事情真那么简单就好了！

一个针对单纯机械化的或基于规则的优化的展期收益方法的反对论点是，所有市场都会定期从现货溢价转换为期货溢价，反之亦然。因此，重要的是不要机械地运行策略。当市场吃紧并处于现货溢价时，近月合约的价格会高于远月合约的价格。最终，价格会变得足够高，从而引入了更多的供应或抑制了足够的需求，使市场从短缺变为过剩。当这种情况发生时，大宗商品曲线的形状通常会在极短的时间内从现货溢价急剧变为期货溢价。与从下一年的正展期收益中获得10% 或 20% 的回报不同，价格可能会在数周或数月内下跌上述收益的两倍或两倍以上。投资者并没有从正展期收益中获得可观的回报，反而因现货价格下跌而蒙受巨大损失。此外，在价格如此下跌之后，曲线很可能已经转变为期货溢价，并且投资者现在持有的大宗商品展期收益为负，然而他们最初购买大宗商品的原因就是为了获取正展期收益。像上面所讨论的那种优化的展期收益策略那样，它通常会导致投资者在价格高位时买入，并在价格暴跌后卖出。

展期收益背后的真正秘密

事实上，优化展期收益并假设远期曲线不会实现，确实有助于提高标准大宗商品指数的超额回报。

然而，正如我们稍后会更详细地探讨的那样，**优化的展期收益方法在大多数情况下表现出色的原因，与其说是在于它能在供需基本面吃紧的情况下选择合适的大宗商品，不如说是在于它充当了一个好的筛选程序，选出存储成本较低的大宗商品。**在接下来的几页中，我们会详细介绍优化的展期收益策略的回报构建和归因，来更全面地了解该策略的表现通常优于更传统的、更不活跃的大宗商品指数（如道琼斯瑞银大宗商品指数或标普高盛大宗商品指数）的原因。

我们在每个月末计算每种商品（标普高盛商品指数中 24 种不同的大宗商品）的第一份合约和第二份合约之间的展期收益，从而构建优化的展期收益策略（通常来说，我们使用的合约展期时间表与标普高盛大宗商品指数的合约展期时间表相似）。每月月末展期收益最高的12种大宗商品构成了下个月的持仓额。从技术上讲，每个月优化的展期收益策略由上个月末展期收益高于中位数的大宗商品组成。假定所有大宗商品的权重相等。我们还构建了一个假设指数作为优化的展期收益策略的基准，该指数是与构成标普高盛大宗商品指数的24种大宗商品具有同等权重的篮子。我们还为另一半展期收益低于中位数的大宗商品计算了一个同等权重的篮子。图6-8显示了自2000年以来这三个假设指数各自的表现。2000年之前，数据可靠的大宗商品范围开始减少，我们认为这份11年跨度的样本给大宗商品指数型投资广泛流行前后的数据提供了合理的权重。

图6-8 相对于同等权重的投资组合，高展期收益和低展期收益大宗商品之间的表现比较

资料来源：彭博、标普、太平洋投资管理公司，截至2010年12月31日。

乍一看，通过确保投资者从回报的长期驱动因素、展期收益中受益，这种优化的展期收益策略似乎在最大化超额回报方面非常有效。但是，在得出这样的结论之前，将每个指数的超额回报分解为现货收益和展期收益是很重要的。

如表 6-1 所示，优化的展期收益策略显然具有优越的超额回报。从表中可以明显看出，这些超额回报的驱动因素是展期收益高于中位数的大宗商品展期收益有显著提高。优化的展期收益策略的展期收益平均为 5.42%，比展期收益最低的大宗商品展期收益要高 25 个百分点以上。此表表明，如果一种大宗商品在上个月有良好的展期收益，那么它很可能会在下个月继续具有良好的展期收益。然而，这些结果中不太积极的部分会体现在现货回报上。请注意，优化的展期收益策略现货回报远低于其他指数的回报，平均仅为 7.2%，而同等权重的一篮子指数的回报为 15.46%。这意味着与大宗商品整体相比，具有最佳展期收益的大宗商品价格上涨速度低于平均水平。由于优化的展期收益策略的现货回报落后于宽基市场，有很大一部分潜在的展期收益回报实际上并未实现，因为它们被现货价格损失所抵消。现货回报表现不佳是我们之前略述的高买低卖效应造成的结果，也是系统化展期收益策略的潜在风险之一。

表 6-1　高展期收益和低展期收益大宗商品的超额回报被分解为现货收益和展期收益

	同等权重的 24 种大宗商品指数	展期收益高于中位数的 12 种大宗商品指数	展期收益低于中位数的 12 种大宗商品指数
超额回报	7.73%	12.61%	2.85%
展期收益回报	−7.73%	5.42%	−20.87%
现货回报	15.46%	7.20%	23.72%

上面说明的优化的展期收益方法是保留上个月展期收益最高的大宗商品。由于存储成本和融资成本相当稳定，在任何给定月份，优化的展期收益方法都可能保留便利收益相对较高的大宗商品。回想上一章的内容可以得知，便利收益与库存呈负相关关系，但与大宗商品价格呈正相关关系。因此，优化的展期收益策略通过动态转换到展期收益最高的大宗商品，转换到了现货价格已有较大波动的大宗商品。这导致投资者在展期收益良好时高价买入头寸，却在价格下跌后卖出头寸。

在深入研究优化的展期收益策略的持仓量后，可以观察到一些奇怪的模式，以及各种大宗商品和大宗商品行业的持有频率。识别此类异常的一种方法是查看每种大宗商品的展期收益高于所有大宗商品的展期收益中位数的时间百分比。可以预期的是，在大约一半的时间里，所有大宗商品都处于整体展期收益[⊖]之上，而在另一半时间里，则处于整体展期收益之下。然而，在整个时期内，玉米仅在 6% 的时间内处于整体展期收益之上。同样地，小麦仅在 11% 的时间内处于整体展期收益之上。镍在 97% 的时间内处于整体展期收益之上。事实上，人们极少持有的金属是锌，占 54%，而最常持有的谷物是大豆，占 51%。这意味着每一种金属的持有频率都要比最常持有的谷物更高。此外，事实证明，即使你将研究的整个时期划分为更短的三年或五年的子时期，这些相同的主题也是正确的。为什么会出现这种情况？为什么试图实际持有大宗商品市场中现货溢价最高的那一半商品这一策略，最终总是变成持有镍而几乎从不持有谷物？

回忆一下前一章讨论的关于展期收益的驱动因素。展期收益的驱动因素是融资利率、存储成本和便利收益。所有大宗商品的融资利率

⊖ 整体展期收益，指所有入选商品在某个时点展期收益的中位数。——译者注

都很相似，因此我们可以忽略大宗商品之间相对展期收益差异的这一组成部分。已证明便利收益与库存水平有很强的负相关关系。在此期间，镍库存多次在极高和极低间波动，但在97%的时间里，镍都处于整体展期收益之上。因此，尽管便利收益显然会影响展期收益水平，但无法解释金属的持有频率明显高于谷物的原因。

因此只能用存储成本来解释持有某些大宗商品比持有其他大宗商品更频繁这一异常模式的原因了。如前所述，由于金属的密度大，存储成本相对较低，其可以无限期地存储，只需进行极少的维护。另外，由于谷物存储需要的空间更多，且它比许多其他大宗商品更容易变质，其存储成本相对较高。就存储成本而言，石油和石油产品通常介于金属和谷物之间。原则上，优化的展期收益策略应该动态化地转移到展期收益最佳的市场，因为展期收益既是回报的长期驱动因素，也是市场吃紧的信号。然而，优化的展期收益策略并不像想象的那样动态化，它选择持有的大宗商品种类似乎与不断变化的市场条件（如库存水平）关系不大，反而与给定大宗商品的存储成本关系更密切。

图6-9显示了每种大宗商品在标普高盛大宗商品指数整体展期收益之上所占的时间百分比（x轴）及其年度平均存储成本（y轴）。两者之间的相关性令人吃惊。这表明存储成本是相对展期收益差异的主要结构性驱动因素。如上一章所述，便利收益往往是展期收益中最不稳定的组成部分。在任何给定的时间里，便利收益可以决定哪些大宗商品的展期收益最高，但从长远来看，便利收益的这些大幅波动趋于平均水平，这是因为便利收益在某种程度上取决于现货价格，而现货价格往往会趋向于均值回归。有时便利收益对于展期收益的积极贡献较大，而有时便利收益可能接近于零。但总的来说，便利收益往往不

如存储成本的持续影响重要。从某种程度上说，这并不奇怪。它符合龟兔赛跑故事中所传达的为人熟知的智慧，而且这也是在大宗商品指数长期回报中所观察到的确切模式。短期来看，现货价格回报（兔）是超额回报的主要驱动因素；但在较长的时间范围内，最终决定超额回报的是展期收益（龟）带来的持续收益或损失。

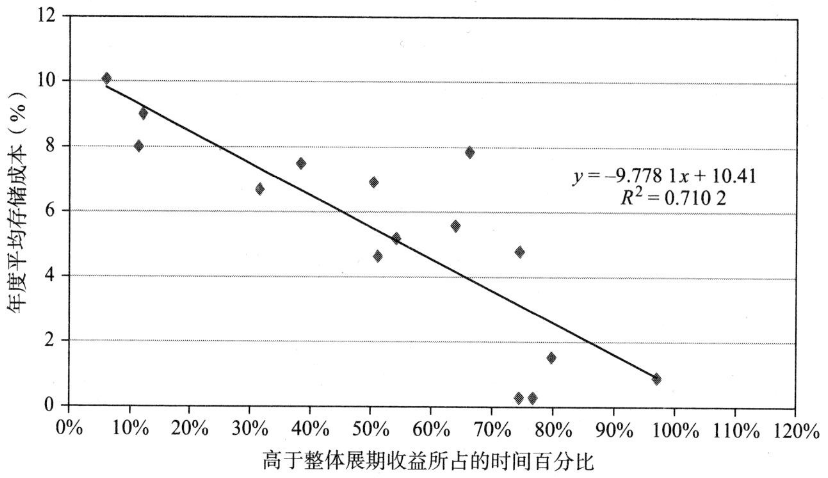

图 6-9 标普高盛大宗商品指数中的大宗商品高于整体展期收益所占的时间与存储成本的关系

注：此图使用了标普高盛商品指数中的 24 种大宗商品，时间从 2000 年开始，之前已经讨论过。但是，由于展期收益季节性带来的扭曲，该指数排除了季节性很强的大宗商品，如肉类和天然气。软商品也被排除在外，因为其存储成本数据比谷物、金属和能源的成本数据更多变，而谷物、金属和能源的成本更加统一并且更具可观察性。

资料来源：彭博、标普、太平洋投资管理公司。

基于存货的大宗商品与基于流量的大宗商品的对比

虽然存储成本解释了长期大宗商品之间的大部分展期收益差异，

但由于便利收益的结构性、持续性差异，大宗商品可能会表现出展期收益差异。关于便利收益差异的最常见例子是，大宗商品的供应主要基于存货（如谷物和贵金属）还是主要基于流量（如石油和基础金属）。

想想石油市场和玉米市场之间的差异。石油市场主要基于流量：全年供需大体一致，并且库存提供了短期缓冲，以平衡供需的适度季节性差异。相比之下，玉米是一个以存货或库存为基础的市场。每年实际上只有两次主要的玉米供应进入市场，一次是在北半球收获期间，另一次是在南半球收获期间。需求与供应的季节性模式不同。因此，玉米必须全年存储，以便能够计量供应，满足未来的需求。通常，主要基于价格的季节性市场往往基于存货或库存，而没有季节性的市场通常基于流量。也可以把基于存货的市场区分开来，因为相对于需求而言，它们通常具有非常大的存储基础设施，而基于流量的市场则与更多的月光型消费相关。

市场主要基于存货还是基于流量，对便利收益的行为有重大影响。在基于存货的市场中，某一种大宗商品短缺的概率不是恒定的。在一年中的大部分时间里，此概率往往很低，所有风险都集中在下一次的供应之前，例如农产品的下一个收获期。在基于存货的市场中，一年中的大部分时间里，库存通常都处于让人放心的状态，这意味着一年中大部分时间的便利收益往往非常低。然而，在基于存货的大宗商品出现短缺风险的时期里，通常会有非常高的便利收益。部分原因是市场内嵌的风险溢价，由于大宗商品短缺的风险通常是不可接受的，因此最终用户要支付溢价以在这些关键时刻锁住供应。在供应不足期间，便利收益高的另一个原因是，如果确实发生短缺，价格飙升通常是极端的，这是因为需求价格常常缺乏弹性。因此，在基于存货的市场中，便利收益平均而言往往相对较低，而且价格飙升非常明显但很少见。这些价格飙升通常是短暂的，是当前库存无法在短期内满足需求导致的结果。

基于流量的市场没有大型的季节性高库存或充足库存时期，而且它们往往没有存储能力来适应高库存水平。因此，在一年中的大部分时间里，它们的便利收益预计平均高于基于存货的市场。此外，基于流量的市场通常比基于存货的市场存在更长时间的供应短缺，因为它们缺乏大型一次性供应活动，例如可以快速重新平衡基于存货的市场年度收获。受这些因素的影响，在基于流量的市场中的便利收益往往展现出比在基于库存的市场中的便利收益更持久的特性，在基于存货的市场中，供需平衡会定期重置。

为了说明基于存货的市场和基于流量的市场之间的展期收益差异，我们对图 6-9 进行重构，创建了图 6-10。在此我们展示了大宗商品处于整体展期收益之上的所占的时间百分比与存储成本的关系，但现在我们已将标普高盛商品指数中的大宗商品分为基于存货组和基于流量组。有趣的是，当我们将数据分成基于存货组和基于流量组，其结果完全符合预期。即使控制了存储成本差异，基于存货的市场的展期收益通常也会比基于流量的市场的展期收益更低。同样有趣的是，对于基于存货的市场而言，存储成本与高于整体展期收益的时间百分比之间的相关系数为 0.99。这种情况在一定程度上是可以预料到的，因为显然基于存货的市场几乎在一年中的大部分时间里具有宽裕的库存水平和较低的便利收益。

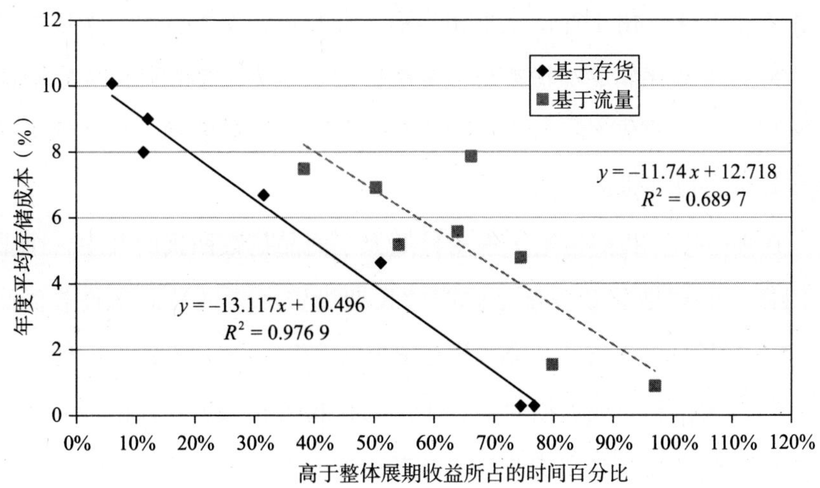

图 6-10　标普高盛大宗商品指数中大宗商品高于整体展期收益所占的时间与存储成本的关系，大宗商品分为基于存货组和基于流量组

资料来源：彭博、标普、太平洋投资管理公司，截至 2010 年 12 月 31 日。

尽管大宗商品的现货回报非常重要，因为它们所产生的通货膨胀对冲和多元化的收益可以使大宗商品对投资者具有吸引力，但展期收益作为大宗商品指数回报的长期驱动因素同样重要。在本章中，我们已经分析了优化的展期收益策略，并表明与同等权重的指数相比，它可以产生高于平均水平的回报。我们还展示了各种大宗商品的存储成本水平与通过优化的展期收益策略持有它们的频率之间的密切联系。

优化的展期收益策略与具有低存储成本的大宗商品之间的这种重叠可用于创建一种更简单的指数，该指数具有动态优化的展期收益策略中的许多积极特征。我们会在第 13 章中更详细地讨论这种低存储成本指数的细节，但现在我们只强调低存储成本指数的优势，即随着时间的推移可以持有相对稳定的一篮子大宗商品，因为相对存储成本很少发生变化。由于存储成本相当稳定并且可凭经验推出，所以我们认为应该把低存储成本指数视为基准以衡量作为资产类别的大宗商品的表现。低存储成本指数也可以作为极具吸引力的基准，用于增强其他指数或可以开发的交易策略。

在本章中，我们讨论了推动长期大宗商品指数回报的其中一个重要因素——展期收益。这是聪明的长期投资者尝试最大化收益要做的第一件事，与寻求最大化投资组合利差的固定收益投资者的做法类似。要最大化利差或展期收益，不能通过投资于风险较高的证券，而要通过了解大宗商品期货曲线形状背后的基本原因，并利用这些知识试图跑赢指数。在接下来的几章中，我们将讨论大宗商品市场的其他结构性和持续性回报来源，例如季节性策略、替代策略以及基于期权的策略或波动性策略。

第 7 章

日历价差和季节性策略

在上一章中，我们讨论了优化大宗商品投资组合展期收益的长期优势。然而，要充分优化展期收益，需要将挑选正确的大宗商品和在那些大宗商品期货曲线上选择正确的节点二者结合起来。在上一章中，我们讨论了第一个问题的参照标准，即选择正确的大宗商品。在本章中，我们重点讨论第二个问题，即通过了解各个大宗商品市场的不同日历和季节性策略，选择每个大宗商品曲线上的最佳节点。本章讨论的日历和季节性策略试图在期货曲线的不同点获得敞口，以获取因实际或感知的供需失衡以及买卖双方偏好到期期限差异而产生的风险溢价。

一些大宗商品的生产、消费或这两者都有明显的季节性模式。考虑一下有种植和收获季节的谷物，夏季驾驶季节的汽油需求，或者夏季与冬季不同的取暖油和天然气需求。诸如此类的季节性市场经常以风险溢价定价，以确保全年供应充足。理解并利用这些风险溢价是制定成功的季节性策略的关键。跟踪给定大宗商品不同月份之间的日历价差还可以给出有关市场定位的细微提示，以及对实物库存松紧变化的洞察。毕竟，任何大宗商品的期货曲线都集合了市场对该大宗商品未来现货价格的预期，并叠加了一定程度的内嵌风险溢价。在本章中，我们将会着眼于日历价差的不同例子，来说明投资者如何通过了解特定日历价差在多大程度上受预期现货价格变化或嵌入风险溢价水平的驱动，来获得潜在收益的（从这里开始，我们将交替讨论日历价差和季节性策略）。

日历价差包括同一大宗商品某一合约的多头头寸和另一合约的空头头寸。正如关于展期收益的章节所述，同一大宗商品的任何两份合约之间的价格差异体现了融资和存储成本以及便利收益。因此，投资者运用日历价差时，他们都是在表达对三个因素中的其中之一发生变化的看法。例如，2010 年 7 月芝加哥软红小麦期货合约中引入了可变存储利率，这是存储价格变化的一个典型例子，它导致了极大的日历价差变动。然而，存储成本绝对水平的实质性变化相对频率较低。通常，日历价差交易会从便利收益的变化中获利，因为这是展期收益中波动最大的部分。然而，便利收益只是那些无法用融资或展期收益组成部分所解释的展期收益部分的统称。从前几章的分析中可以发现，便利收益与库存水平、现货价格水平和曲线中嵌入的风险溢价等因素直接相关，这是凯恩斯所指的现货溢价概念等效应产生的结果。因此，交易和理解日历价差需要考虑到这些不同的要素。

以原油为例

首先，请看图 7-1 所示的 WTI 原油期货曲线。在前几个月中，曲线的前端处于强劲的期货溢价状态。在接下来的几个月里，这种期货溢价慢慢缓和，最终在接下来的几年里变为非常温和的现货溢价。与大多数其他市场一样，原油曲线的形状与其库存水平密切相关。为了使曲线如市场预测的那样从期货溢价转变为现货溢价，原油库存的总体水平可能需要下降。随着库存下降，供应短缺或供应不足的风险会增加，便利收益也会上升。这似乎是原油市场预测的基准情形，其远期曲线的形状如图 7-1 所示。

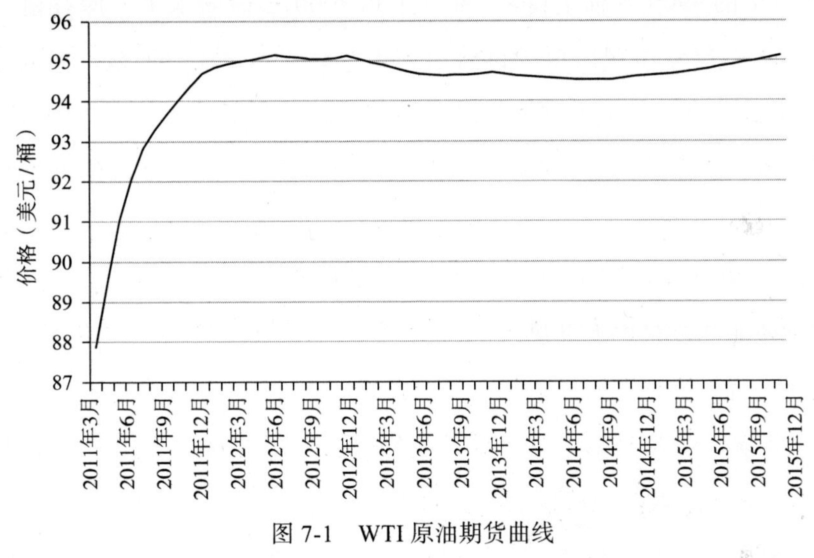

图 7-1 WTI 原油期货曲线

资料来源：彭博，截至 2011 年 1 月 24 日。

举个例子，有一种评估原油期货曲线价值的简单方法，是将曲线的形状映射为一个基本而可观察的因素，比如库存水平。例如，2012 年 3 月～ 4 月，曲线形状接近顶端，因此展期收益接近于零。假设原油存储成本保持不变，大约为每月 50 美分，则每年的仓储费率约为 6.5%。假设融资利率为 1%，那么每年的存储和融资成本约为 7.5%。这意味着便利收益必须在一年内达到约 7.5%，才能使展期收益接近 0%。

中西部地区的原油库存（PADD Ⅱ，其中包括WTI原油的交割点）与便利收益之间的历史关系如图7-2所示。平均而言，当库存水平超过7500万桶时，便利收益趋近于零，而当库存水平降至7000万桶时，便利收益上升至约7.5%。因此，对图7-2中原油期货曲线的解释是，图7-3所示的美国PADD Ⅱ地区的库存水平，预计会从2011年的9900万桶下降到2012年约7000万桶的水平。库存进一步减少会导致出现比市场目前预测更明显的现货溢价曲线，而高于7000万桶的库存水平可能会导致曲线维持期货溢价。如果市场参与者预计一年内库存为7000万桶，那么2012年3～4月的远期展期收益可谓十分公平。然而，如果市场参与者认为一年后库存将达到8000万桶，那么相比于未来库存水平预期所反映的展期收益，远期展期收益会变得更为可观。

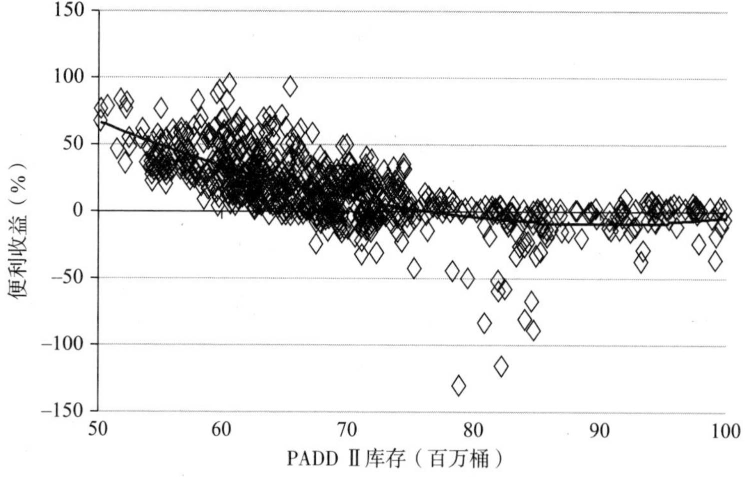

图7-2　原油期货与PADD Ⅱ原油库存的便利收益对比

资料来源：彭博、美国能源部，截至2010年12月31日。

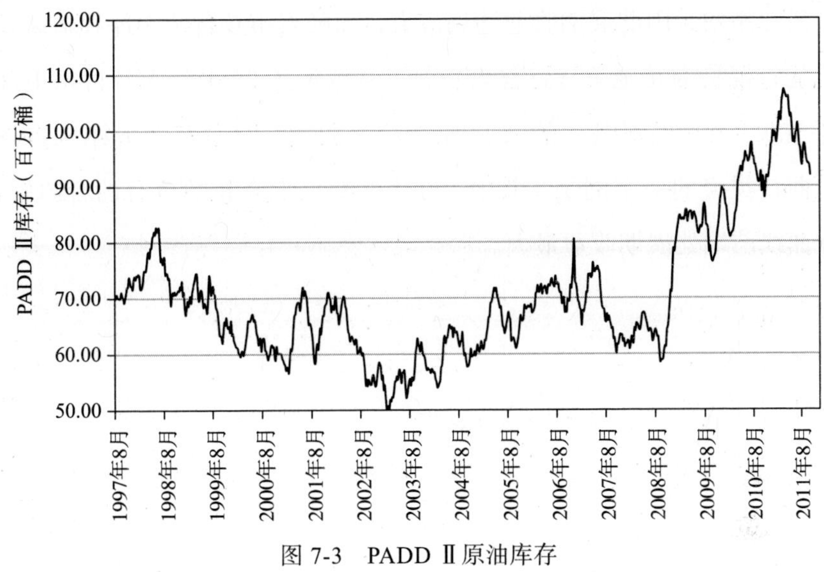

图 7-3　PADD Ⅱ原油库存

资料来源：彭博、美国能源部、太平洋投资管理公司，截至 2010 年 12 月 31 日。

展期收益比库存预期所反映的水平更加可观（即曲线的现货溢价更多），其中一个原因可能是远期价格存在风险溢价。存在这种风险溢价的一个潜在原因可能是生产者对冲要多于消费者对冲，从而产生了凯恩斯所称的现货溢价的效应。例如，如果由于大量生产者对冲导致流量不平衡，那么就需要鼓励投机者或投资者承担生产者对冲的相应风险以平衡市场。为了换取他们的服务，需要对投机者或投资者承担的风险进行补偿。对他们的补偿会以投机者或投资者获得的风险溢价的形式反映出来。

当市场供过于求时，上述关于原油和轻微期货溢价的例子就是大宗商品曲线的自然形态。通常，市场预测库存过剩将正常化，这会导致曲线变平并且期货溢价减少。然而，当市场吃紧且供应不足以满足需求时，就会出现相反的情况。在这种情况下，曲线在前几个月通常是最陡峭的，因此展期收益达到最大，而随着市场预测的库存短缺正常化，现货溢价通常逐渐缓和。图 7-4 展示了 2008 年 3 月价格上涨至 100 美元 / 桶不久后的 WTI 原油期货曲线。这就是我们刚刚描述的曲线类型的一个例子。其中，在大多数已发布指数持有的合约中，在曲线前端处展期收益最大。

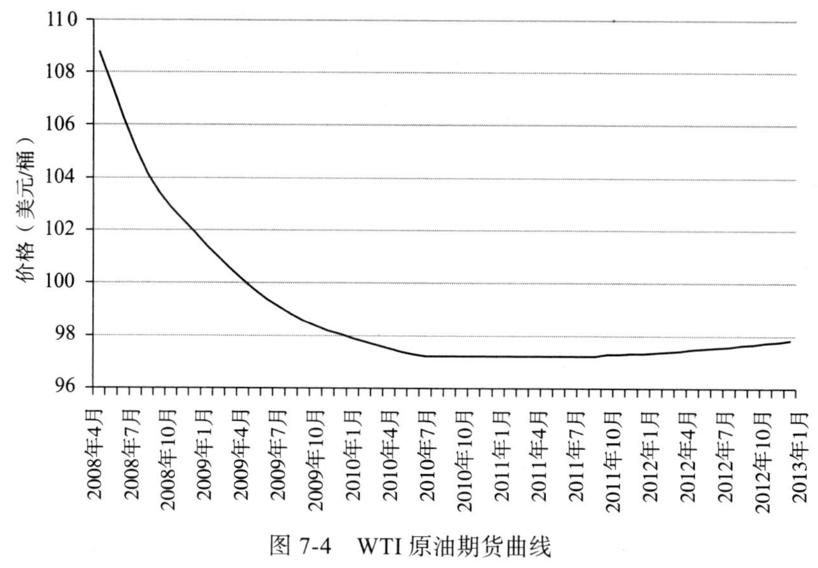

图 7-4 WTI 原油期货曲线

资料来源：彭博，截至 2008 年 3 月 11 日。

日历价差具有方向性偏差

实际上，虽然大宗商品价差的交易与库存的未来变化路径有很大关系，但现货价格的未来变化路径也有非常大的影响力。其原因是给定大宗商品的价格波动性会随着合约到期时间的临近而增加。与一年后交割的合约相比，一个月内交割的原油合约显然受尼日利亚炼油厂停产或航运中断的影响更大。由于即月合约往往具有更大的波动性，因此两个合约之间的价差往往具有方向性偏差，与更近的期货合约方向一致。

例如，如果投资者做多 2012 年 3 月的 WTI 原油，而做空 2013 年 3 月的 WTI 原油，那么这种价差往往会趋于上涨，因为投资者做多了波动较大的近月合约。如果价格上涨，近月价格可能会比远月上涨更多，投资者就会赚钱。但是，如果价格下跌，近月价格可能会比远月下跌更多，投资者就会赔钱。因此，涉及做多近月期货合约并做空远月期货合约的价差通常被称为牛市价差（bull spread），因为其变动通常与大宗商品的完全看涨头寸相关，而做空近月期货合约并做多远月合约的价差则被称为熊市价差（bear spread）。

移位指数策略

在过去几年，指数投资者的投资组合中，最受欢迎的日历策略是熊市价差，并且以这样或那样的方式出现，因为它们具有显著一致的正向回报。关于这种熊市价差策略的最常见例子是道琼斯瑞银大宗商品指数和标普高盛大宗商品指数等主要指数的移位版本。道琼斯瑞银大宗商品指数的移位指数与常规的道琼斯瑞银大宗商品指数相同，只是移位指数持有的合约位于曲线之外的更远处。

例如，两月期的移位道琼斯瑞银大宗商品指数持有普通道琼斯瑞银大宗商品指数在两个月后才持有的合约。例如，在 1 月份，道琼斯瑞银大宗商品指数将持有 3 月 WTI 原油期货合约，但两月期的移位指数将保留 5 月 WTI 期货合约。道琼斯和标普发布的移位指数包含曲线外一至五月期的移位指数。

图 7-5 显示了两月期移位道琼斯瑞银大宗商品指数和常规道琼斯瑞银大宗商品指数之间的月回报差异。两月期移位道琼斯瑞银大宗商品指数的表现经常优于常规的道琼斯瑞银大宗商品指数。从 1995 ～ 2004 年，在指数投资强劲增长之前，移位和常规道琼斯瑞银大宗商品指数之间的月平均回报差异为 0.15%。移位指数表现优异的原因是它获取了大宗商品期货曲线中存在的大量风险溢价。根据凯恩斯的现货溢价理论，生产者对冲导致风险溢价嵌入了大宗商品期货曲线，因为投机者需要获得激励以承担对手方（生产者）对冲流量的相应风险。生产者在整个曲线过程中进行对冲，但他们的大部分活动都是在较为远期的合约中进行。因此，通过移出近月合约，移位指数获取了更多的风险溢价。

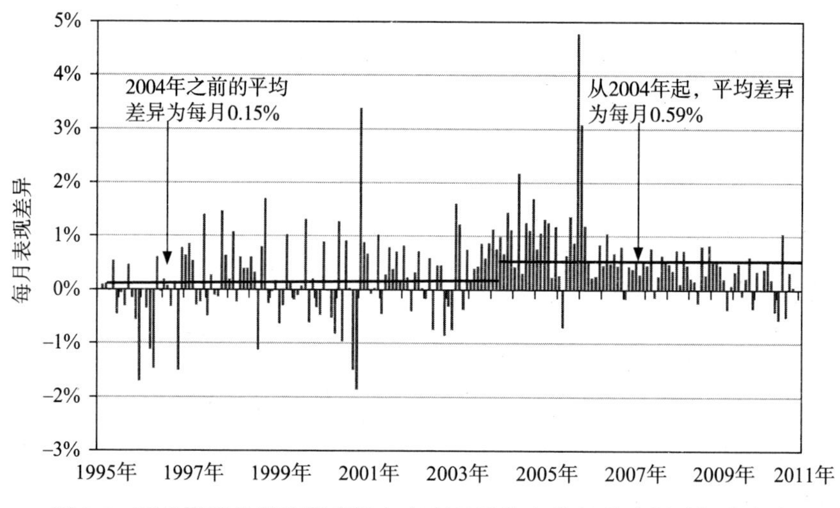

图 7-5 两月期移位道琼斯瑞银大宗商品指数和常规道琼斯瑞银大宗商品指数之间的月回报差异

资料来源：彭博、道琼斯、太平洋投资管理公司，截至 2010 年 12 月 31 日。

从 2004 年起，两月期移位指数以更大幅度跑赢道琼斯瑞银大宗商品指数的频率比以往要高得多。两月期移位指数的平均回报表现为每月平均 0.59%，较 2004 年之前增长近四倍。对于 2004 年出现的这种回报表现差异，有多种可能的解释。一种可能性是生产者的对冲增加，导致较长期限的合约的风险溢价更大。另一种可能性是市场在库存减少时进行定价，这会导致曲线从期货溢价转向现货溢价。当未能实现这些库存下降时，远期曲线就无法被实现，投资者就能够在曲线远端持续获得更好的展期收益。

由于库存有助于缓冲供需失衡并降低价格波动性，因此大多数大宗商品市场的典型模式是随着库存水平下降，价格会上涨。然而，从 2004 年到 2008 年，在原油中并未观察到这种典型模式。在此期间，经济合作与发展组织（OECD）原油库存从 2004 年的可满足 51 天的需求增长至可满足 56 天的需求（在 2008 年 7 月原油价格达到顶峰时）。或许 OECD 库存增加的部分原因是新兴市场需求不断增长，并且新兴市场的原油储备很少。但无论出于何种原因，原油期货曲线在 2004 ～ 2008 年的大部分时间里都处于期货溢价慢慢缓和的状态，而且是在库存下降一直未能实现的情况下进行定价。如果远期曲线以另一种方式错误地给原油库存定价，预期库存增加但通常它并没有增加时，我们完全可能经历不同的历史，其中移位指数在很长一段时间内要表现得比正常指数差。最后一个可以解释移位指数优异表现的潜在因素是期货市场展期合约供需平衡的变化。随着指数投资者数量增加，曲线前端的期货展期成本会上升。

大宗商品多元化有利于聪明的指数投资者

从图 7-5 来看，道琼斯瑞银大宗商品指数合约与两月期移位道琼斯瑞银大宗商品指数合约之间的回报差异似乎为构成道琼斯瑞银大宗商品指数的每个基础大宗商品市场的专家或“圈内人”提供了绝佳的机会。然而，每个大宗商品市场的“圈内人”从指数活动中获利的机会要比所呈现的风险更大。该图高估了感知到的机会，因为回报差异是对构成道琼斯瑞银大宗商品指数的大约 20 个市场表现差异的集合。这种策略对于指数中任何一种大宗商品的相对表现来说通常更加不稳定。例如，从 2004 年起，两月期移位指数的表现仅在 12% 的月份中不如常规道琼斯瑞银大宗商品指数的表现。然而，原油作为道琼斯瑞银大宗商品指数中最大的单一大宗商品，其 WTI 移位指数的表现要比 WTI 原油分指数落后 1/3。换句话说，在任何一个月内仅用原油进行相同类型的熊市价差交易，赔钱的概率几乎是交易整个指数的三倍。其中的原因是，这种仅在一个市场进行的交易会受到该市场基本面意外变化的影响。如果原油库存突然下降的幅度超过预期，则便利收益会上升，并且近月合约的表现会更好。同样地，诸如飓风中断了天然气供应或干旱降低了作物产量等事件风险会显著增加此类单一大宗商品交易的风险。因此，多元化篮子能够把在每个市场中所发现的非系统风险分散开来，它通常是获取指数所带来的扭曲的最佳方式。由于聪明的大宗商品指数投资者通常交易并具备关于广泛市场的知识，他们是最适合从这些扭曲中受益的参与者。

定性地看，自 2004 年至 2006 年年中，移位大宗商品指数与标准大宗商品指数的收益差异最大。有趣的是，2004 年是广泛进行大宗商品指数投资的开始，而且 2006 年 7 月道琼斯首次开始发布移位指数。从 2006 年年中开始，移位大宗商品指数与普通大宗商品指数的回报差异不断缩小。这种缩小是表明凯恩斯现货溢价框架中的风险溢价降低了，还是表明主要指数从一个合约展期到另一个合约的流动性溢价降低了还很难说。然而，其最终的结果是一样的。曲线前端的日历价差似乎包含了较低水平的风险溢价。

2010 年，移位指数与常规道琼斯瑞银大宗商品指数之间的平均月回报差异回到了 2004 年之前的平均水平。鉴于移位展期和常规指数之间的回报差异缩小，对于成熟的指数投资者而言，拥有强大的风险管理能力并掌握每个主要大宗商品市场不断变化的基本面知识变得越来越重要。过去，总体“顺风”的正向移位展期表现，意味着几乎所有在曲线远端保持敞口的广泛的指数都会给标准指数带来优厚的回报。展望未来，如果投资者要从此类价差策略中生成 alpha 系数，那么他们就要很好地了解便利收益的当前相对价值以及对特定大宗商品供需基本面的前瞻性看法。

近年来，无论是在静态的移位指数中还是通过优化的展期收益等动态方法，广泛地将大宗商品敞口置于曲线远端的指数变得越来越受欢迎。投资者或投资经理在这些类型的策略中引入了越来越多的风险，因此相对于更传统的近月指数来说，考虑这些递延策略的 beta 系数是非常重要的，特别是当这些递延策略是为了生成 alpha 系数而实施时。如果投资者将 100 万美元的名义指数替换为 100 万美元的名义递延指数，则分配到递延指数以生成 alpha 系数的投资者可能会获得大量的隐含 beta 系数。图 7-6 显示了道琼斯瑞银大宗商品指数和移位的三月期道琼斯瑞银大宗商品指数之间的 beta 系数。在过去几年中，平均 beta 系数为 0.95，但在此之前，beta 系数平均值为 0.75。即使 beta 系数继续保持平均值 0.95，这也意味着投资者每 100 美元的常规近月道琼斯瑞银大宗商品指数敞口被替换为三月期的移位指数时，他们只能获得 95 美元的等值敞口。虽然近年来，这些策略产生的 alpha 系数如此之大，以至于远月和近月指数之间的 beta 系数上升也变得无关紧要，但如果大宗商品市场可以变得更有效率，那么远月合约和近月合约之间的风险溢价就会减少，这种 beta 系数敞口的管理对投资者调整风险后的表现来说会变得更加重要。

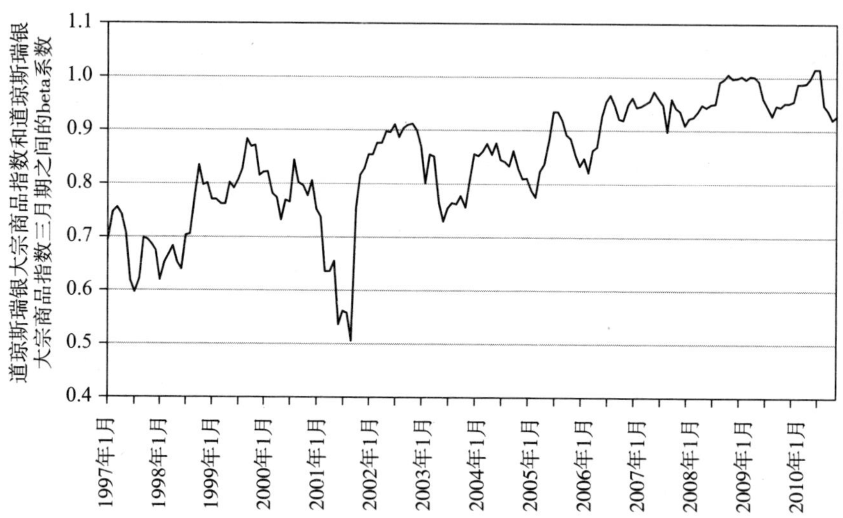

图 7-6　在道琼斯瑞银大宗商品指数和道琼斯瑞银大宗商品指数三月期远期之间展期 12 个月的 beta 系数

资料来源：彭博、太平洋投资管理公司，截至 2010 年 12 月 31 日。

季节性策略

季节性大宗商品往往在日历交易方面提供了许多有利可图的机会，其主要原因是天然气或小麦等许多季节性大宗商品把显著的风险溢价嵌入了特定月份合约的价格中。这种风险溢价导致了给定大宗商品的某些月份合约之间的价格差异，而这种差异在世界上大多数国家中都不应该持续存在。然而，这些价格差异的波动性或风险导致许多投资者无法交易这些远期价差并获得相关的风险溢价。指数投资者拥有稳定的资本基础和长远的眼光，可以寻找有利的时机出售这些价差，以获取这一溢价。

天然气的季节性

这种价差的一个典型例子是 3 ～ 4 月的天然气价差，这一价差被经常交易天然气的人称为“致命的小概率事件”。这种价差导致了对冲基金巨头 Amaranth 垮台。它之所以对交易员是致命的，是因为它表现出了巨大的波动性，而出现如此剧烈波动性的原因与天然气需求的季节性有关。

天然气库存在 4 ～ 10 月期间增加[⊖]，并在冬季月份 11 月至次年 3 月减少，以适应更大的供暖需求。由于冬季供不应求，因此需要足够的天然气库存来满足直至 3 月的需求。如果库存过低，价格则不得不大幅上调以减少需求并定量配给实际存在的有限库存。然而，一旦 3 月到来且库存充足，存储经营者就需要二选一，要么立即出售天然气，要么持有至下一个冬季。鉴于 4 ～ 10 月库存会增加，可能会有大量机会重建库存。因此，用以作为缓冲供应不足风险的过剩库存被出售，导致冬季结束时，3 月的天然气价格最终往往会以低于 4 月的价格到期。这种现象促成了图 7-7 中出现的天然气远期曲线的形状。

⊖ 就近 5 年（2018 ～ 2022 年）数据看，美国天然气在夏季（7 ～ 8 月）由于制冷需求也会出现一个小的消费高峰，但消费量显著低于冬季，不影响天然气在 4 ～ 10 月间的库存累积趋势；2022 年受俄乌冲突影响，全球天然气恢复状况不如往年，供应总体偏紧。——译者注在这张远期曲线示意图中，由于库存适合当前冬季，3～4月附近的价差会以期货溢价的形式发生交易，但远期的3～4月价差继续以相当大的现货溢价形式交易。

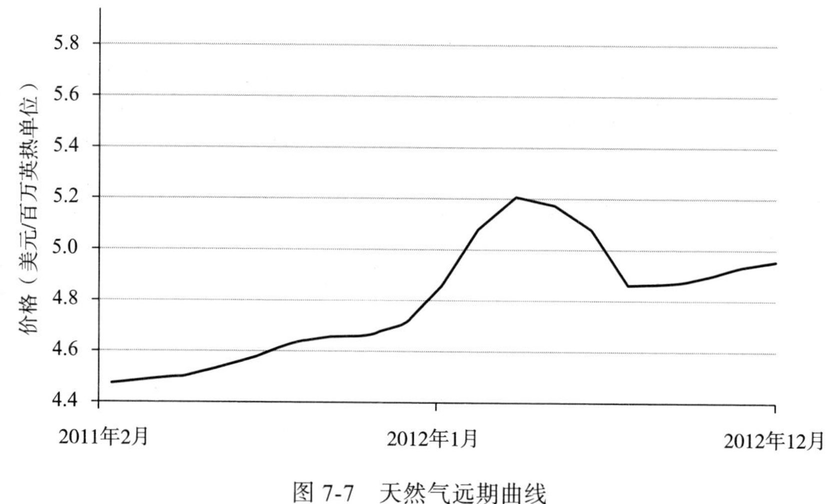

图 7-7 天然气远期曲线

资料来源：彭博，截至2011年1月25日。

图7-8呈现了过去17年3～4月的天然气价差。由于此期间天然气价格从低于2美元到超过10美元不等，我们通过计算价差占4月合约的百分比来予以标准化并观察。我们以4月的价格为基准进行标准化，因为4月往往是价格较稳定的月份。如果将价差视为3月价格的百分比，在库存短缺疑虑引发偶尔的剧烈上涨时，会导致低估。菱形显示了价差在每年4月初的起始位置，方块显示了价差在次年2月底时到期的位置。

根据其2月底的水平，这一价差不可能是“致命的”。在过去17年中，16年的价差在水平线上下5%以内结算。仅有一年以超过了5%的现货溢价到期，这发生在1995年的严寒冬季之后。

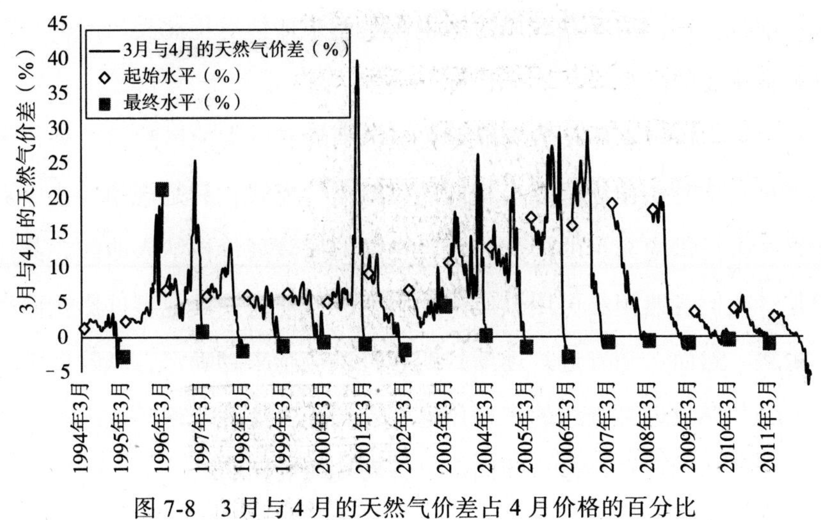

图 7-8 3 月与 4 月的天然气价差占 4 月价格的百分比

资料来源：彭博、太平洋投资管理公司，截至 2011 年 1 月 31 日。

在所有年份中，价差结束时的平均水平仅为 1.5% 现货溢价。然而，所有年份的价差平均起始水平表现为 8.5% 现货溢价。如果这个价差纯粹是未来库存预期的体现，那就表明市场几乎每年都持续低估了期末库存水平。但这种季节性关系既受未来库存预期的影响，也受风险溢价的影响。3 月与 4 月的天然气价差基本上是库存耗尽的一个期权，这会导致价格急剧上涨。就像期权市场上买家多于卖家一样，冬季天然气市场也是如此。电力生产者和其他需要充足供应的人是冬季天然气的天然买家，但天然卖家相对较少。这为指数投资者提供了机会，使其成为市场结构性的流动性提供者，就像期权的情况一样（我们将在关于波动性策略的章节中详细探讨这一主题）。如图 7-8 所示，尽管 3 月与 4 月的天然气价差通常在到期时接近于 0，但由于存在飓风扰乱供应的风险和对冬季严寒的担忧，该价差在全年中的波动性非常高。所有这些事件都会对市场收取的风险溢价产生巨大影响，就像期权一样，适当管理风险并采用模型来评估承担此类风险的价值是非常重要的。

除了3月与4月天然气价差在定价中具有巨大的风险溢价外，天然气在其他月份往往呈现出相同的风险溢价模式，只是规模较小。对天然气市场供应充足的担忧导致经常性的风险溢价被纳入曲线。其原因是，人们普遍担心可用供应量会因寒潮、飓风或其他事件影响而发生短缺。然而，随着近月逐渐到期并且供应越来越确定，风险溢价缓慢下降，导致近月合约的表现比远月合约差。这种现象导致近月合约经常无法达到远月价格。我们可以查看按月展期的近月天然气期货合约指数（相对于以更远月合约展期的天然气指数）的长期表现来对此展开进一步研究。

图7-9展示了四种不同天然气指数的表现。标记为1月至次年1月的展期指数在每年9月底把最近的1月合约展期到下一年1月合约。同样地，标记为7月至次年7月展期的指数在每年3月底把7月近月合约展期到下一年7月合约。另一个可投资指数是标准的标普高盛大宗商品指数天然气分指数，该指数每月将天然气从最近的合约月份展期到下一个近月合约月份。最后，为了进行比较，我们纳入了一个不可投资的现货天然气价格指数，该指数显示了天然气现货价格的整体变动。此图采用对数刻度，表明近月展期指数相对于现货指数和将敞口进一步置于曲线远端的指数，表现持续不佳。如上所述，近月展期指数长期表现不佳是由于近期天然气合约（非最近月）价格中始终嵌入了风险溢价。

通过比较持有1月和持有7月合约的指数，我们可以得出结论，月度展期指数表现不佳并不是因为在特定季节期间持有天然气，期货曲线中嵌入的风险溢价主要集中在曲线前端。聪明的指数投资者通常会选择将部分天然气敞口保持在曲线远端，以避免支付市场中嵌入的这种风险溢价。

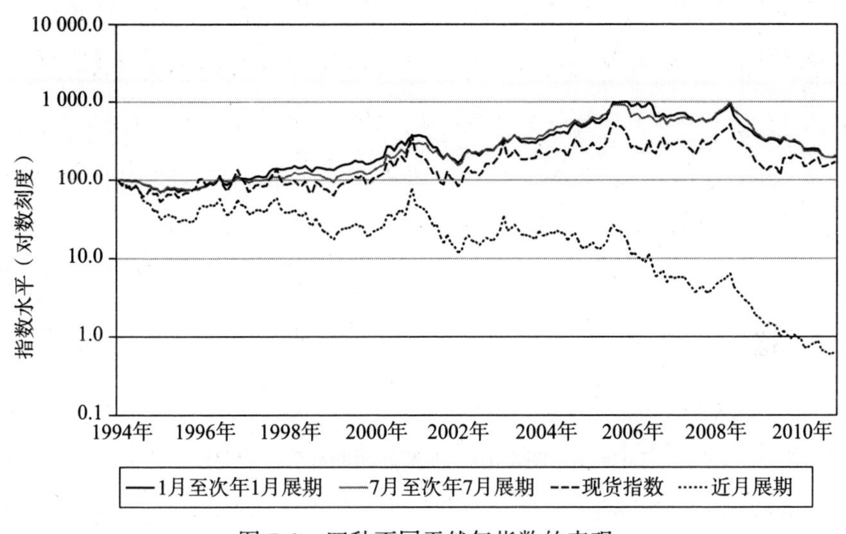

图 7-9　四种不同天然气指数的表现

资料来源：彭博、标普、太平洋投资管理公司，截至 2010 年 12 月 31 日。

玉米的季节性

嵌入天然气曲线前端的相同风险溢价，往往也是其他大宗商品的一个特征，这些大宗商品在供需之间往往都存在较大的季节性失衡。图 7-10 显示了玉米远期曲线图。请注意每年 12 月到次年 7 月的价格上涨规律模式。这是因为北美玉米主要在 9 ～ 11 月收获，而后须在全年剩余时间内对其进行存储以确保供应充足。因此，12 月期货合约的供应量最大，这使其成为种植者最常用于对冲生产风险的合约。从 12 月合约开始，价格呈上涨趋势，至 7 月合约时到达峰值，而

7 月合约是季节性供应的最低点。市场需要让 7 月的价格高于 12 月的价格，以此为商业参与者全年存储作物提供必要的激励。

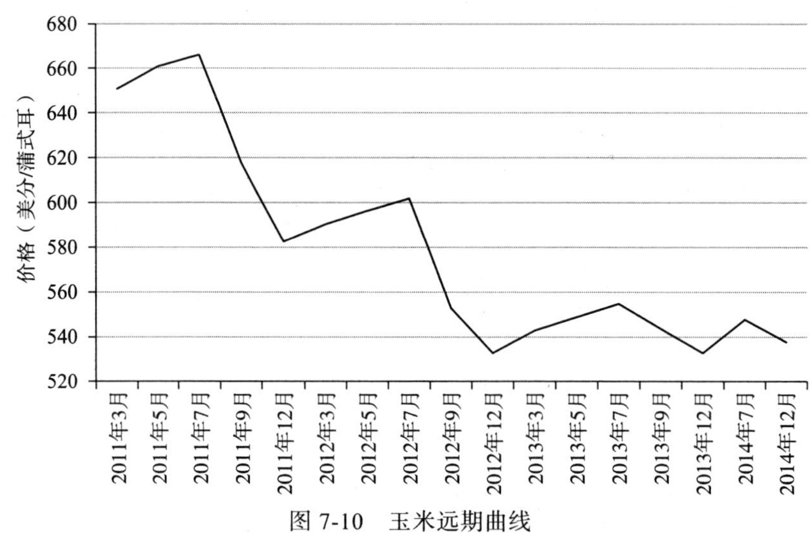

图 7-10　玉米远期曲线

资料来源：彭博，截至 2011 年 1 月 27 日。

同天然气的情况一样，随着一年时间的推移，玉米的期末库存变得更加确定，通常明显会有足够的库存来满足预期的需求。随着这个结论越来越肯定，嵌入市场的风险溢价慢慢下降，而 7 月合约和 12 月合约之间的价差也在慢慢缩小，最终往往会转为期货溢价。然而，如果市场预测库存不足以满足需求，情况则会恰恰相反。在这种情况下，价格可能会大幅上涨以试图压制消费或将消费推迟到下一个作物年度，届时供应可能会更加充足。这正是在 1995 ～ 1996 作物年度以及 2010 ～ 2011 作物年度中玉米所发生的情况。在这两个作物年度中，年末库存与总使用量的比率均降至 6% 以下。

图 7-11 展示了 1995 ～ 2010 年 7 月和 12 月玉米合约之间的价差。通常，价差的起始水平为 11 美分，而价差的最终水平平均为 -4 美

分。假设这种差异全部来自风险溢价，则表明过去 15 年的风险溢价平均为 15 美分。然而，逐年间的风险溢价并不是恒定的。有些年份的风险溢价很大，而有些年份的则很小。特别是，与其他保险市场一样，在价格大幅上涨或剧烈波动的数年之后，风险溢价通常会很大。1995 ～ 1996 作物年度之后，这种情况非常明显，而在 2006 年底作物价格在逆势上涨的过程中也是如此。

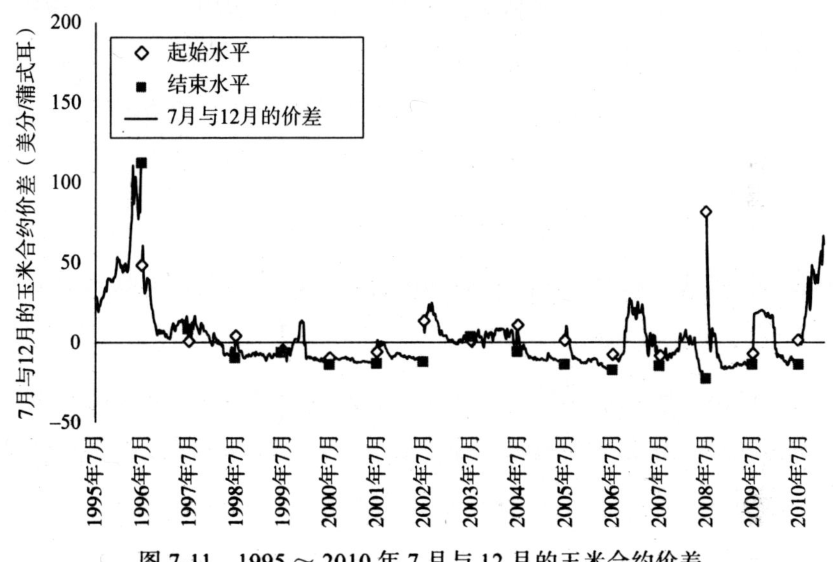

图 7-11 1995 ～ 2010 年 7 月与 12 月的玉米合约价差

资料来源：彭博、太平洋投资管理公司，截至 2010 年 12 月 31 日。

虽然本章重点介绍了 3 月与 4 月的天然气价差和 7 月与 12 月的作物价差，但在其他存在季节性供需严重失衡市场的期货曲线中，经证实存在同样的风险溢价模式。这些市场中的风险溢价类似于期权市场的丰富性（我们将在关于波动率策略的那个章节中详细探讨这个主题）。风险溢价是必要的，因为它可以对与这些价差大幅扩大可能性相关的风险进行补偿，这些风险由投资者和投机者所承担。

由于指数投资者在多个大宗商品市场天然持有多头头寸，因此这些投资者正处于获取风险溢价的独特位置。为了获取这种风险溢价，指数投资者可以通过卖出近月合约并买入远月合约来将合约推离曲线。这意味着在短期价格上涨或库存极端短缺期间，投资者可能会回报不佳；但由于指数投资者通常持有多种大宗商品头寸，他们可以获得可观的多元化收益。天然气市场的库存变化和基本面与作物市场有很大不同。从多个库存和供需基本面不相关的市场中获取风险溢价，有助于控制潜在回报不佳的程度。

除了反映在不同月份合约价差上的风险溢价外，季节性大宗商品市场还有其他风险溢价迹象。图 7-12 显示了 1990 ～ 2009 年玉米每月平均超额回报。如图所示，夏季月份的平均超额回报明显低于一年中的其他时间。夏季月份是收获期前库存最低的时期，而收获期主要在 9 ～ 11 月。换句话说，价格急剧飙升的最大风险出现在夏季月份。历史上确实如此，大部分玉米价格的大幅波动都发生在夏季。因为玉米价格在夏季月份具有偏向上行的肥尾风险，所以价格平均呈下降趋势的这一事实，与之前在讨论玉米价差的内容中提出的风险溢价论点和交易模式非常吻合。市场会向那些愿意承担低库存水平或收成低于预期等相关风险的投资者进行偿付。在季节性高风险时期，在供需季节性波动较大的其他大宗商品中也可以发现类似的价格表现模式。

玉米价格的季节性也与生产者的对冲操作有关。除了夏季月份期间内嵌风险溢价将引发负回报之外，这个时间也是大部分生产者完成对冲的节点。对大宗商品指数投资者来说，了解生产者跨市场交易活动的季节性大有裨益。因为如前所述，大宗商品指数参与者的天然角色之一，就是充当生产者群体的流动性来源。在大多数市场中，生产者往往是占主导地位的对冲者，因为他们的风险敞口往往比消费者更集中。愿意承担生产者交易活动相应风险的指数投资者，可以通过努力捕捉到这些交易引入的风险和流动性溢价，从而获得更多收益。

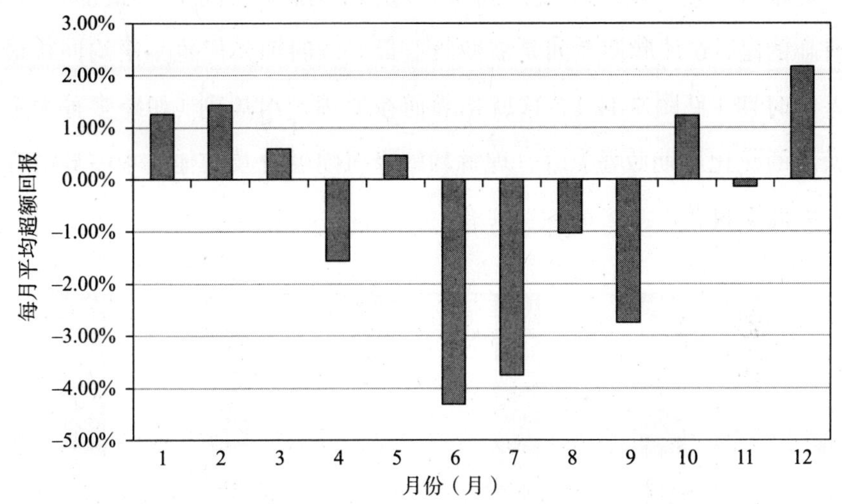

图 7-12　1990 ～ 2009 年玉米每月平均超额回报

资料来源：彭博、标普，截至 2009 年 12 月 31 日。

根据上面的例子，有必要简要回顾一下上一章所讨论的关于优化的展期收益指数的观点。如前所述，一些指数从绝对意义的角度将展期收益视为是否持有大宗商品的衡量标准，并把它作为在曲线上确定持有节点（若有）的一种方法。如果把所有大宗商品视为一种同质资产类别，而不考虑季节性和每个大宗商品市场的具体性质，那么结果往往不太理想。之前讨论的玉米案例就是一个典型的例子。由于夏季月份库存最低，因此风险溢价往往最高，这与高便利收益和低展期收益有关。道琼斯瑞银大宗商品指数和标普高盛大宗商品指数玉米分指数每年展期五次，分别在 2 月、4 月、6 月、8 月和 11 月。在这五个展期期间，指数实现的每月平均展期收益回报如图 7-13 所示。正如预期的那样，当库存较低时，每月平均展期收益回报最高，而在作物收获后的 11 月最低。优化的展期收益率策略旨在最大化展期收益，因此最有可能持有玉米的时间是 6 月和 7 月，即位于库存最低点时。有趣的是，6 月展期期间是展期收益最好的时期，但也是平均回报最差的时期（见图 7-12）。这就是为何在使用一组规则（如跨多种大宗商品的优化展期收益）时，理解和解释风险溢价及其他基本差异的存在如此重要。

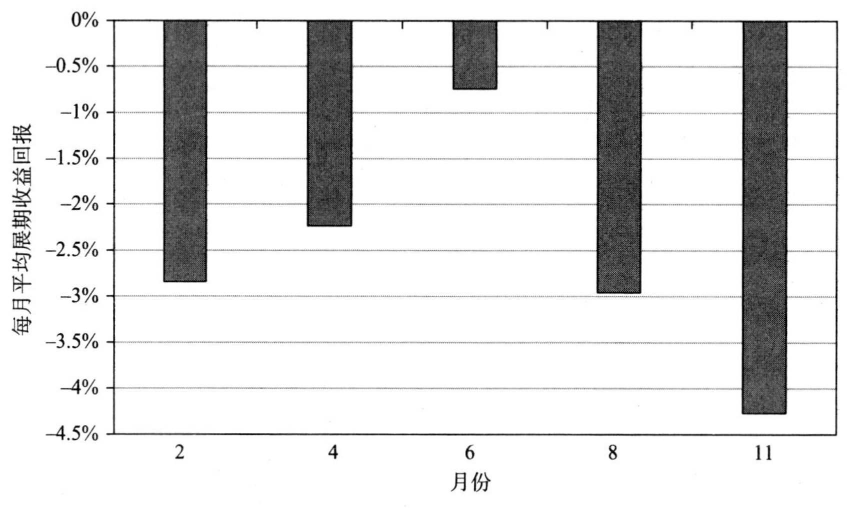

图 7-13　每月平均展期收益回报

资料来源：彭博、标普，截至 2009 年 12 月 31 日。

大宗商品的日历价差向投资者透露了诸多关于市场对库存和供需平衡的前瞻性预期。此外，对大宗商品指数投资者来说，日历价差是潜在 alpha 系数的来源，它可以厘清市场远期库存预期与日历价差中嵌入的风险或流动性溢价之间的关系。正如我们所说明的那样，这些溢价通常来自消费者、生产者的对冲或供需之间的严重季节性错配。关键是要使用有关库存水平、未来供需和存储成本的基本面分析，以便将远期日历价差分解为市场预期组成部分和风险溢价组成部分。这有助于投资者评估自身是否因出售此类风险溢价而得到适当补偿，并且该分析还可以发现可能以低价购买尾部风险对冲的情况。

本章所讨论的日历或季节性策略在同种大宗商品期货曲线的不同点上提供敞口，从而为精明的投资者提供了丰富的潜在优异回报来源。在下一章关于替代策略的内容中，我们将会探讨另一种追求优异回报表现的方法：在密切相关但不同的大宗商品之间做出选择。

第8章

替　代

道琼斯瑞银大宗商品指数与标普高盛大宗商品指数等主要指数旨在为投资者提供流动性好的多元化大宗商品敞口。因此，从设计上，要求根据流动性来筛选指数所包含的大宗商品期货合约。道琼斯瑞银大宗商品指数与标普高盛大宗商品指数主要由全球最具流动性的大宗商品市场组成。然而，除了这些大宗商品指数包含的成分合约外，全球各地其他交易所也有类似品种的商品期货合约在交易，投资者通常可以把指数成分中的基准合约转为可提供非常相似经济敞口的密切相关的替代品，从而赚取增量回报。

例如，道琼斯瑞银大宗商品指数引用了纽约商业交易所交易的WTI原油期货。WTI原油期货的替代品为洲际交易所的布伦特原油期货以及迪拜商业交易所的阿曼原油期货。此外，除场内市场外，其他各等级的原油还可通过全球场外市场进行交易。

再举一个例子，道琼斯瑞银大宗商品指数成分包含了芝加哥期货交易所（CBOT）的小麦期货，但堪萨斯期货交易所（KCBT）、明尼阿波利斯谷物交易所（MGEX）、巴黎泛欧证券交易所、澳大利亚证券交易所等也有小麦期货合约在交易，这些不同的期货合约不仅代表了不同地点的原油或小麦的价格，而且在质量规格、交割机制、市场参与者、流动性和订单流等方面也有所区别。

在一篮子宽基大宗商品中，商品的权重和合约仅由流动性或全球总产量决定。在了解所有的相关市场之间的流动性、供需基本面以及定价差异后，大宗商品指数投资者就可以用与标的品种非常相似的期货合约来相互替代，从而提升上述一篮子大宗商品的回报。正如我们将要说明的那样，替代策略既可以是战术性的，也可以是结构性的，这源于两种类似的大宗商品的短期定价错位，或者源于长期持有一种大宗商品而非另一种大宗商品的系统性回报优势。

通常认为替代策略是用来获得流动性溢价的。许多市场参与者重视流动性并愿意为此付出代价。资本充足的大宗商品指数长线投资者可以用流动性较差但大体相似的大宗商品来替代流动性较强的大宗商品以获得超额回报。这类似于在股票或固定收益投资中，大盘股相对于同行业中的小盘股很可能要求一个流动性溢价，或者最新发行国债相对于之前发行国债很可能要求一个流动性溢价（尽管国债都是美国政府的负债，而且到期日通常仅相隔几个月）。长线投资者通常愿意放弃一些流动性，以赚取之前发行国债提供的更高收益。在大宗商品方面，了解两种类似大宗商品之间价格差异的原因，以及购买其中一种大宗商品所涉及的风险，构成了以替代为基础的跑赢策略的核心。

以小麦为例

最简单的方法就是通过一个例子来理解交易可替代大宗商品所涉及的决策过程和可能性。从小麦入手就很不错，原因有三。首先，全球有多个小麦期货合约供投资者交易。其次，从长期来看，不同等级的小麦之间存在明确的价格相关性。但是从短期来看，不同交易所在小麦期货流动性和基本面因素上都有很大差异，这可能会导致不同等级小麦之间的相对价格偏离长期关系，并提供极好的相对价值交易机会。最后，也是最重要的一点，就是小麦市场提供了一个非常清晰的例子，用以说明结构性和战术性替代机会。战术替代型交易机会的数量几乎是无限的，但结构性机会的数量却少得多。

全球流动性最好的小麦合约为 CBOT 的软红冬小麦（SRW）合约。软红冬小麦的蛋白质含量相对较低，它一般生长在密西西比河东岸和东海岸下半部的各州，主要用于制作蛋糕和糕点。

另一种与软红冬小麦合约相似且高度相关的小麦合约为堪萨斯期货交易所（KCBT）的硬红冬小麦（HRW）合约。硬红冬小麦为一种蛋白质含量较高的小麦，长在美国大平原地区的堪萨斯和俄克拉何马等州，是美国主要种植的小麦类型，用于制作面包和硬面包卷。在其他条件相同的情况下，硬红冬小麦具有更高的蛋白质含量，这意味着它的交易价格要高于蛋白质含量较低的软红冬小麦。

2010 年，CBOT 软红冬小麦的日均成交量约为 90 000 手，而 KCBT 的硬红冬小麦的日均成交量仅为 20 000 手。尽管硬红冬小麦作物的规模要比软红冬小麦作物的规模大得多，但是软红冬小麦合约的流动性使其成为道琼斯瑞银大宗商品指数和标普高盛大宗商品指数等指数的小麦敞口主要来源。此外，当宏观对冲基金或其他大型投机者试图对小麦价格的变化下大赌注时，他们通常会使用软红冬小麦合约，因为它更具流动性。

图 8-1 为硬红冬小麦期货和软红冬小麦期货合约之间的价格差异图。请注意，与软红冬小麦相比，硬红冬小麦的交易价格几乎总是存

在溢价。从 2000 年到 2010 年，硬红冬小麦的价格平均比软红冬小麦高 25 美分。不过该水平并不稳定，因为不同地点的硬红冬小麦价格会比软红冬小麦价格从优惠几美分到高出 100 美分不等。正是这种价差的不稳定性为聪明的指数投资者创造了替代机会。

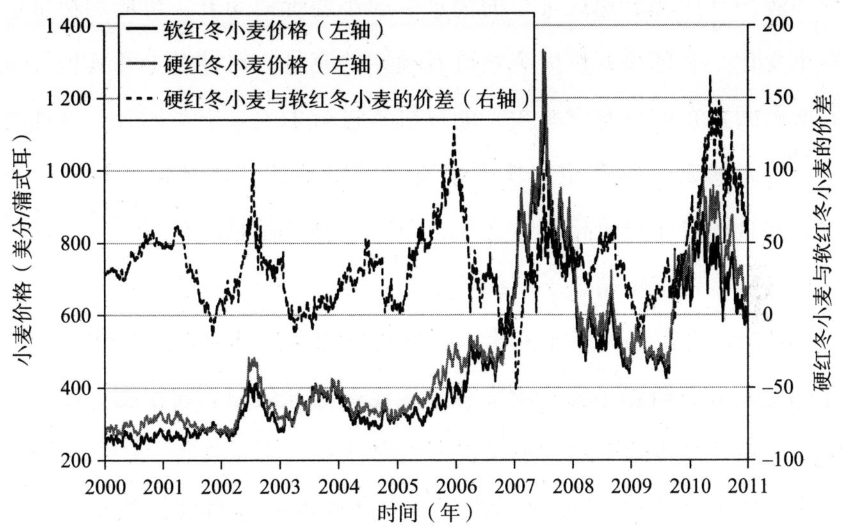

图 8-1　硬红冬小麦期货和软红冬小麦期货合约之间的价差

资料来源：彭博，截至 2011 年 10 月 31 日。

从理论上讲，硬红冬小麦期货合约和软红冬小麦期货合约间的价差应仅对这两类小麦基本面的差异做出反应。例如，软红冬小麦的库存是否比硬红冬小麦的库存更加充足？每一类小麦的出口和国内需求之间的相对强度是多少？与平均水平相比，今年软红冬小麦和硬红冬小麦的蛋白质含量如何？回答这类关于基本面和供需的问题，有助于估算软红冬小麦和硬红冬小麦合约之间价差的公允价值。在实际操作中，公允价值估算并不总与实际交易价差相对应，这为指数投资者提供了提高回报结果的机会，同时为市场提供了流动性。

以 2010 年夏天为例。6 月，硬红冬小麦的交易价格比软红冬小麦高出 30 美分。全球小麦市场似乎供应充足，并且美国商品期货交易委员会（CFTC）的持仓报告显示，投机头寸总体上是做空小麦。软红冬小麦价格低至 4.28 美元，为三年多以来的最低水平。随着俄罗斯和欧洲其他部分地区干旱的消息引起小麦价格回升，市场均衡迅速发生变化，全球小麦供应突然没有预期的充足。对冲基金和其他在俄罗斯新闻发布前持有空头头寸的投机者进行了大量空头回补，这加剧了小麦的涨势。这些空头头寸大多在流动性更强的软红冬小麦合约中，而且随着小麦价格继续上涨，空头回补变得越来越多，导致软红冬小麦的价格涨幅超过了硬红冬小麦。

仅从小麦市场的基本面来看，硬红冬小麦的表现本应该优于软红冬小麦。俄罗斯春小麦作物中有较大比例的高蛋白制粉小麦，因而俄罗斯产量的减少通常意味着美国硬红冬小麦的出口增加。因此，这最终将有利于硬红冬小麦和软红冬小麦之间的价差看涨。然而，在短期内，这两个市场的不同交易行为可能是比基本面更大的价格驱动因素。在这个案例中，投机者大量做空了软红冬小麦合约，随着投机者回补空头同时其他投机者建立多头头寸，因此软红冬小麦合约胜出。随着小麦价格不断攀升，商品交易顾问（CTA）和其他趋势追随者寻求做多小麦，这一观点主要是通过流动性更强的 CBOT 小麦期货来表达的。这些因素导致软红冬小麦和硬红冬小麦合约以相同的价格交易，而基本面表明，硬红冬小麦应相对于软红冬小麦有相当高的交易溢价。在接下来的四个月中，基本面最终胜出，硬红冬小麦合约的交易价比软红冬小麦高出 70 美分（10%）。这一系列事件对聪明的指数投资者来说是绝佳的机会。指数投资者通常是长期的市场参与者，具有充足的资本。因此，他们有能力向市场提供流动性，在这个案例中，他们卖出软红冬小麦合约，买入硬红冬小麦合约，并期望随着时间的推移市场可以重新回归基本面，期货合约之间的价差会回到由基本面决定的水平，而不是由头寸来决定。

在战术上利用可替代大宗商品市场之间的短期市场扭曲时，时机至关重要。当出现小麦案例中所描述的市场扭曲时，通常会有一些基本面上的刺激因素来启动商品向公允价格回归的过程。就刚刚描述的小麦而言，当时正值美国出口季节的开始，随之而来的是对硬红冬小麦出口的强劲需求，因为硬红冬小麦的价格比软红冬小麦更具吸引力。不过，在商品价格恢复至公允价格的刺激因素之外，许多相对关系还存在一些难以克服的高阻力点，了解这些点的存在位置可以为进入价差交易的最佳时间提供宝贵信息，以此来限制下行风险。例如，就小麦而言，硬红冬小麦可用于 CBOT 软红冬小麦合约的交割。这并不会常常发生，因为硬红冬小麦是一种优质小麦，不过仍是有可能发生的。理论上，如果价差过大，则可以做多 KCBT 硬红冬小麦并交割，将其运送到软红冬小麦的交割地点，进行软红冬小麦合约空头头寸的交割。将小麦从位于堪萨斯州的硬红冬小麦合约交割地点运送到位于伊利诺伊州的软红冬小麦合约交割地点的成本约为 20 美分，因此，20 美分的价差水平是关键点，硬红冬小麦和软红冬小麦合约之间的价差在此位置倾向于表现出强烈的抵抗力。

小麦的长期因素

除了硬红冬小麦和软红冬小麦之间价差的战术交易（即通过价

差的基本面变动来获利）之外，还有一个更持久而强大的因素在起作用。从历史上来看，KCBT 硬红冬小麦和 CBOT 软红冬小麦合约之间存在具有结构性基础的持续展期收益差异。造成这种展期收益差异的部分原因是，KCBT 规定的硬红冬小麦合约仓储成本更低，2000 ～ 2009 年间比软红冬小麦合约低约 1% ～ 2%。值得指出的是，芝加哥商业交易所（CME）[⊖]于 2010 年将软红冬小麦合约的固定仓储费率更改为浮动仓储费率，使软红冬小麦的存储成本增加了三倍，最高时比硬红冬小麦仓储成本高了近 20%。

展期收益差异也受市场参与者结构差异的驱动影响。在美国，软红冬小麦的实际作物产量明显少于硬红冬小麦作物。考虑到硬红冬小麦期货市场规模较小而作物产量较大，硬红冬小麦合约往往有更多的生产商和贸易商等商业机构参与，它们通常希望能够对冲实物库存，而软红冬小麦合约的长期持仓相对更多来自投机者和指数投资者。硬红冬小麦合约上的商业利益体做空需求通常更大，因而对合约的空头展期需求也更大，即买入近月合约并卖出远月合约。为了让市场取得平衡，投机者只能成为这种交易的对手方，这种情况下的展期交易期货溢价往往会比其在其他情况下更少。同样地，软红冬小麦合约出现了相反的流动情况，其投机者和**指数投资者**在展期多头头寸的过程中对流动性有需求。因此，在这两个市场流量平衡的过程中，与硬红冬小麦期货相比，软红冬小麦期货交易时的期货溢价要更大，更接近全部持仓成本。

从图 8-2 中可以很容易地看出历年来这种展期收益的差异。该图显示了硬红冬小麦和软红冬小麦的两个近月合约之间的平均年化展期

⊖ 2006 年 10 月 17 日，CME 并购 CBOT。

收益。从 2000 ～ 2010 年，硬红冬小麦合约的平均展期收益为 -7%，而软红冬小麦为 -13%。因此，通过做多硬红冬小麦和做空软红冬小麦，指数投资者会获得平均每年 6% 的正利差。自软红冬小麦合约采用浮动仓储费率以来，两个市场的展期收益差异变得更加极端，在 2010 年下半年高达 15% ～ 20%。

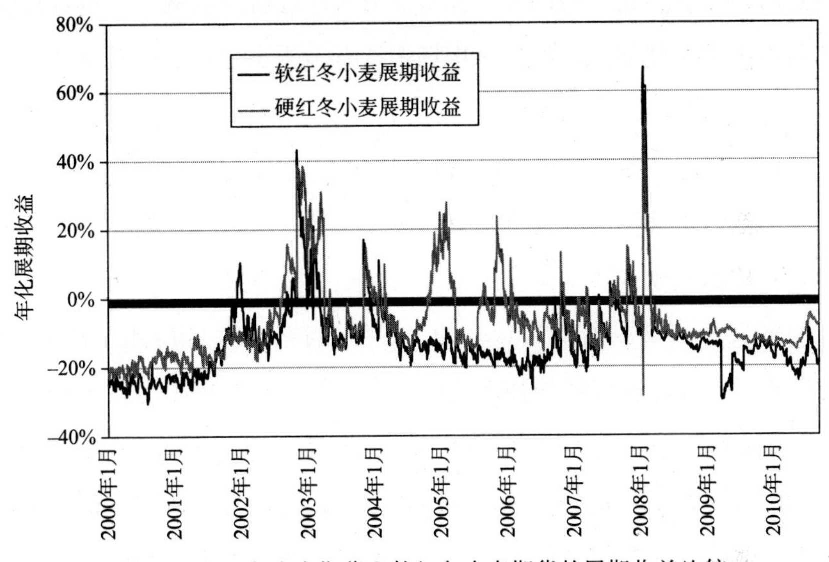

图 8-2 硬红冬小麦期货和软红冬小麦期货的展期收益比较

资料来源：彭博、太平洋投资管理公司，截至 2010 年 12 月 31 日。

从策略和结构的双重角度来看，软红冬小麦和硬红冬小麦合约之间的替代交易都具有巨大的回报潜力，这一事实使其极具吸引力。策略性回报来自这两种合约之间的价差变动。如前所述，由于两种合约之间的流动性和头寸差异，价差通常与基本面支持的“公允”价值背离。结构性回报来自不同的仓储费率、流动性水平和市场参与者结构。这些市场差异通常表现为这两份合约之间持续的展期收益差异。结合每个市场的基本面来了解这些结构性市场差异，是聪明的指数投资者创造有利可图的替代交易的关键。

与许多其他投机者相比，指数投资者在开展大宗商品市场中的此类结构性替代交易方面具有天然优势，因为他们一般从许多市场的天然多头头寸开始交易，且长期持有头寸。例如，由于指数投资者倾向于持有多元化的一篮子大宗商品，因此他们一般长期持有小麦头寸。通过减少指数指定合约的敞口并增加另一小麦合约的敞口，指数投资者可以决定在他们选择的任一市场中持有多头小麦敞口，其总名义敞口不会改变。

相比之下，如果投机者寻求利用这两个市场之间的价差，那么他们必须在两个市场分别进行多头和空头交易。他们现在拥有的总名义敞口是那些刚刚替换部分多头敞口的指数投资者的两倍。大多数价差交易涉及不同交易所的期货合约。尽管与持有任一市场的净敞口相比，价差交易的市场风险通常要小得多，但投机者仍须为总名义敞口支付保证金。这意味着，投机者支付的保证金是指数投资者的两倍，而风险资本回报只有一半。就其性质而言，替代交易往往具有相对较低的波动率，因此每单位名义本金的回报较低。为了增强替代交易的吸引力，投机者往往需要显著增强其头寸的杠杆水平。由于投机者通常加了杠杆，而大多数指数投资者都是全额缴纳保证金，因此指数投资者往往更有能力长期持有合约，通常可以安然度过不利的价格波动。这为指数投资者提供了优势，因为他们可以避免在完全错误的时间被强平价差头寸。

软红冬小麦期货和硬红冬小麦期货价格之间的价差仅是一个例子，用来说明不同品级或产地的同类大宗商品之间存在的价差交易机会。表 8-1 列出了其他例子，用来说明不同品种或产地的同类大宗商品间常见的替代交易。图中显示的每个市场都为指数投资者提供了策略机会，投资者可根据基本面因素来观察每种商品的相对价格变化。

表 8-1 同类大宗商品不同品种或产地之间常见替代交易的例子

能源	布伦特与 WTI 原油 柴油与取暖油 美国天然气与英国天然气
基本金属与谷物	LME 铜与纽约商品交易所（COMEX）铜 泛欧交易所小麦与 MGEX 小麦 东京谷物交易所玉米与 CME 玉米
其他农产品	阿拉比卡咖啡与罗布斯塔咖啡 泛欧交易所可可与美国洲际交易所（ICE）可可

资料来源：太平洋投资管理公司。

原油替代交易

关于能源领域的替代交易例子，可考虑 WTI 原油和布伦特原油之间存在的差异。这两种原油都为轻质低硫原油，其中 WTI 原油更轻、更低硫、更容易提炼，并且历来以高于布伦特原油的价格进行交易。除了质量之外，这两个等级的原油在交割地方面也存在差异。WTI 原油的交割地是俄克拉何马州库欣[⊖]，布伦特原油则为北海原油价格的代表。这意味着 WTI 原油在全球范围内的流动性相对较低，其定价反映的是美国中西部及其周边地区的相对供需。相比之下，布伦特原油是一种水运的原油，可以很容易运输到全球任何地方。WTI 原油与布伦特原油价差以及俄克拉何马州库欣的原油库存如图 8-3 所示。

⊖ 库欣是位于美国俄克拉何马州的一个小镇，美国几条重要的输油管道在此地汇聚，原油贮存容量达 7300 万桶，相当于全美总存储量的 13% 左右，是 WTI 原油期货的主要交割地。——译者注

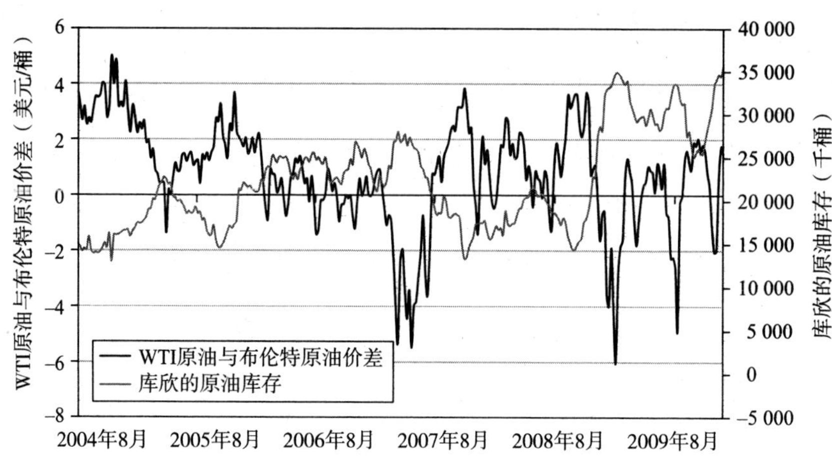

图 8-3 WTI 原油与布伦特原油价差以及俄克拉何马州库欣的原油库存

资料来源：彭博、美国能源部，截至 2009 年 12 月 31 日。

查看库欣的库存水平，可以估算美国中西部的整体供需余量。当需求强劲且超过可用供应时，原油库存可作为平衡供需的缓冲。随着库存下降，WTI 原油的相对溢价应该会上升，以刺激原油进口增加，并配给剩余库存水平。同样地，当需求不足以吸收所有供应时，多余的原油必然会流入仓库。为了降低增量供应，相对于作为全球原油基准的布伦特原油价格，WTI 原油的价格应该会下降，以此来阻止进口品进入美国原油市场。

上述关于 WTI 原油和布伦特原油价差的例子，侧重于描述驱动近月合约与较短期期货合约价格的动态因素。在曲线的前端，通常由现货供需决定定价；如果指数投资者想要从 WTI 原油和布伦特原油之间的价差中战术性地获利，就需要准确了解美国中西部未来的供需平衡情况，而这一点最终会反映在库欣的原油库存水平上。不过即使指数投资者对未来几个月库欣的原油库存情况看法不明，仍可以利用市场错位。例如，图 8-4 显示了 2008 年 7 月底 WTI 原油和布伦特原油期货曲线之间的价差，它就发生在原油价格见顶数周之后。在曲线的前端，WTI 原油和布伦特原油处于同等价位，这一价格是高是低，最终取决于库欣库存的未来变化方向。然而，远月期货合约的定价似乎出现了严重错误，其中 WTI 原油的交易价格比两年后的布伦特原油价格优惠了 3.5 美元 / 桶。

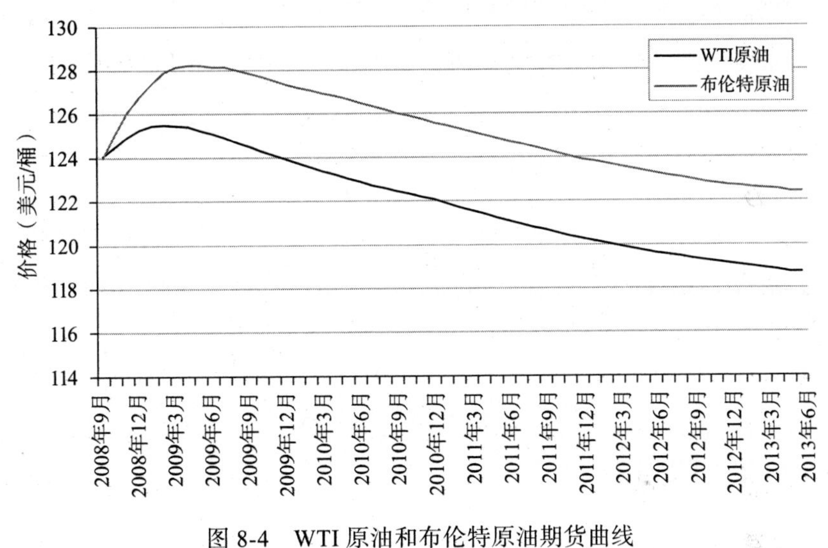

图 8-4 WTI 原油和布伦特原油期货曲线

资料来源：彭博，截至 2008 年 7 月 31 日。

回顾 WTI 原油和布伦特原油在 2008 年之前 10 年间的价差历史，会发现 WTI 交易价格比布伦特原油价格便宜 3 美元 / 桶以上的情况极少。从这两种原油之间的巨大价差来看，市场真的预测到了库欣的库存会在未来 2 年内变高，然后会无限期地维持高位吗？从实际情况来看，由于供需失衡以及原油期货远月合约缺乏流动性，价差才变得非常大。事实上，WTI 原油较常被生产商用作对冲交易时的参考合约，当油价接近历史高位时，WTI 曲线的远端会出现大量抛售。

此外，欧洲炼油厂参与的对冲通常要比美国炼油厂多。石油产品（即柴油和取暖油）与原油之间的价差仍然很大，因此欧洲的炼油厂试图通过买入布伦特原油远期合约并卖出 WTI 原油远期合约来对冲未来的产量。生产商卖出 WTI 原油，而炼油商买入布伦特原油，这两种做法把较长期的原油价差推高至根本不合理的水平。

曲线远端的这种极端机会通常是大宗商品中最常见的替代交易机会来源。其原因是，虽然供需往往使期货的各个近端合约价格关系紧贴基本面，远月合约却因其流动性降低，更容易受市场交易压力的影响。这种价差从经济学来看并不合理，它处于大宗商品价格曲线的较远端，是指数投资者向市场提供流动性且可能从中获利的绝佳机会。

原油的长期因素

正如硬红冬小麦与软红冬小麦的情况，对指数投资者来说，最佳替代交易除了偶尔出现的短期错位之外，往往还存在结构性、持续性因素可供交易。就 WTI 原油和布伦特原油而言，就有结构性因素可供考虑，而其中一些因素尤为重要。媒体偶尔会报道有关 WTI 原油曲线前端的期货溢价非常大的情况。在这些情况下，据说 WTI 原油价格处于“超级期货溢价”，还有人声称“ WTI 原油是一个已损坏的定价基准”。WTI 原油出现这种情况，通常被归咎于指数投资或投机活动，但这种解释看起来是指鹿为马。图 8-5 显示了 WTI

原油的展期收益和美国中西部的原油库存（美国能源部将其简称为“PADD Ⅱ”）。请注意，库存水平的变化解释了大部分展期收益的变化原因，当展期收益变得非常大，即存在超级期货溢价时，出现这种情况是因为库存非常高。然而，有人将WTI原油期货价格的不合理表现归咎于投资者的投机活动，虽然这种说法有所夸大，但一些结构性因素仍旧会导致WTI原油的展期收益在接下来的数年内结构性偏弱。

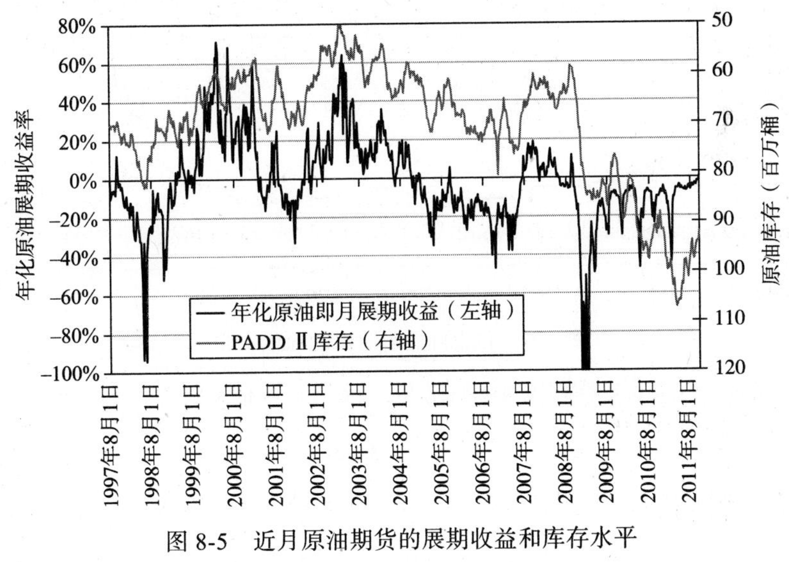

图 8-5 近月原油期货的展期收益和库存水平

资料来源：彭博、能源部、太平洋投资管理公司，截至2011年8月31日。

2012年前后，北美原油生产呈现两种结构性的长期趋势。首先是从加拿大出口到美国的石油增加，其部分原因是油砂出口增长。其次是美国中西部原油产量呈现爆炸性增长，特别是来自北达科他州等州的页岩油。图8-6显示了从1981年到2011年底北达科他州油田的原油产量。由于受到管道基础设施的限制，大部分原油可以进入中西部，却无法从中西部运输到墨西哥湾沿岸。这意味着，WTI 原油交割点库欣的供应量多于全球大多数原油市场。从未来看，与布伦特原油相比，这可能会使 WTI 原油的价格持续低于布伦特原油，同时也会导致 WTI 原油的平均展期收益低于布伦特原油。

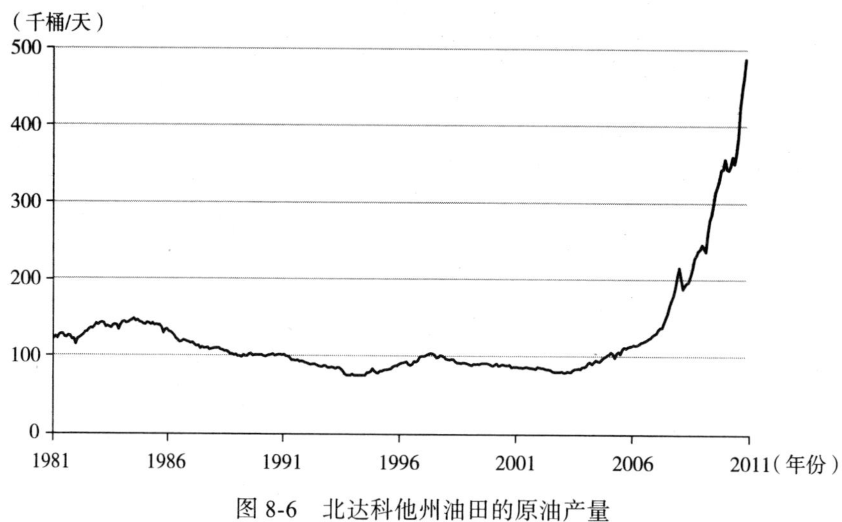

图 8-6　北达科他州油田的原油产量

资料来源：美国能源部、美国能源信息署，截至 2011 年 12 月 31 日。

商品间替代

针对商品内部替代展开的讨论同样也适用于商品间替代，例如小麦与玉米或原油与天然气。这些大宗商品之间仍然是有所关联的，虽然并不像我们上面谈到的那些品级不同或产地不同的同种商品的案例那样直接相关。例如，玉米和小麦从某种意义上说是相关的。对于玉米来说，小麦价格大幅上涨往往会导致次年小麦种植量增加而玉米种植量减少。同样地，如果价格差异大，那么石油或燃煤能源产能可能会被天然气替代。与商品内部替代不同，商品间替代的波动性更大，且“公允”价值的定义往往更加主观。通常，可替代商品在供给端或需求端之间有所关联，但并无直接联系。因此，其价格偏差往往会走向更大的极端，且持续时间更长。与商品内部替代相比，商品间替代的潜在好处在于其可用的机会往往会更多且更具流动性。表 8-2 列出了常见的可替代交易的部分大宗商品。

表 8-2　常见的可替代交易的部分大宗商品

能源	煤与天然气 汽油与取暖油
金属	铅与锌 黄金与银
谷物	玉米与大豆 玉米与小麦

资料来源：太平洋投资管理公司。

图 8-7 展示了大豆和玉米的历史价格以及它们之间的比率。大豆价格与玉米价格的比率在 1.5 ～ 3.5 之间波动，长期平均比率为 2.5。在需求方面，玉米和大豆服务于两个不同的市场，但在供应方面，它们存在互相替代的可能性。在某些区域，农民可以从这两种大宗商品中挑选一种来种植，以最大化预期利润。当玉米供应较大豆而言更紧张时，就需要种植更多的玉米，那么市场就会利用这些大宗商品之间的相对价格向农民发出这一信号。

指数投资者可以利用这种长期关系以及当前的基本面来评估从一种大宗商品转向另一种大宗商品的价值。然而，当价差达到极端水平时，我们并不清楚可观察到的基本面是否提供了很多信息。这些基本面往往只能用于确定处于极端水平的价差是合理的。否则，价差怎么会在一开始就偏离了这么远呢？

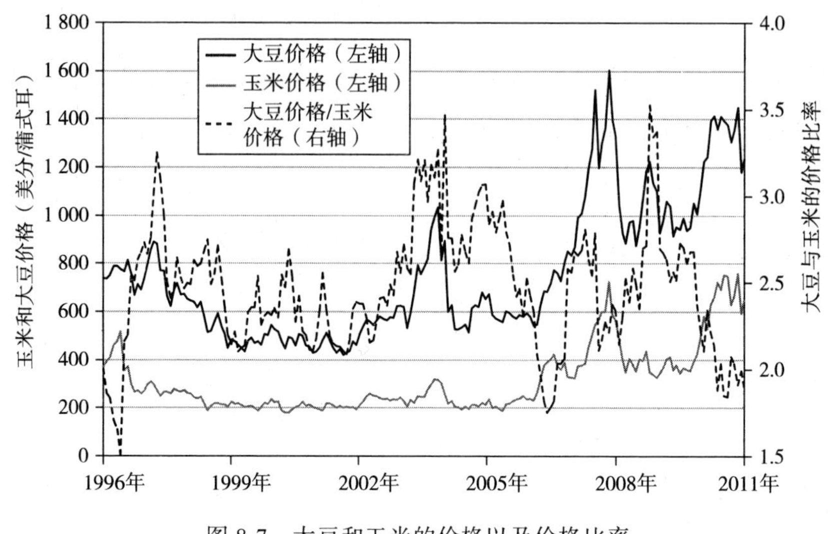

图 8-7　大豆和玉米的价格以及价格比率

资料来源：彭博，截至 2011 年 9 月 30 日。

图 8-8 显示了大豆与玉米的价格比率以及一个玉米多头头寸和大豆空头头寸组合在接下来一年里的历史表现。请注意，大豆与玉米的价格比率是一个非常有力的指标，可以印证这两种大宗商品在未来的相对表现差异。有鉴于此，市场似乎往往成为“这次不一样”这种普遍合理说辞的牺牲品。基本面当然很重要，但从长期看待此类大宗商品之间的结构性联系，才可以帮助指数投资者了解什么是良好的“价值”。除了上述大豆和玉米之间的策略性交易机会外，回想一下，玉米和大豆之间仓储费率差异也导致这两种大宗商品存在结构性差异。在我们之前讨论的替代策略中，将这种结构性差异与一种策略性价值的观念结合起来，是充分利用大宗商品替代交易机会的关键。

替代交易策略并非仅局限于场内商品期货，场外市场也为指数投资者提供了非常多的机会，虽然这些场外合约常常缺乏流动性。一些交易更为频繁的场外交易市场包含不同等级的原油，如路易斯安那低硫原油，以及煤炭、运费等。至少，通过跟踪观察此类基于实物开展交易的场外市场，投资者可判断场内市场中的商品期货合约价格是否因资金的流动方向而出现了较大程度的扭曲。

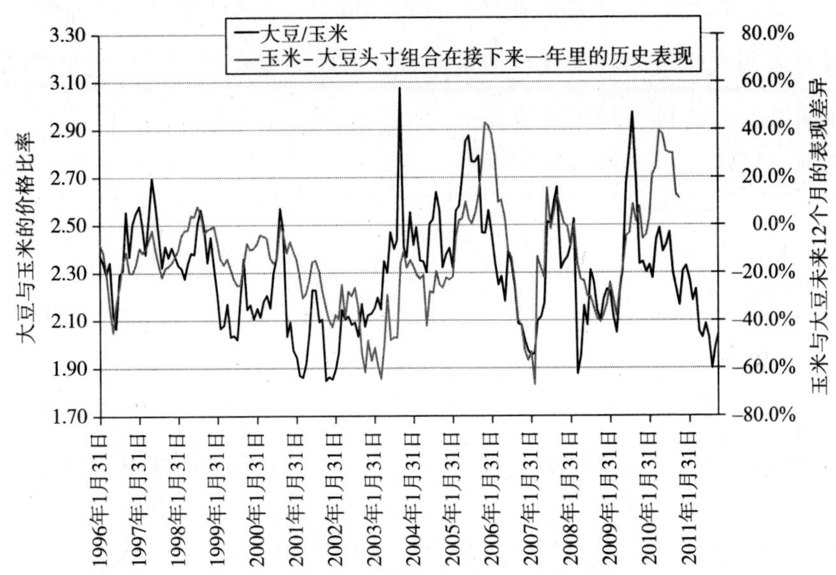

图 8-8 大豆与玉米的价格比率及玉米–大豆头寸组合在接下来一年里的历史表现

资料来源：彭博、标普，截至 2011 年 9 月 30 日。

大豆和玉米价格比率的例子表明，不同大宗商品的相对价格是评估交易价值的宝贵工具。就玉米和大豆而言，其交易价值通常可在相对较短的时间内获得，大概为几个月，因为两个半球的年度种植周期往往会将比率拉回公允价值。就能源等其他大宗商品而言，价格差异可持续显著更长的时间。图 8-9 中的原油、天然气和煤炭的价格以美元 / 百万英热单位[⊖]计。通常这些大宗商品之间的相对价值无法像玉米和大豆那样可以在数月内重新调整，而是需要数年。不同品种间的

⊖ 1 英热单位 =1055.06 焦耳。——译者注

相对价格快速转换只能以非常有限的方式出现。短期替代能源的主要来源是发电厂，电厂能源可从煤炭转换为天然气或从天然气转换为煤炭。但在2011年，整个美国的短期能源转换能力约为数十亿立方英尺[⊖]/日，但每日能源总消耗量却接近700亿立方英尺/日。工业公司虽可采用天然气原料来代替油基原料，但此类变化通常需要大量的基础研究，且项目交付周期较长。

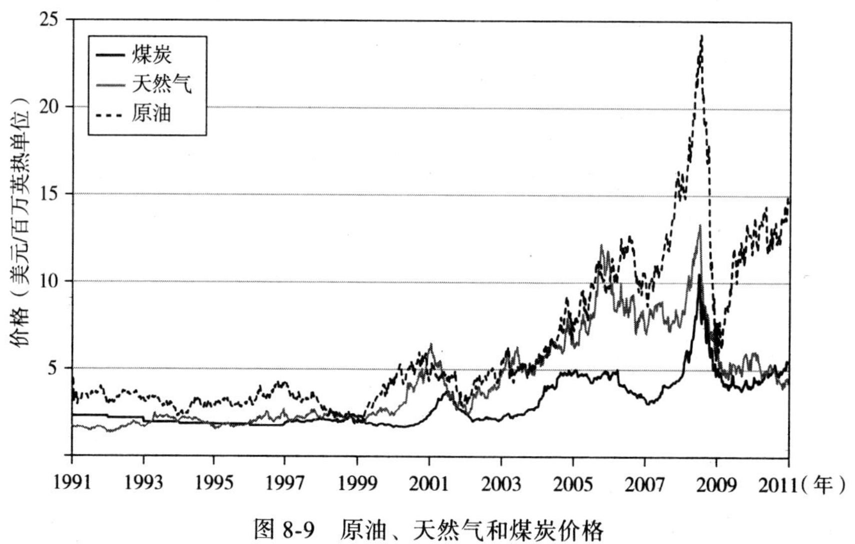

图8-9　原油、天然气和煤炭价格

资料来源：彭博、太平洋投资管理公司，截至2010年12月31日。

运输领域中的原油最有可能被取代。2010年，美国的汽油消费量超900万桶/日，约占美国原油需求的45%。得益于电动汽车技术的发展，天然气和煤炭（经由发电厂）似乎很快就可与原油展开竞争。这种转变虽需要时间，但它凸显了煤炭和天然气可能存在的长期上行拉力，因为它们是原油的廉价替代品。

⊖　1立方英尺=0.0283立方米。——译者注

分析替代机会时，如果投资者不仅考虑了预期价格变动产生的现货回报，而且还考虑了两种大宗商品之间的结构性差异可能产生的展期收益回报，那么通常会获得最佳结果。正如小麦和原油的例子所示，结构性回报差异通常是由仓储费率差异以及市场参与者结构、流动性、供需平衡和库存水平导致的。最终，那些把策略交易机会与长期结构性趋势相结合的指数投资者能够获得经风险调整后的最佳回报潜力。

到目前为止，我们讨论了四大类结构性跑赢策略中的其中三类——优化展期收益，利用日历价差中的季节性扭曲和风险溢价，以及用更便宜但密切相关的大宗商品替代指数成分中的大宗商品。在下一章中，我们将讨论潜在胜出的最后一个主要结构性来源——波动率策略。

第9章

波　动　率

聪明的商品指数投资的实质是，通过获取各类大宗商品市场中内嵌的风险溢价，努力提高持有一篮子商品期货的回报。期权市场是风险溢价的另一个丰富来源，可用于提高大宗商品指数投资回报潜力。固定收益和股票投资者也许已经了解涉及期权出售的收益提升策略，在大宗商品市场中也可以采用类似策略。我们将在本章介绍大宗商品期权市场的参与者及风险溢价出现的原因。我们还将指出大宗商品期权市场与固定收益和股票期权市场之间的某些差异，并说明各种在大宗商品市场卖出期权或波动率的方法的历史表现。最后，我们将讨论与这些策略相关的一些风险。

期权作为一种保险单

想要理解为何期权能为大宗商品指数投资者提供大量潜在回报，最好先从大宗商品期权交易的主要参与者入手。看涨期权是一种工具，保证以特定价格买进商品的权利，因此各种大宗商品的消费者常常采用。例如，航空公司和卡车货运公司会买进原油或石油产品（如航空燃油和柴油）的看涨期权来对冲其未来需求。假设即期交割的原油价格为 88 美元 / 桶，一年后交割的原油价格为 90 美元 / 桶。某航空公司可以买进 1000 手执行价格为 95 美元 / 桶的原油看涨期权。因此，这家航空公司有权以不超过 95 美元 / 桶的价格买进 100 万桶原油[⊖]。如果原油价格自当前水平开始上涨，买进看涨期权可锁定航空公司的成本上限；如果原油价格下跌，它仍可灵活地以较低价格购入原油。

看跌期权是买方的另一种手段，保证其享有以特定价格卖出商品的权利。因此，原油和天然气生产商通常会买进看跌期权来对冲其未来的部分产量，农场主也会买进玉米或其他大宗农产品的看跌期权来保证作物的最低价格。假设原油的现货价格为 88 美元 / 桶，原油生产商可以买进看跌期权，这样他们就有权在下一年度以不低于（比如）70 美元 / 桶的价格卖出石油，从而保证在价格下跌时，其销售价格仍能远高于边际生产成本。在整个大宗商品领域，生产商希望能够保证其生产产品的最低价格，而消费者则希望能够保证其投入成本的上限，这种需求一直存在。

除生产者和消费者外，保本型结构性票据的投资者也会买进大宗商品期权。这些投资者希望获得大宗商品价格上行的敞口，同时不受价格下行的影响。近年来，保本型票据逐渐流行，成为散户投资者参与大宗商品价格快速上涨的一种方式。典型的保本型票据可以保证投资者能收回本金，并在一定程度上获得与票据挂钩的一篮子标的大宗商品的上行回报。从本质上讲，保本型票据就是一篮子大宗商品的多头头寸，再加上平值看跌期权。因此，买进这种票据的投资者其实是买进了大宗商品指数的看跌期权，以防范大宗商品价格暴跌的可能

⊖ WTI 原油每手 1000 桶。——译者注

性，从而引发对于标的指数中所有商品的期权需求。

上述有关大宗商品市场期权用户的例子全都以买方为例。这是因为期权的天然用户是套期保值者。本质上，他们是在买进一种“保险”，以保证在价格出现不利变动时能够获得一定的盈利水平。就像在日常生活中，保险的天然买方多于天然卖方，于是造成结构性供给失衡，因此保险卖方需要获得补偿才能恢复市场的平衡状态。大宗商品期权市场也是如此。有很多期权或保险的天然买方的例子，但很少有天然的期权或保险卖家的数量能够满足买家的需求。

作为大宗商品市场中长期的无杠杆参与者，大宗商品指数投资者所处的地位较为独特，他们可以向市场中的大宗商品生产者和消费者卖出期权。与保险公司类似，大宗商品指数投资者往往资本充足（资金充足或无杠杆），并且有能力承受即使是在长期盈利的保险或期权销售策略中也会偶尔出现的短期回撤。与任何保险或期权的销售策略一样，长期可行性取决于适当的头寸规模和风险管理，我们将在本章后半部分以及“风险管理”这一章讨论这个问题。

大宗商品期权价格中包含的风险溢价，反映在期权的隐含波动率中。隐含波动率是使模型价格（由布莱克 – 斯科尔斯等期权定价模型决定）与期权的实际市场价格相等所需的波动率水平。2010 年 12 月，一月期的 WTI 原油平值期权的隐含波动率是 30%。如果采用前面提到的 88 美元 / 桶的价格，就意味着期权买方押注日均价格变动[⊖]将超过 1.66 美元。鉴于期权是保险的一种形式，而且交易价格应高于公允价值，那么隐含波动率应在结构上高于已实现波动率，而这正

⊖ 日均价格变动的计算方法是将年化波动率换算成日波动率，然后乘以价格。例如，$30\%/\sqrt{252}\times 88=1.66$ 美元。

好与我们观察到的情况相符。在 2010 年 12 月之后的一个月里，WTI 原油价格的日均价格波动仅为 1.28 美元，即已实现波动率为 23%。图 9-1 显示了 WTI 原油合约到期前一个月平值期权隐含波动率水平的长期历史以及随后一个月的已实现波动率。从 2007 年年中到 2010 年底，隐含波动率水平比已实现波动率水平平均高出 4 个百分点。事实证明，即使在包括 2008 年动荡的金融危机在内的一段时期内，平均而言，期权买方仍然为其敞口支付了高于已实现波动率的溢价。

图 9-1 WTI 原油：隐含波动率与已实现波动率

资料来源：彭博。

大宗商品指数投资者有许多不同的机会卖出期权并获取期权风险溢价。然而，每种策略都有其各自的风险，应该仔细分析和比较。例如，投资者应该卖出一个月内到期的短期期权，还是几年内到期的长期期权？应该卖出与大宗商品当前价格接近的期权，还是与其偏离较大的期权？应该对期权进行 Delta 对冲，还是不进行对冲？投资者可以通过 Delta 对冲限制他们对潜在价格走势的敞口，从而降低总体风险。然而，相应的代价是 Delta 对冲会增加交易成本，降低回报潜力。很遗憾，就上述问题而言，没有正确答案可以保证获得最佳回报，不过一些指导原则仍有助于在追求风险调整的基础上获得最佳回报。

利用隐含波动率高估特性的最简单方法是利用期权市场来执行对于某个特定价格观点的策略。例如，投资者可能很有信心认为，由于新兴市场的需求持续增长，需要更多使用焦油砂和深水井等高成本非传统资源生产原油，石油的长期价格下限将为 70 美元 / 桶。然而，石油生产商可能需要限制其油价敞口，以防油价波动到 70 美元 / 桶（即其新生产成本）以下。投资者可以卖出 70 美元 / 桶的看跌期权。由于石油公司需要努力降低未来利润的下行波动率，投资者应该以高于公允价值的价格进行交易。在这种情况下，指数投资者之所以能够获得报酬，是因为他们要承担石油公司不愿承担的风险。对指数投资者来说，通过期权卖出策略，成为生产者对冲的对手方，并赚取收入或以较低的价格获得额外的多头敞口，这往往是很自然的选择，因为他们通常都是资本雄厚的长期持有者。

表 9-1 显示了几种不同 WTI 原油期权卖出策略在 2000 ～ 2010 年多个时期内的平均回报和信息比率[⊖]。上半部分显示的是卖出一月期和三月期的跨式期权（平值看涨和看跌期权）的回报，包括有 Delta 对冲和没有 Delta 对冲的情况。一月期和三月期的宽跨式期权（虚值看跌和看涨期权，本例中的初始 Delta 值为 0.25）也是如此。下半部

⊖ 信息比率 =（策略年化收益率 - 基准年化收益率）/ 策略与基准每日收益差值的年化标准差。信息比率越大，说明该策略单位跟踪误差所获得的超额回报越高，因此，信息比率较大的策略的表现要优于信息比率较小的策略。——译者注

分则显示了每种策略的信息比率。

表 9-1 WTI 原油每笔交易的平均回报（以收益率百分比表示，权利金减去 Delta 对冲和到期成本）及信息比率

	原油							
	一月期				三月期			
	跨式期权		宽跨式期权		跨式期权		宽跨式期权	
	Delta 对冲回报	无对冲回报	Delta 对冲回报	无对冲回报	Delta 对冲回报	无对冲回报	Delta 对冲回报	无对冲回报
一个月	1.87%	2.99%	0.82%	3.51%	3.09%	−0.05%	3.16%	3.58%
三个月	1.77%	4.78%	1.42%	3.96%	3.71%	8.78%	2.74%	5.73%
半年	1.90%	0.94%	1.97%	1.85%	3.73%	2.44%	3.00%	2.04%
1 年	0.99%	0.53%	1.14%	1.86%	0.33%	−7.16%	−0.95%	−8.00%
2 年	0.34%	0.10%	0.65%	1.04%	0.01%	−8.11%	−0.72%	−7.44%
3 年	0.40%	0.14%	0.66%	0.80%	0.34%	−5.71%	−0.26%	−4.83%
5 年	0.57%	0.30%	0.62%	0.74%	0.95%	−1.32%	0.34%	−1.68%
7 年	0.59%	0.13%	0.64%	0.49%	0.86%	−1.11%	0.45%	−1.23%
10 年	0.67%	0.44%	0.69%	0.72%	1.05%	−0.57%	0.60%	−0.62%
信息比率								
一个月 三个月	4.75	10.50	8.10	35.32	3.67	2.01	7.70	6.13
半年	5.62	0.63	4.65	1.76	2.42	0.43	3.50	0.66
1 年	1.00	0.25	1.80	1.46	0.08	−0.46	−0.30	−0.68
2 年	0.40	0.05	1.04	0.75	0.00	−0.71	−0.32	−0.84
3 年	0.55	0.08	1.23	0.62	0.14	−0.59	−0.14	−0.64
5 年	0.88	0.18	1.39	0.65	0.49	−0.16	0.22	−0.27
7 年	0.95	0.08	1.52	0.40	0.50	−0.15	0.33	−0.22
10 年	1.05	0.26	1.65	0.60	0.64	−0.08	0.47	−0.12

注：所示期间为 2010 年 3 月 31 日之前的给定时间量。

资料来源：彭博，太平洋投资管理公司，截至 2010 年 3 月 31 日。

第一个主要结论是，如果期权被 Delta 对冲，则信息比率（即单位风险的回报率）通常更高。这在直觉上是有道理的，因为 Delta 对冲有助于减少标的大宗商品价格变动的敞口，这反过来又为隐含波动

率和已实现波动率之间的差异提供了更纯粹的敞口。Delta 对冲在大宗商品市场上尤为重要，因为大多数大宗商品的供求在短期内相当缺乏价格弹性，从而导致其在中短期内出现强劲的趋势性价格走势。例如，尽管油价从 2007 年 7 月的 70 美元 / 桶翻倍至 2008 年 7 月的 140 美元 / 桶，但美国对汽油的需求仅下降了 2.5%。巨大的价格变动，如 2007 年 7 月～ 2008 年 7 月间油价翻倍，会导致在没有 Delta 对冲的情况下卖出期权的投资者蒙受巨大损失。表 9-2 对比了大宗商品 Delta 对冲与股票 Delta 对冲的结果。就股票而言，Delta 对冲实际上降低了信息比率，因为股票通常缺乏大宗商品中的较大趋势性变动，而且它们在短时间窗口内似乎也表现出某种均值回归的趋势。

根据回报和信息比率表（表 9-1 和表 9-2），我们需要注意的最后一点是，尽管卖出一月期和三月期原油期权的回报并没有明显的差距，但一月期期权的信息比率通常更高。其原因与期权理论关系不大，更多的是与大数定律有关。

考虑方差互换（下文将详细讨论），并假设投资者确信未来一年内隐含波动率将平均高于已实现波动率两个百分点。投资者希望在未来一年获利 200 万美元，或者已实现波动率每低于隐含波动率一个百分点就能获利 100 万美元。用期权术语来说就是，投资者需要准备 100 万美元的 vega 敞口（波动率每变化一个百分点的美元敞口）。

投资者可以采取两种策略：以 100 万美元 vega 敞口卖出一年期方差互换，或者每月卖出 100 万美元 vega 敞口的 1/12 的方差互换。无论采取哪种策略，投资者都应能在年底前赚到 200 万美元，但是第二种策略涉及的波动率要低得多。例如，如果在一年期方差互换行权的次日，隐含波动率从 30%跃升至 40%，那么该投资者的市值将立即损失 1000 万美元（100 万美元 vega 敞口的 10%）。如果采用第二种策略，投资者只需承受 vega 敞口的 1/12，因此他的市值损失只有 1/12。虽然两种策略的预期绝对回报均为全年 200 万美元，但卖出月度或期限更短的方差互换，其风险调整后回报会更有吸引力。

表 9-2 标普 500 指数每笔交易的平均回报（以收益率百分比表示，权利金减去 Delta 对冲和到期成本）

	标普							
	一月期				三月期			
	跨式期权		宽跨式期权		跨式期权		宽跨式期权	
	Delta 对冲回报	无对冲回报	Delta 对冲回报	无对冲回报	Delta 对冲回报	无对冲回报	Delta 对冲回报	无对冲回报
一个月	1.11%	1.74%	1.57%	2.03%				
三个月	1.19%	1.69%	0.89%	0.89%	2.01%	−6.12%	1.84%	−5.02%
半年	0.69%	1.25%	0.66%	1.45%	2.44%	−5.18%	2.28%	−3.10%
1 年	−0.21%	0.69%	−0.34%	1.09%	−0.04%	−6.31%	−0.06%	−3.86%
2 年	0.11%	1.20%	−0.04%	1.11%	0.30%	−1.39%	−0.19%	−0.87%
3 年	0.03%	1.05%	0.02%	0.96%	0.27%	−0.98%	−0.07%	−0.61%
5 年	0.15%	1.00%	0.13%	0.87%	0.68%	0.19%	0.25%	0.24%
7 年	0.34%	1.06%	0.25%	0.91%	1.17%	1.34%	0.60%	0.93%
10 年	0.34%	0.99%	0.23%	0.83%	1.04%	0.85%	0.50%	0.50%
	信息比率							
一个月 三个月	3.53	1.46	4.71	1.42				
半年	1.79	1.61	2.30	3.06	8.10	−7.80	7.21	−2.28
1 年	−0.26	0.48	−0.50	1.30	−0.02	−1.36	−0.03	−0.88
2 年	0.19	1.04	−0.08	1.68	0.16	−0.32	−0.11	−0.26
3 年	0.05	1.08	0.06	1.75	0.18	−0.27	−0.05	−0.22
5 年	0.35	1.28	0.40	2.00	0.58	0.07	0.23	0.11
7 年	0.89	1.44	0.87	2.27	1.08	0.49	0.61	0.48
10 年	0.91	1.27	0.84	1.93	0.97	0.29	0.57	0.25

资料来源：彭博，太平洋投资管理公司，截至 2010 年 3 月 31 日。

方差互换

对许多不同的期权头寸进行Delta对冲通常可以提高大宗商品期权空头头寸的信息比率，但这涉及相当多的工作和交易成本。幸运的是，还有一种替代方法，即方差互换。方差互换可提供隐含波动率与已实现波动率之间差值的直接敞口。本质上，如图9-2所示，方差互换涉及一方（买方）支付隐含波动率，称为“行权价”（strike），另一方（卖方）支付已实现波动率。

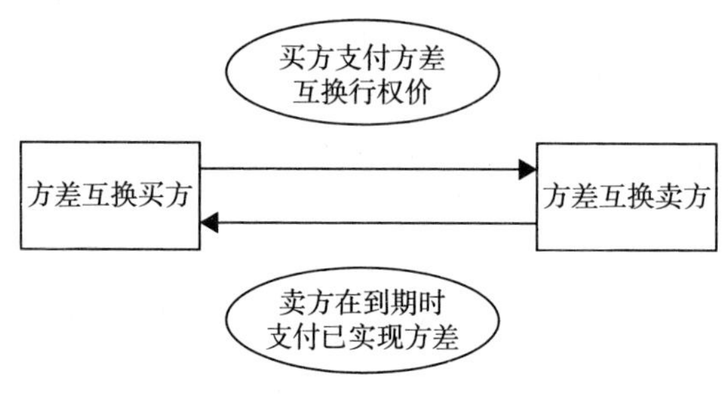

图9-2　方差互换现金流示例

资料来源：摩根大通。

方差互换的净支出是以K表示的行权价、以σ表示的已实现波动率，和以N表示的名义金额的函数。方差互换的收益函数为

$$收益=N\times(\sigma^2-K^2)$$

方差互换通常以vega为单位进行交易，例如10万美元的vega。例如，行权价和已实现波动率水平之间每相差一个百分点，100 000美元vega的方差互换就会产生大约100 000美元的损益值。以vega为单位且以V表示的收益为

$$收益=\frac{V}{2K}\times(\sigma^2-K^2)$$

虽然针对方差互换的深入讨论超出了本书的范围，但需要强调的是，方差互换收益是非线性的。当已实现波动率水平接近行权价时，方差互换的收益几乎是线性的，然而一旦已实现波动率水平偏离行权价，收益函数就会变得越来越非线性。为了说明这一点，图 9-3 显示了名义价值为 100 万美元的 vega 和 30% 行权价的方差互换收益情况。当已实现波动率水平接近 30% 的行权价时，收益函数几乎是线性的。已实现波动率每一个百分点的变化都相当于近 100 万美元的收益变化。然而，当已实现波动率开始大幅上升时，已实现波动率每上升一个百分点所产生的利润远超 100 万美元。

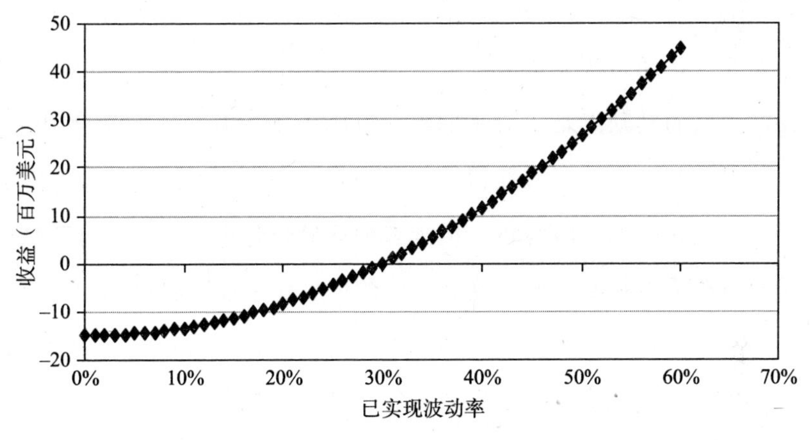

图 9-3　方差互换收益

理论上来说，方差互换可分解为一篮子每日进行 Delta 对冲的期权。通过确定篮子中每个期权的权重，使得方差互换收益只是隐含和已实现波动率之间的函数。无论是上涨还是下跌，价格变动的方向都与收益无关。这使得方差互换成为指数投资者的绝佳工具，他们卖出“保险”并获取隐含波动率，通过与已实现波动率之间的价差来赚取回报。这是因为方差互换避免了因承受直接的方向性价格趋势变动而产生的不确定性。

由于完全复制方差互换需要一篮子广泛的期权，方差互换往往在那些期权市场流动性非常好的大宗商品上交易，即黄金、原油、天然气，其次是玉米。在这些市场之外，流动性较差并且买卖价差较大，方差互换交易的吸引力就会下降。方差互换也经常就指数进行交易，如道琼斯瑞银大宗商品指数与标普高盛大宗商品指数。然而，期限更长的（到期日为数月至数年后）方差互换通常流动性更好，可能因为这与保本型票据的期限相一致。

出售指数方差互换的好处是，指数波动率包含了指数中资产之间的一些相关性假设。与波动率一样，相关性也往往被高估。也就是说，期权价格通常假设指数中大宗商品之间的相关性大于实际实现的相关性。然而其缺点是，对于期限较短的市场，流动性可能有限。虽然长期方差互换应该能够使得投资者实现与短期方差互换类似的回报并获得与之相同的风险溢价，但正如前面所讨论的那样，由于方差互换重置行权价的频率较低，这种策略的信息比率往往较低。

原油、黄金和天然气的方差

图 9-4 显示了卖出一篮子黄金、原油和天然气的一月期方差互换的历史月度收益。对于每 100 美元 vega 而言，黄金占 50%，原油占 30%，天然气占 20%。篮子的权重设计保证了所有大宗商品给篮子带来的风险处于类似水平。由于黄金的波动率小于天然气，篮子对黄金的 vega 风险敞口比天然气大。

图 9-5 显示了卖出一篮子黄金、原油和天然气以及上述篮子的一

月期方差互换的累计收益。在过去的15年中，这些市场均从结构性抛售波动率中获得了有意义的正回报，不过偶尔也会出现大额亏损。通过一月期方差互换每卖出100万美元vega，方差互换篮子的年化回报是2250万美元。这一策略在历史上实现了1.28的高信息比率。然而，与大多数保险业务一样，关键是既要适当地为你的风险定价，也要适当地调整你的风险以便能够承受偶尔出现的巨大损失。

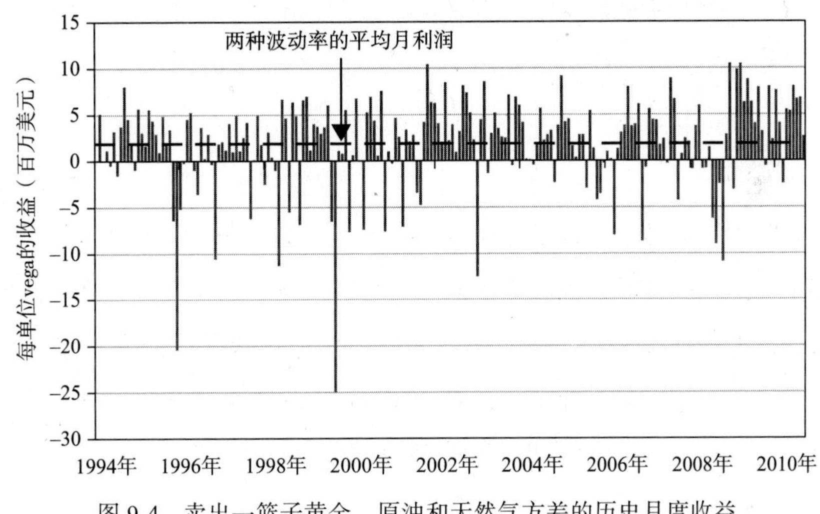

图9-4 卖出一篮子黄金、原油和天然气方差的历史月度收益

资料来源：彭博，太平洋投资管理公司，截至2010年10月31日。

另外，前面所讨论的卖出方差互换篮子的年化回报意味着方差互换行权价和已实现波动率之间的平均价差为1.88%（2250万美元除以1200万美元的vega，每月卖出100万美元的vega）。1.88%的价差小于隐含和已实现波动率之间的实际平均差额。使用同样的数据，隐含和已实现波动率之间的实际价差为2.66%。隐含和已实现波动率的实际价差与方差互换所暗示价差之间的差额是由前面所讨论的方差互换的非线性收益造成的。由于方差互换中空头头寸的收益表现为负凸，当波动率达到峰值且已实现波动率水平远离行权价时，方差互换的卖方会遭受非常大的损失。这些不经常发生的巨大损失导致方差互换的平均收益低于隐含波动率和已实现波动率之间的平均价差。在评估卖出方差互换的风险时，必须考虑这种非线性关系，因为大多数大额亏损都发生在方差互换行权价设定得很低的时候。

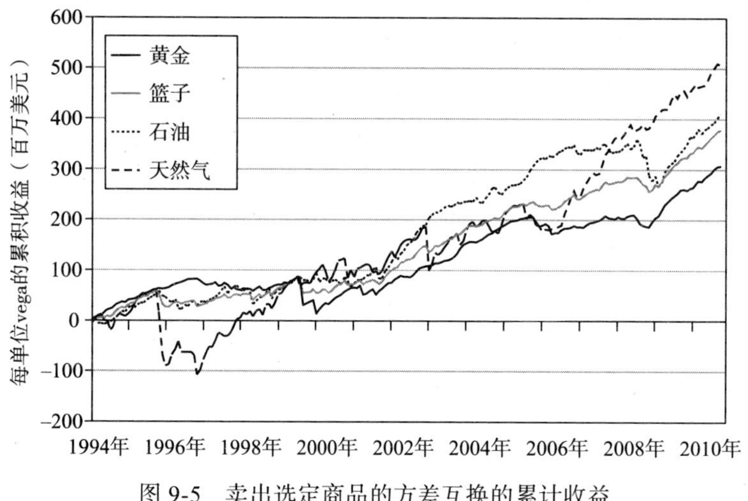

图 9-5 卖出选定商品的方差互换的累计收益

资料来源：彭博，太平洋投资管理公司，截至 2010 年 7 月 31 日。

从历史上看，通过卖出一篮子商品的方差互换来提供保险的做法颇具吸引力，由定价不准或执行不力带来的误差幅度通常很小。以卖出 100 万美元 vega 为例，其年均收益为 2250 万美元。假设你每月在每种大宗商品的近月合约上卖出方差互换，那就是平均月盈利 188 万美元，或者在每笔交易中实现行权价和已实现波动率之间的差价达到 1.88%。考虑到方差互换的平均买卖价差在 1% ～ 3%，要求市场提供流动性并且总在市场上扮演买方的角色，可能会降低卖出方差策略一半以上的预期利润。

除买卖价差外，采取这种方差卖出策略的另一个风险是，如果交易对手认为与他们交易的人始终扮演卖方的角色，他们可能不太愿意给出公平的出价。他们可能会掩盖自己的市场，试图获取尽可能多的利润。这就是为此类交易准确定价的能力如此重要的原因。就像汽车保险公司必须有精确的风险模型来计算适合每位司机的保费一样，要想卖出大宗商品方差互换，就需要能够根据整个标的的期权价格来确定每份方差互换的适当价格。这有助于投资者确定何时方差互换的交易价格"等于"或"高于"标的期权，或者换句话说，何时投资者在向市场提供或要求其提供流动性。

正确的风险评估与正确的风险定价同样重要。卖出波动率涉及承保实质性风险。图 9-4 和图 9-6 可以证明这一点，它们都显示了空头方差策略收益曲线的负肥尾。可以尝试很多方法，并量化做空波动率策略的风险。我们将推荐两种。

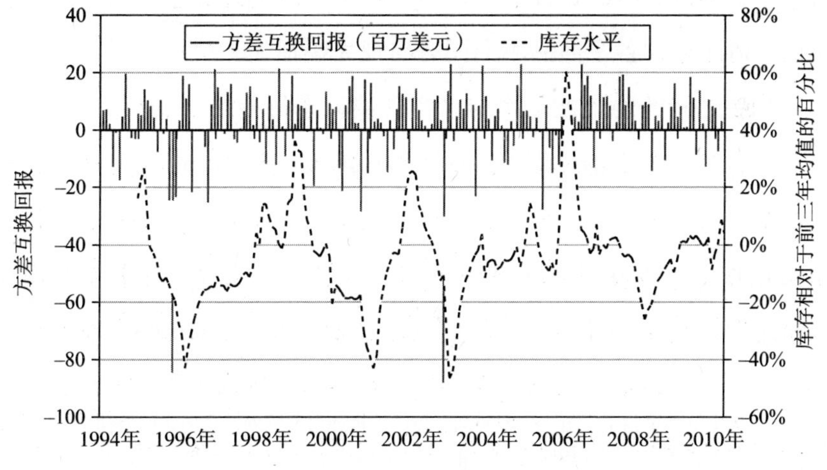

图 9-6 月度天然气方差互换收益与库存水平

资料来源：彭博，太平洋投资管理公司，截至 2010 年 3 月 31 日。

一种方法是分析系统性卖出方差互换收益的历史已实现波动率[㊀]，它应该与隐含波动率与已实现波动率价差的已实现波动率类似，但由于方差互换呈现凸性，其尾部会更肥。就上述一篮子案例而言，月度方差互换收益的年化标准差为每 100 万美元 vega 510 万美元。考虑到与卖出波动率相关的更肥的尾部，谨慎的做法是调整风险，使其能够承受 4 ～ 5 个标准差的波动。在这种情况下，应该为每 100 万美元 vega 损失准备 2000 万～ 2500 万美元。

调整风险的另一种方法是看已实现波动率历史变动中的最大回撤。就上述篮子而言，最大回撤是 2500 万美元，接近之前风险估计的上限。假设投资者在卖出方差时愿意承受的最大损失为 250 万美元，这表明最高设为 10 万美元 vega 是合适的。

在整个讨论过程中，我们使用了卖出一篮子大宗商品方差的例子，因为这是通过多元化降低风险的绝佳方式。从图 9-5 可以明显看出一篮子方法的多元化优势，该图显示了单个商品和整个篮子的累积回报。请注意，各个商品不会同时出现大幅损失。也就是说，这三种大宗商品之间的隐含波动率与已实现波动率价差之间的相关性有限。事实上，在每个市场（黄金、石油和天然气）中，卖出方差互换的月收益相关性介于 0 ～ 0.1。在 2008 年信贷危机期间，篮子的多元化收益尤其明显。2008 年，全球经济增长放缓，石油价格在五个月内暴跌超过 100 美元，导致石油的已实现波动率超过了 100%。然而，在

㊀ 历史波动率指基于过去一段时间，标的价格的历史数据计算出来的波动率。已实现波动率指未来的一段时间内，标的价格波动的真实波动率。两者都是基于标的价格计算得出，反映了标的价格真实的波动水平，但区别在于计算的时间段不同，历史波动率是从过去到现在，而已实现波动率是从现在到未来。如果站在未来时点，那么已实现波动率就是历史波动率，即历史已实现波动率。——译者注

此期间，天然气的已实现波动率仍然处于低位，有助于抵消石油价格的损失。

评估在大宗商品市场卖出波动率的风险时，还有一些基本面因素值得考虑。例如，由于库存可以缓冲短期供需失衡，价格波动应在低库存时期有所增加，因为价格会迫使供需达到平衡。这种现象在天然气交易中十分明显。图 9-6 显示了每月卖出一月期天然气方差互换的收益以及库存水平（用高于或低于前三年平均水平的百分比来衡量，以消除季节性因素的影响）。请注意，排名在前 10 名中的第 5 名和第 8 名月度损失都发生在当年库存低于前三年平均水平时。此外，这段时间里高于平均水平的回报并不能补偿低库存带来的额外尾部风险：当库存高于三年平均水平时，平均月收益为 430 万美元，而当库存低于三年平均水平时，平均月损失为 20 万美元。从策略上讲，在低库存时期卖出天然气波动率应考虑降低风险规模，而在库存充裕时应扩大风险规模。

飓风是卖出天然气方差时需要考虑的另一个主要风险因素。虽然这无疑是一个很大的风险，应该在调整头寸时加以考虑，但从历史上看，它不如低库存水平那么重要。2005 年 8 月，严重影响了墨西哥湾天然气生产的卡特里娜飓风[⊖]仅造成第六大的方差销售策略损失。其他袭击墨西哥湾的主要飓风，如 2004 年的伊万和 2005 年的丽塔，只造成了极小的方差销售策略损失。在所有的这些情况下，库存似乎实现了其目标，成为抵御极端价格波动的减震器。

⊖ 在墨西哥湾，66% 的原油和 42% 的天然气产量出自密西西比海底峡谷和格林海底峡谷的油气井，这两个海底峡谷均位于路易斯安那州的东南方。热带风暴途经这些高产区域将对整个近海的油气生产造成重大影响，有些登陆的风暴会对沿海地区的基础设施诸如储存设施、集输管线等造成破坏，对油气行业产生的影响更为长期深刻。2005 年，卡特里娜飓风对墨西哥湾油气生产带来了惨重的损失，天然气减产占美国总产量的 15% 以上。——译者注

与天然气类似，在极端库存水平时，原油也出现隐含与已实现波动率差额较大的模式。然而，当库存非常高或非常低时，原油交易会出现大幅的非预期波动率。就天然气而言，高库存的影响可能没有那么明显，因为从 4 月到 10 月，天然气库存不断获得补充，然后从 11 月到 3 月，库存开始消耗。由于天然气储存存在这样的循环，只有在 10 月和 11 月这个小窗口期间，才会存在天然气库容不足的风险。例如，如果 6 月的储存量高于平均水平，价格可以在几个月内逐步调整，在储存量过剩成为关键问题之前调整供需。然而，对于原油来说，如果储存接近存储容量，而且供过于求，那么石油的市场价格必然会下跌，以鼓励增量需求。由于需求缺乏弹性，价格可能不得不大幅下跌。因为这种动态机制，隐含波动率和已实现波动率之间的价差往往更不稳定，库存高时的尾部比库存低时更肥。

图 9-7 显示了卖出原油方差互换的月度收益，以及一月期和三月期原油合约之间的展期收益。之所以在原油中使用展期收益，是因为它可以作为库存水平的前瞻性指标。如果库存量很高，展期收益负值很大；如果库存不足，展期收益将为正值。如图 9-7 所示，因卖出波动率而导致的重大损失大多发生在严重升水或严重贴水期间。与天然气一样，历史上，原油方差互换卖方未能在这些潜在的高风险时期获得适当的补偿。在展期收益贴水最严重的那 10% 的月份里，卖出 100 万美元原油方差的 vega 的平均回报是亏损 110 万美元；而在经历了升水最严重的那 10% 的月份里，平均回报是盈利 80 万美元。这些回报远低于这两个极端时期之外其他时间里的平均利润 260 万美元。在库存量水平处于极值时卖出波动率，不仅平均利润率较低，标准差也较大。在对波动率卖出规模进行调整时，也应将这种增大的尾部风险

考虑在内，因为不论对于保险还是期权销售策略而言，安然度过不可避免的风暴的能力都是至关重要的。

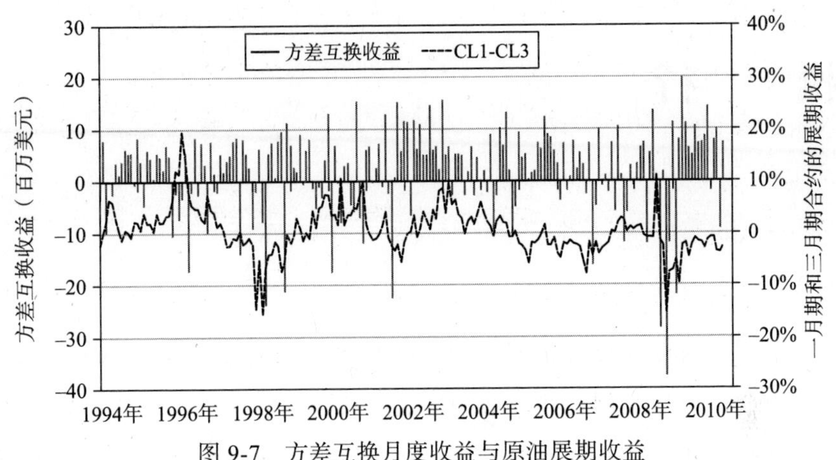

图 9-7　方差互换月度收益与原油展期收益

资料来源：彭博，太平洋投资管理公司，截至 2010 年 3 月 31 日。

平均而言，尽管卖出期权通常有利可图，但前面的例子表明，如果能够了解当前市场基本面和基本市场动态，则可以显著地提高回报潜力，同时还能减少风险并更好地量化风险。此外，考虑到买卖价差的大小和方差互换的奇异（衍生品）性质，强健的定价模型对于评估价值而言是不可或缺的。这些因素结合在一起，就能形成一个成功的框架，通过专注于从大宗商品期权市场中获取风险溢价来提高大宗商品指数的回报。

在讨论大宗商品市场中聪明的指数投资者可利用的各类潜在额外收益的结构性来源之后，我们将在接下来的几章中讨论这些策略的实际执行情况。我们将特别地简要讨论另一个丰富的结构性优势来源——对作为大宗商品期货敞口基础的固定收益证券抵押品池进行的明智投资。我们还将同时讨论风险管理的理念与技术。

第 10 章

执　　行

我们用了好几章的篇幅来讨论各种大宗商品市场及指数的机制，并就如何系统地利用这些市场的低效或错误定价提出了建议。本章及下一章将概述这些头寸的实际执行与后续监控和管理。本章主要借助实例讨论从业者可用的执行方式。我们首先关注的是关于大宗商品敞口的执行方式。在这种情况下，流动性、保密性和最优市场价格，以及对设定的期望收益的要求，可能需要通过互换、期货或期权来实现。随后，我们将重点转向大宗商品指数投资的另一方面，即对作为大宗商品敞口基础的抵押品进行管理。大多数公开发布指数用简单短期国债作为抵押品，我们将讨论一些能够胜出的“结构性”来源。对活跃的商品和抵押品头寸进行准确而审慎的风险管理，是聪明的商品指数必不可少的一部分。我们将在下一章讨论这个问题。

大宗商品 alpha 交易的执行

聪明的商品指数的复制有两种互补的框架或理念。第一种是创建构成“聪明的”指数的头寸，去跟踪并超越已发布的指数。这包括首先使用前几章所讨论的一些策略来确定特定商品以及每条曲线上的合约，从而对特定指数给出最有效的敞口，然后根据需要管理和展期这些头寸。或者，也可以将 beta 敞口或朴素的指数复制“外包”给专业的大宗商品指数复制机构，它们具有规模经济和资源优势，可以提供廉价的被动指数复制。第二种方法可以让投资者只专注于旨在抵消指数中次优部分的 alpha 交易，用更有吸引力的替代品来取代它们。举一个简单的例子，它将有助于说明这两种经济上等效的聪明的商品指数投资方法。

假设标普高盛大宗商品指数在 2011 年 6 月合约（CLM1）中持有其 WTI 原油敞口，并且由于俄克拉何马州库欣的交割点库存过剩，WTI 原油曲线在前几个月处于升水状态。这意味着在 2011 年 5 月[⊖]，被动指数投资者需要将这一敞口转入 2011 年 7 月合约（CLN1），以高于 CLM1 售价的价格买入 CLN1。聪明的指数投资者可能更愿意持有一年后的 2012 年 6 月期货合约（CLM2）的敞口，此处的 WTI 原油曲线处于贴水状态。正如第 6 章“展期收益最大化”所述，在没有任何变化的情况下，较之升水状态（展期收益为负）时，曲线处于贴水状态（展期收益为正）时持有期货头寸在经济上更为有利。此外，投资者可能预计经济将会复苏，会开工修建新的管道以便将石油运出库欣，从而解决供应过剩的问题，但这可能至少还需要一年的时间，因此，升水的状态可能会持续下去。两种互补（而且在经济上等效）的方法可以实现这一观点：①买进标普高盛大宗商品指数中 WTI 原油部分的 CLM2 而不是 CLM1；②获得整个标普高盛大宗商品指数的被动敞口，然后通过做多 CLM2 和做空 CLM1 的曲线交易来改变这

⊖ WTI 原油期货合约在合约月份前一个月下旬到期，投资者需要在合约到期前进行移仓。——译者注

一敞口。第一种方法的优点是对资产负债表的要求不高，而且更为直观；而第二种方法可以将附加值低的 beta 部分与附加值高的 alpha 部分分开。正如我们在下文所述，挂牌的期货市场或场外互换市场均可使用这两种方法。

投资者可以通过两大类工具来获取本书所讨论的基于衍生品的大宗商品市场风险敞口。第一类是“上市的”或场内交易工具，如期货；第二类是“非上市的”或场外交易产品，即互换。最后，有时也可以通过商品期权获得更低的风险敞口和更理想的收益。这类基于期权的策略也可以通过场内或场外交易的形式来执行。

通过期货执行

期货是获得各种大宗商品曲线前端合约敞口的最具流动性和透明度的方式。此外，由于期货需要通过交易所进行交易，考虑到有效的保证金要求以及对期货结算商（FCM）的资金和保险政策，它们大大降低了交易对手风险。而且，交易所本身就介于投资者和交易对手之间。图 10-1 展示了期货交易中涉及的不同参与者和现金流。

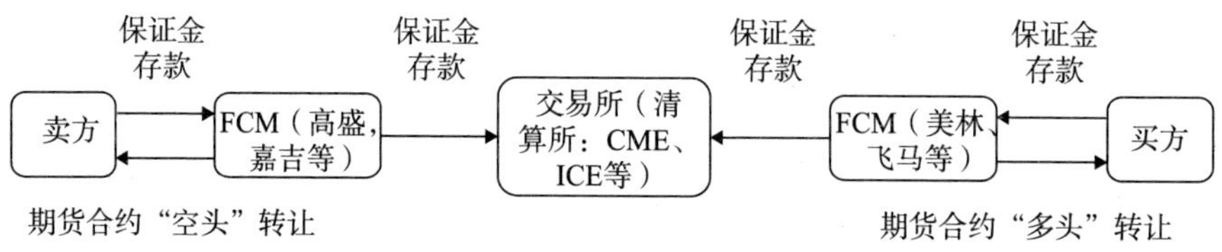

图 10-1 期货交易的对手方敞口示意图

尽管担保和保障水平各有不同，但主要交易所的担保和保障都足够严格，能够保护大多数投资者免受交易对手违约造成的损失。例如，CME 针对交易对手违约采取多重保护措施，包括对所有 FCM 的财务和风险管理实践进行审计。此外，对FCM持有的所有头寸而言，CME本身就是FCM的交易对手。在正常时期，CME每日实行两次按市值计价和变动保证金的结算；而在波动时期，它有权增加结算频率。分离FCM账户与客户账户的目的是避免客户账户受到FCM违约的冲击。此外，在FCM违约的情况下，如果正常的清算活动无法解决债务问题，可以求助于1亿美元的盈余基金，而且还可以另外求助于至少23亿美元（截至2010年6月）来自未违约FCM的总担保基金，从而降低了在交易所进行交易时因交易对手违约而造成损失的可能性。然而，最近曼氏金融（MF Global）的破产[⊖]表明（见图10-1），交易所清算交易并非毫无风险，尽管存在上述保障措施，但对交易对手的尽职调查仍然至关重要。

通过期货市场执行的另一个优势是，现在大多数大宗商品期货交易已实行电子化，因此保密性得到了保证。也许通过期货合约实现大宗商品敞口的唯一主要缺点是曲线远端缺乏流动性。如图10-2和图10-3所示，超过两年的远期合约上，WTI原油和亨利港天然气期货的持仓量会急剧下降。玉米和小麦等其他市场的曲线远端流动性下降幅度更大。通常在一年内，大多数大宗商品上市合约的流动性是足够的，但曲线远端的流动性可能有限。关于遥远未来的大宗商品曲线形状或水平的观点可能很难通过使用挂牌的期货来执行策略。这是因为大部分大宗商品生产商和消费者之间大规模的长期限对冲交易都在场外市场进行。因此，希望利用这种流动性来表达自己观点的投资者必须愿意放弃利用期货。

⊖ 因未将客户资金与公司资金严格分开，并涉嫌挪用客户资金而造成客户账户存在6.3亿美元的资金亏空，导致被收购失败，2011年10月31日，曼氏金融向法院提交了破产保护申请。——译者注

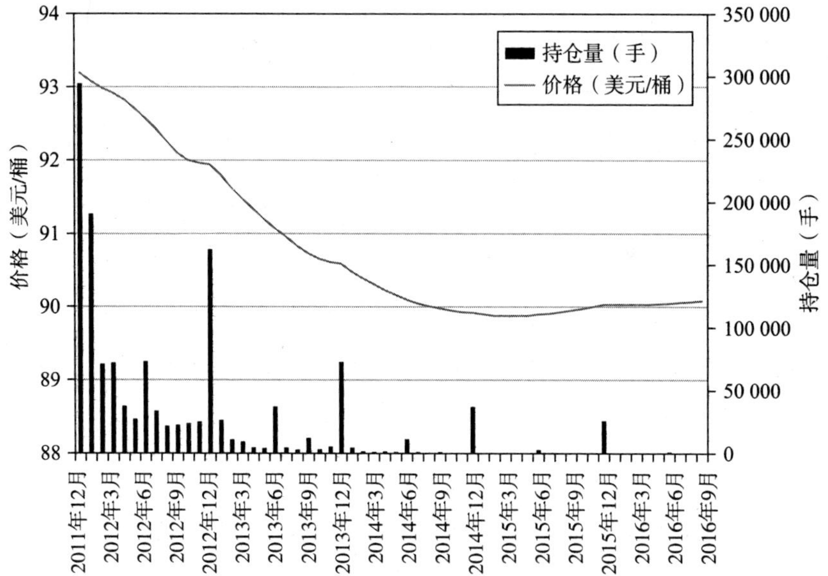

图 10-2 美国纽约商业交易所（NYMEX）WTI 原油价格曲线和持仓量

资料来源：彭博，截至 2011 年 10 月 31 日。

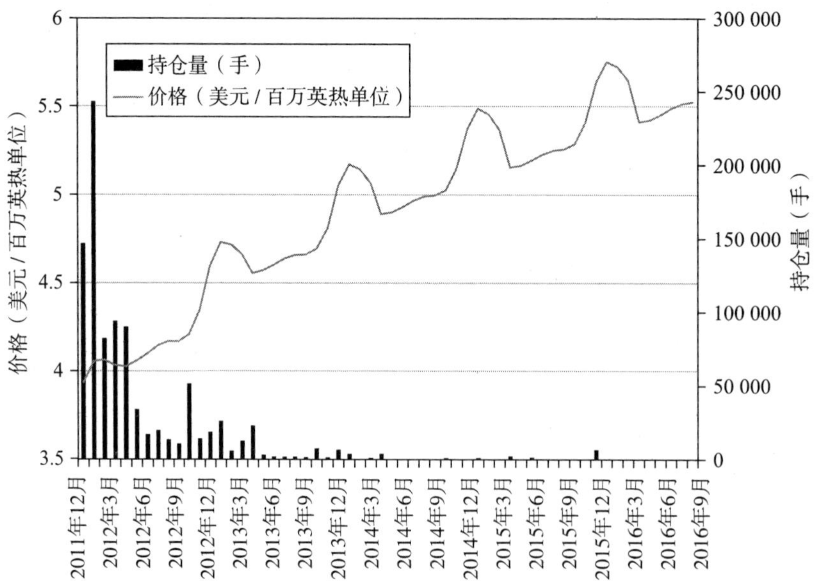

图 10-3 美国纽约商业交易所（NYMEX）天然气的价格曲线和持仓量

资料来源：彭博，截至 2011 年 10 月 31 日。

最后，应该指出，不仅个别商品存在期货合约，而且某些大宗商品指数（如标普高盛大宗商品指数和道琼斯瑞银大宗商品指数等）也有期货合约。然而，在撰写本文时，这些期货的流动性都很差，而且相对于标的指数而言，买入和展期的成本也都很高（如表 10-1 所示）。因此，它们目前不是获得大宗商品多头 beta 敞口的有效手段。表 10-1 比较了道琼斯瑞银大宗商品指数和标普高盛大宗商品指数期货标的成分，以及在道琼斯瑞银大宗商品指数期货和标普高盛大宗商品指数期货合约的相对流动性和成本。前两行显示的是道琼斯瑞银大宗商品指数和标普高盛大宗商品指数期货，而后两行则涵盖了其指数成分。构成指数的期货未平仓合约流动性要比指数合约高好几个数量级。除了流动性更好之外，标的期货的成本也更低。使用基于指数的期货，其好处是操作简单。投资者可以通过一份指数期货合约复制一个指数，而如果使用构成指数的标的期货，则需要大约 20 份或更多的合约。

表 10-1 指数期货与标的指数成分的相对流动性和成本比较

	未平仓合约（百万美元）	日成交量（百万美元）	年展期成本[①]（基点）
标普高盛大宗商品指数期货	2 257	94	30 ～ 45
道琼斯瑞银大宗商品指数期货	151	3	30 ～ 45
标普高盛大宗商品指数标的期货	102 526	36 252	10 ～ 15
道琼斯瑞银大宗商品指数标的期货	51 879	17 801	10 ～ 15

① 年展期成本是指基于各期货展期的典型买卖价差。

注：用各市场的持仓量除以指数权重来计算标的期货的指数长度。将所有大宗商品中的最小值视为可用规模。

资料来源：彭博，太平洋投资管理公司，截至 2011 年 6 月 30 日。

通过互换执行

投资者可以利用场外互换市场创建单个商品以及指数头寸。就单个商品而言，最常用的一类互换参考的是标的期货合约，并根据参考合约最后交易日期几日前的收盘价进行现金结算。互换合约在功能上与期货合约类似，因为如图 10-4 所示，交易一方对标的大宗商品或指数有“多头”敞口，而另一方则有“空头”敞口。一个很大区别就是互换合约双方都面临对手方违约的风险，另一个则是双方之间没有交易所或 FCM 作为担保人（类似于期货合约，但是互换合约通常在交易双方的经济风险为零的情况下开始，并需要定期交换保证金以计算盯市的收益或损失）。

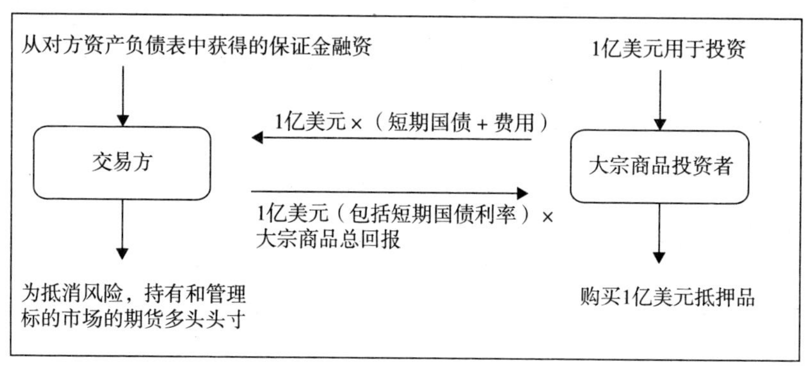

图 10-4　场外大宗商品总回报互换中的现金流和敞口示意图

互换的优势在于它们可以根据需要定制频率、可用作保证金抵押品类型等条款。例如，对税收敏感的投资者可以选择将高评级市政债券作为大宗商品头寸的保证金。互换可能需要也可能不需要交纳初始保证金，具体条款由交易双方协商确定。但是，在交易所交易的期货有标准化的初始保证金要求。

由于互换需要单独协商，它们的定制范围几乎可以涵盖任何内容，例如，参考特定的一篮子大宗商品，并由客户指定到期日、展期时段、权重等规则。这种定制可以包括在经纪商违约或评级下调情况下的详细义务说明，以及相反情况下投资者账户可以持有的最大杠杆金额或最大名义敞口。自2012年起，随着《多德－弗兰克法案》开始实行，许多互换可能会在交易所清算[⊖]。因此，至少在最简单的形式上，它们将开始向期货更加靠拢。

通过期权执行

最后，在某些情况下，通过期权（场内或场外市场交易）创建头寸可能是表达观点的最有效方式。当消费者、生产商甚至投资者都在寻求大宗商品的杠杆或资产负债表外敞口时，通常就会出现这种情况。

一般来说，场外交易市场的期权流动性优于场内市场，因为多数大额资金更倾向于场外交易。在期权市场进行对冲的消费者和生产者往往到期期限较长，或者支出结构复杂，这些在场内期权市场中往往不存在。处于资金流动另一端的投资银行通常会在标的市场上寻求对冲，或将风险转移给其他投资者。聪明的指数投资者往往能够在场外期权市场找到有吸引力的机会来表达观点或增强指数头寸。

我们用几个例子来说明如何通过期权来获得大宗商品市场的直接

⊖ 《多德－弗兰克法案》规定了互换等场外衍生品强制集中清算制度。具体而言，强制集中清算是指对于监管机构认定需要清算的互换等场外衍生品，任何人不得通过不合法的清算机构进行清算，即美国国内客户必须通过CFTC在册FCM进行清算。2009年3月10日，经美国证券交易委员会（SEC）批准，ICE正式开始为信用违约互换提供中央对手方集中清算服务，成为全球第一个引入中央对手方集中清算、信用违约互换的机构。CFTC也于2013年正式要求对固定与浮动利率互换、基差互换、远期利率协议、隔夜指数互换、信用违约互换指数等五类场外衍生品进行集中清算。上述规定实施后，美国场外利率、信用、外汇、股票衍生品的已清算名义价值逐年递增。——译者注敞口，或对两种及以上大宗商品的相对价格表达更微妙的观点。在这里，我们仅讨论普通期权。可以为期权设计出一套几乎可以无限定制的收益组合。通常，这些组合更适合能够积极管理这些头寸风险的高频交易者。

考虑一下最近的情况，高净值人士正在通过各家银行出售的结构性票据获得大宗商品市场的敞口。这些售出的票据通常内嵌了看跌期权，从而保护投资者免受大宗商品市场下跌的影响（保本票据）。大量出售此类票据的结果是，银行界实际上卖出了大宗商品指数看跌期权，所以他们往往愿意支付权利金买回它们。这就是为何平均而言，大宗商品指数期权市场的隐含波动率往往会高于已实现波动率（见图 10-5）。隐含波动率高于已实现波动率意味着期权的平均交易价格将高于公允价值。在这种情况下，可以说大宗商品指数看跌期权的交易价格抬高了。那么，投资者可以通过向银行界出售这些价格高于公允价值的看跌期权，获得大宗商品指数的敞口。如果大宗商品指数一直在上涨，而投资者希望在假若将发生回调的情况下能够获得敞口，但又不想在指数上涨的情况下追逐市场，那么这种方法就特别适用。比如，卖出 10% 虚值额的看跌期权，如果价格跌幅超过 10%，卖方需要履约，获得标的多头持仓；如果价格跌幅低于 10%，卖方将获得期权权利金，不拥有多头持仓。

通过期权获得风险敞口的另一个例子是原油市场。2011 年上半年，由于美国中部俄克拉何马州库欣附近原油供应过剩，WTI 原油价格的涨幅大大低于布伦特原油。这导致许多投资者更愿意获得布伦特原油的多头敞口，因为他们认为布伦特原油更能代表全球供需的基本面。在未来多年的合约上，市场对 WTI 原油的定价都比布伦特原油低很多。

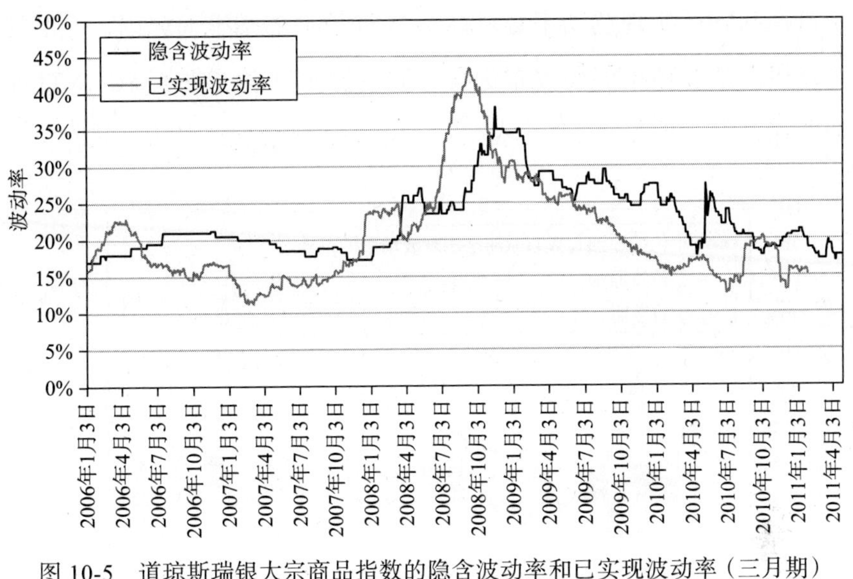

图 10-5 道琼斯瑞银大宗商品指数的隐含波动率和已实现波动率（三月期）

资料来源：太平洋投资管理公司、彭博、高盛公司，截至 2011 年 4 月 30 日。

假设投资者认为，事实会证明这种错位只是暂时的，并且在未来几年内能自行解决，那么他们可以买入 WTI 原油的远期期货合约，卖出布伦特原油的远期期货合约。然而，同样的观点也可以通过期权市场执行策略。要想做多 WTI 原油，做空布伦特原油，投资者可以买入 WTI 原油看涨期权，卖出布伦特原油看涨期权。只有油价上涨，期权才有价值，如果油价下跌，期权就毫无价值。因此，如果投资者特别希望在价格上涨的环境中获得这种敞口，这种结构就特别具有吸引力。在这种情况下，使用期权进行交易的主要动机是期限更长的布伦特原油看涨期权交易价格高于 WTI 原油看涨期权。也就是说，布伦特原油的隐含波动率高于 WTI 原油。图 10-6 展示了布伦特原油与 WTI 原油已实现波动率的差异。历史上，由于 WTI 原油库欣交割点的限制，WTI 原油的平均波动率高于布伦特原油。虽然不存在导致布伦特原油的已实现波动率必然高于WTI原油的基本面原因，但期权市场供需不平衡可能导致布伦特原油期权的隐含波动率高于WTI原油期权。

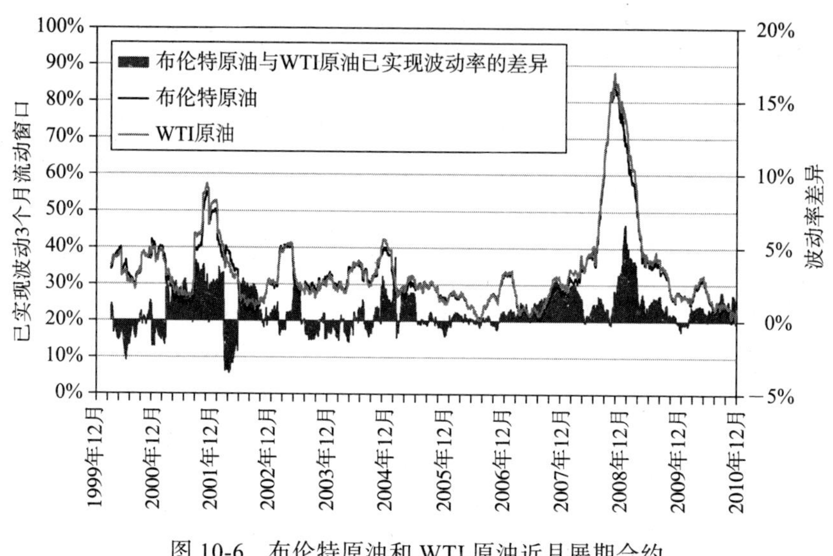

图 10-6　布伦特原油和 WTI 原油近月展期合约

资料来源：太平洋投资管理公司、彭博，截至 2010 年 12 月 31 日。

布伦特原油期权的交易价格高于公允价值，是由于对冲基金和其他投资者买进原油看涨期权以获得原油价格上涨敞口。布伦特原油看涨期权的买方很多，但 WTI 原油看涨期权的买方却很少。具体来说，2011 年年初，WTI 原油 2013 年 12 月到期合约交易价为 107 美元，而布伦特原油 2013 年 12 月到期合约交易价为 114 美元，价差达到了 7 美元。在期权中，可以不花一分钱买入 120 美元的 WTI 原油看涨期权，卖出 131 美元的布伦特原油看涨期权。这意味着在期货市场上，投资者能够做多 7 美元的价差，但在期权市场上，投资者能够做多 11 美元的价差。在期权市场，由于布伦特原油期权的交易价格高于公允价值，实际上投资者可以先行锁定4美元的收入[⊖]。

执行和管理抵押品投资组合

大多数指数投资者都有资金充足的抵押品投资组合，每一美元的大宗商品敞口都由一美元的高质量抵押品背书。如前所述，这是因为他们将投资视为一种基本的资产配置决策，旨在对冲通货膨胀并使其在传统金融工具中的投资多元化，而不是一种需要杠杆化的投机性投资。

因此，大宗商品指数投资者必须做出的一个关键决策，也是提高回报潜力的一个有力来源，即选择和管理大宗商品风险敞口抵押标的物（无论是通过期货、期权还是互换来执行的）。大多数大宗商品指数将其所有的现金抵押都投资在三个月的短期国债上。在我们看来，将所有抵押品投资在世界上最安全、流动性最强因而收益率最低的一种证券上并不是特别明智的做法。2011年，三个月短期国债的年化收益率仅为0.05%。发布指数时使用这一短期国债利率也许是合理的，因为指数提供方不希望将固定收益风险等其他风险带入指数表现。但在执行过程中，投资短期国债其实是对资本的低效使用。我们认为，未来短期国债不太可能提供积极的实际回报，因为央行会将政策利率维持在较低水平，以刺激消费和投资，提振资产价格。因此，

⊖ 根据前段内容，作者的前提假设为WTI原油和布伦特原油的价格会最终趋同，且都处于上涨行情中，即最终两者价格在131美元以上趋同至x美元。在此情况下，通过期货市场做多价差（107美元买入WTI原油，114美元卖出布伦特原油），所获收益为（x-107）-（x-114）=7美元。而通过期权市场做多价差（买入120美元执行价的WTI原油看涨期权，卖出131美元执行价的布伦特原油看跌期权，成本为零），到期都行权（被行权），则所获收益为（x-120）-（x-131）=11美元。即由于期权的高估，在期权市场上做回归套利较期货市场多赚4美元，是先行锁定的收入。——译者注

未来短期国债可能会削弱一般大宗商品指数的通货膨胀对冲属性，而非增强该属性。在这种环境下，我们认为，积极管理大宗商品指数投资中的抵押品部分比以往任何时候都更重要。

留出一定数量的短期国债以满足流动性和保证金要求后，通过积极管理抵押品池，有可能实现增值并使回报超过被动指数（下一章将讨论流动性的适当水平）。一种方法是利用固定收益市场中的某些经常性风险溢价，类似于我们在大宗商品市场中讨论的结构性交易。除了这些表现优于短期国债的结构性来源外，经验丰富的投资者应该能够通过分析利率方向、谨慎选择证券等方式来增加附加值。图 10-7 提供了一些关于提高抵押品回报率的结构性和策略性方法的例子，下文也列举了几个简单的真实案例。

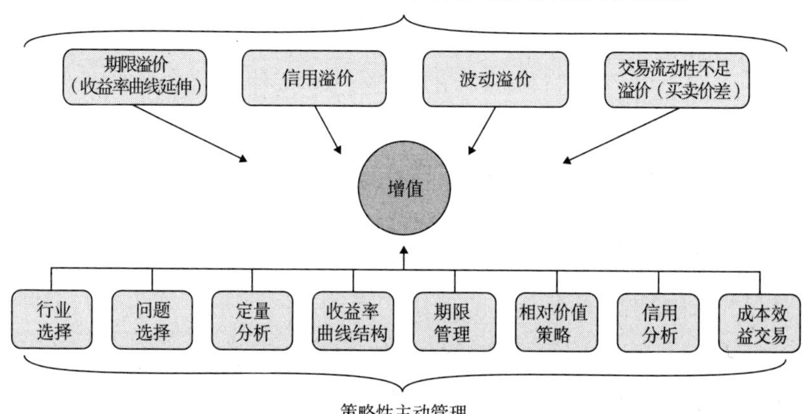

图 10-7　在大宗商品投资组合抵押品部分的增值和回报提升

固定收益市场的投资者通常要求对期限、流动性、信用和波动率风险进行补偿。将抵押品池的期限从三个月开始延长，通常可以提高收益率。买进流动性可能略低于短期国债的证券也是如此。最近的一个例子发生在 2008 年危机后推出临时流动性担保计划（TLGP）之时。根据这项计划，某些金融实体可以发行由联邦存款保险公司背书的短期债券。银行根据 TLGP 发行的债券，其本质是由美国政府完全信用背书的公司债券。计划启动之初，可以买到信用质量几乎与短期国债相当，但收益率比短期国债高出 100 个基点的债券。

另一种选择是投资外国发行方的短期政府债券（其财政状况可能优于美国），这些债券的收益率高于短期国债，即使在货币风险被对冲后也是如此。例如，澳大利亚银行根据一项类似于 TLGP 的计划，发行了由澳大利亚政府完全信用背书的美元债券。有时可以利用货币市场的不平衡买进政府短期债券。这些债券的收益率看似比短期国债低，但在其货币成分对冲掉之后，收益率反而会高于短期国债。（这需要放弃一些流动性，因为要想赚取额外的“基点”溢价，必须持有它们直至到期）。通过适当的信用分析，可以找到没有美国政府完全信用背书又极不可能违约的证券，当然如果违约情况下可以收回背书的标的资产就更好了。有许多方法可以安全地赚取比短期国债更高的收益。

最后，许多固定收益证券都带有嵌入式期权。此类债券的一个例子就是由美国政府机构（如房利美）发行的机构可赎回债券。可赎回债券给发行人提供了选择，在未来利率降低时可以回购债券。如果利率降低，债券的价格会上涨，但发行人有权按面值回购债券。从本质上来讲，这使得此类债券的持有者做空了看涨期权，而投资者获得了更高的利率来作为做空该看涨期权的补偿。在市场对该期权定价错误的情况下，即使将借款人行使嵌入式期权的可能性考虑在内，这些嵌入式期权债券依然有可能产生增值回报。

如前所述，如果在固定收益方面拥有足够的专业知识，就可以有策略地管理抵押品组合，而不仅仅是试图一成不变地利用上面讨论的各种风险溢价来源。人们可以积极表达自己对利率方向、信用利差、波动率以及债券市场不同部门相对表现的看法，努力通过抵押品池来提高回报率。

个人投资者可用的产品

本章结束前，我们还需要讨论两种能够帮助个人投资者获取大宗商品指数敞口的投资产品：开放式共同基金和 ETF。投资大宗商品指数的开放式共同基金有多种形式，它们也会跟踪许多不同的大宗商品指数。这些基金的优势在于，它们有可能为投资者提供一篮子大宗商品指数化投资策略。开放式共同基金的运作方式各不相同，基金经理的目标和水平也存在差异。但总的来说，可以通过指数假定的基本短期国债头寸之外的金融工具管理抵押品。此外，为了提高回报率，基金经理也会偏离已发布的大宗商品指数，这种偏离可能包括本书所讨论的许多策略，例如在不同的时间进行展期、持有与指数所持合约不同的合约，以及关注整个大宗商品领域的替代品和其相对价值。其缺点是开放式共同基金的标准结构，即每天只能以收盘价进行一次赎回和认购。不过，对于长期投资者来说，这种限制不应成为主要障碍。

ETF 通常被动地投资于大宗商品指数或单一大宗商品。这些 ETF 在股票交易所交易，它们可以像个股那样全天交易，而且它们的交易价格通常低于或高于其标的资产净值。此外，投资者还可以像交易个股那样，买进和卖出基于这些大宗商品 ETF 价格的期权。

请注意，许多看似大宗商品指数ETF的证券其实是交易所交易票据（ETN）。ETN与ETF的一个不同之处在于它们的税收处理。此外，与ETF不同，对于已发布的基准指数，ETN不存在常见的跟踪误差。相反，ETN存在发行方的信用风险。例如，基于标普高盛大宗商品指数发行的ETN是巴克莱银行发行的债务工具。巴克莱银行保证该工具的表现与标普高盛大宗商品指数相同。然而，ETN持有人拥有的不是标的期货合约或其他抵押品，而是巴克莱银行发行的债券。

本章讨论了执行聪明的商品指数策略的各种方法，对构成指数的大宗商品以及抵押品均予以关注。最后，我们简要讨论了个人投资者可以使用的产品。在执行聪明的商品指数策略的过程中，通过风险管理确保这是一个可行的长期策略同样十分重要。我们将在下一章讨论这个问题。

第 11 章

风险管理

管理大宗商品头寸和大宗商品指数风险涉及多方面的工作。投资者目前面临的事实是，他们通过衍生品来获得波动性资产的价格敞口，而这类资产的标的现货，或者说现货市场的供需情况，除了取决于标准的基本经济因素外，还取决于天气和地缘政治等因素。此外，我们正在根据严格的监管（以及目前尚不确定的）报告规则进行衍生品交易。因此，风险管理要求在先进的技术和系统辅助下，管理人员具备常识且保持专注。这些系统至少应该可以实现对以下内容的监控：

- 交割风险（被迫交割或接受实物交割的风险，以及交割要求变更的风险）。
- 市场风险（不利的价格变动风险）。
- 交易对手方风险（衍生品的对手方和清算所的破产风险）。
- 监管风险和报告风险（头寸不符合规定的风险，以及报告迟缓或不准确的风险）。

大多数投资者建立风险管理系统只是为了防范市场风险，但是即便如此，这些风险管理系统对大宗商品市场的处理也不够细致。在大宗商品市场上，随着与交割期、播种或收获季节的临近程度，到期日仅相差一个月的大宗商品合约可能有完全不同的表现。

大宗商品市场往往会出现价格暴涨和暴跌，其频率高于标准统计分析中使用正态分布得出的结果。图 11-1 对比了正态分布的尾部和 2000 ～ 2010 年 WTI 原油即月期货合约每日对数收益率。一般来说，原油市场上发生三西格玛波动（相当于每天大约 6% 的价格变化）的可能性几乎是正态分布显示的三倍。

大宗商品价格分布的“肥尾”现象主要是由于大宗商品需求在短期内缺乏价格弹性，加之出乎意料的供应链中断。造成大宗商品供应中断的因素有很多，包括恶劣天气、恐怖主义、内乱、自然灾害、地缘政治、人为差错等。

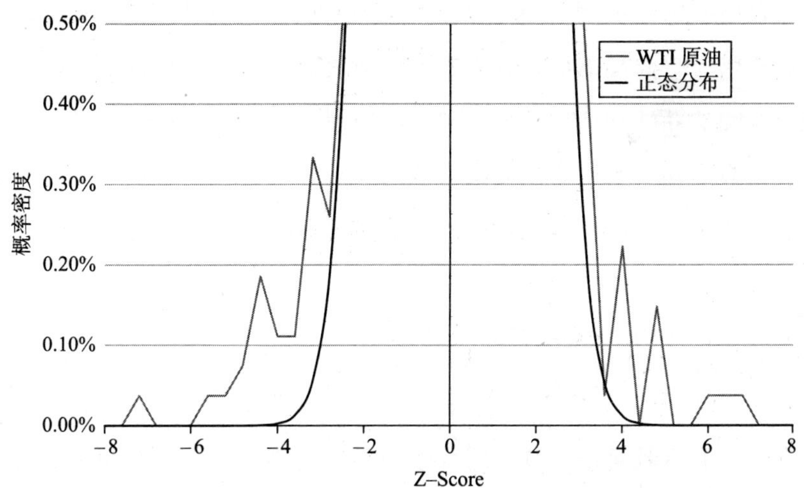

图 11-1　WTI 原油即月期货合约每日对数收益率概率密度与正态分布的比较

资料来源：彭博、太平洋投资管理公司，截至 2010 年 12 月 31 日。

除了供需变化会导致价格波动远远超过预期外，同时对投机头寸进行平仓的去杠杆化浪潮也可能导致大宗商品价格急剧无序下跌。即便这种潜在的价格波动只是暂时的，在基本经济因素能够再次控制局面之前，它也是一种必须加以管理的风险……否则，投资者可能无法生存至看到获得稳定的长期收益的那一天。发生这种去杠杆事件可能是由发布宏观经济数据或其他因素导致的，例如交易所收紧信用而导致保证金水平增加。因此，持有头寸大小应与投资者处理跌幅的能力相适应，而这种跌幅往往比标准统计模型预测的更剧烈、更频繁。强调价格和相关性的情景分析是商品头寸风险管理的一个主要组成部分。

此外，如果聪明的大宗商品指数包含对支撑大宗商品敞口的抵押品进行主动管理（见第 10 章），风险管理的框架和技术还必须涵盖固定收益风险。实施谨慎的抵押品管理非常重要，2008 年的金融危机清楚地证明了这一点。当时不止一只大宗商品指数基金被迫关停，其原因不是大宗商品市场急剧下跌，而是没有很好地掌握标的资产抵押品组合的流动性和信用状况。最后，对交易对手方进行风险管理也是极其重要的，因为衍生品交易投资策略的实现有赖于承诺在未来某个日期偿还（结算）头寸经济价值的对手方的履约。

分解指数

鉴于上述风险，强有力的大宗商品风险管理范式必须包含哪些具体内容呢？最基本的一项是需要准确把握自己标的的敞口。也就是说，需要按单个大宗商品和按到期日两个维度准确核算敞口。例如，仅知道拥有的原油总名义金额是不够的，还必须确切地知道有多少份合约，合约跨哪些月份或年份，这些合约处于什么等级，以及这些合约是在场内交易（如果是的话，在哪个交易所）还是场外交易。通过直接的期货敞口或者单一的商品互换来达到这种详细程度是明确的。但是，如果头寸中包含了参考一篮子大宗商品或大宗商品指数的互换，那么就需要将头寸分解为各自的标的敞口来进行分析了。因此，头寸管理系统中的每个大宗商品指数互换都应该有足够的附带数据字段（不同大宗商品的权重、合约的参考月份、头寸展期的规则），以便能够将它完全分解为单个大宗商品期货合约。

如果投资者投资综合大宗商品指数期货合约，情况也是如此。对于非标准的一篮子大宗商品或指数互换，完整的规范要求交易员提前投入，这对于适当的头寸和风险管理至关重要。应建立风险管理系统，从而明确支出参考大宗商品及其权重、展期日和所有动态再平衡规则（基于收益率曲线形状、相对价格等），以便能够将互换完全分解为其组成的大宗商品。表 11-1 中的示例显示了在 2011 年 5 月 3 日投资到参考道琼斯瑞银大宗商品指数的总回报互换的 1 亿美元是如何被分解为其组成部分的。当一个投资组合变得越来越复杂，含有各种不同的定制指数，且这些指数包含多个有着不同展期日的合约，那么就可以根据表 11-1 中的分解类型进行分解，从而清楚地掌握投资组合中相对于基准的风险，以及这些风险如何随时间而演变。

表 11-1　指数总回报互换的分解

大宗商品	彭博代码	合约	合约数
原油	CL	CLN1	147
取暖油	HO	HON1	30
汽油	XB	XBN1	30
天然气	NG	NGN1	228

（续）

大宗商品	彭博代码	合约	合约数
金	GC	GCM1	68
银	SI	SIN1	20
铜	HG	HGN1	62
铝	LA	LAN1	74
镍	LN	LNN1	14
锌	LX	LXN1	42
玉米	C	C N1	208
大豆	S	S N1	102
小麦	W	W N1	104
活牛	LC	LCM1	70
瘦肉猪	LH	LHM1	56
咖啡	KC	KCN1	24
糖	SB	SBN1	88
可可	CC	CCN1	0
棉花	CT	CTN1	25
大豆油	BO	BON1	76

资料来源：太平洋投资管理公司，样本仅供说明。

交割风险管理

一旦从最基础的层面了解了所有的头寸（互换、期货、期权），那么建立系统来监控各种大宗商品的交割窗口并向监管者发送适当的报告就很简单了。举个例子，在太平洋投资管理公司，所有大宗商品在距离第一个通知日或最后一个交易日（以较早的日期为准）五天之内，投资组合经理、风险管理经理和业务人员都会不断地收到自动提醒，直到该头寸被平仓、展期，或者投资组合经理决定接受标的商品的交割。

该系统要求储存所有涉及实物交割头寸的交割和交易时间表。而且，现金交割头寸的交割和交易时间表也要存储在系统中，但现金交割头寸与实物交割头寸有不同的协议。表 11-2 就是这种交割风险管理报告的一个典型示例。

表 11-2 期货交割监控

监控与交割日期相关的所有未交割期货头寸			
太平洋投资管理公司代码	做多数量	做空数量	距离交割 / 通知的天数
CAK18	95	0	8
LAK114	62	0	14
LNK114	76	0	14
LLK114	0	–94	14
LPK114	0	–24	14
LXK114	0	–67	14
CLM118	801	0	18
GCM129	2	0	29
XBM129	2	0	29

资料来源：太平洋投资管理公司，截至 2011 年 5 月 2 日。

在掌握了分解后的或最基础的大宗商品头寸，并知晓历史市场价格及相关性后，就可以建立一个直观且灵活的风险管理系统。该风险系统可以生成追踪误差或者风险值（VaR）等标准风险度量指标。而且该系统也很灵活，可以根据假设的情景或历史时期进行情景分析，推演价格、价格曲线形状、波动率和相关性的不同变化对投资组合的影响。但是，在交易执行之前就已经开始谨慎的风险管理和头寸调整了，更不用说要等到风险管理系统发现风险了。这种风险管理不仅应该包括待定交易的预期 VaR，还应该包括对最大预期跌幅的估计，以及与投资组合中其他已有头寸间的相关性。

交易规模

每笔新的交易都是以期望能够赚钱开始的。但是，在确定交易规模时，应该考虑到信心水平、波动率以及损失概率（追踪误差或 VaR）等的统计度量，以及该交易与投资组合中现有头寸的相关性（是增加还是减少了整体风险？）。最后，还应该在某种程度上基于历史结果并注意此次交易的不同之处，以包含对该交易最大回撤的估计。例如，2010 年投资的期望均值回归的 10% 的 WTI 多头 – 布伦特空头头寸，价差超过 5 美元（或者大约是油价的 5%）的可能性不到 1%。在事前价差为 3 美元的情况下，投资者预估损失超过 20 个基点（2% 乘以 10% 的头寸）的可能性只有 1%。对最大跌幅的历史分析显示，可交易的最大价差是 10 美元，即损失 70 个基点。但是，这些指标最终都低估了风险，因为 2011 年交易价差超过了 20 美元。从 3 美元扩大到 20 美元将损失 170 个基点，这几乎是使用 99% 置信区间的事前预估结果的 8 倍。

相关性很重要

每个投资组合经理都有一个最大的风险预算，无论是自己施加的、客户施加的还是管理层施加的。应注意避免计划内的单笔交易主导风险预算，也需要避免如上面示例所示的预期外情况导致这一情况发生。风险预算应该分布在众多交易中，信心较高的交易的占比较大，不十分确定的交易的占比较小。此外，也应该赋予能够提供更多分散风险好处的交易更大的权重，因为它们将有助于改善投资组合的整体风险 – 收益状况。在构建投资组合时，考虑相关性是很重要的，因为看似不同的交易可能高度相关，且在单一风险因素上有显著的敞口，从而导致草率的风险分配。例如，考虑以下四笔看似不同的交易（假设基本原理差异很大）：

- 做空原油。原油处于近期交易区间的顶部，预计将进行均值回归。
- 与即期原油期货相比，做多远期原油期货。在期货溢价行情中优化展期收益。
- 卖出原油方差。由于生产商进行套期保值，隐含波动率将较已实现波动率更高。
- 做多汽油裂解。炼油厂利润率接近低点，预计炼油商将减产以支撑利润率。

无论是天气还是地缘政治事件引起了石油供应中断，石油价格都会明显上涨。此外，由于库存短缺，曲线会移向更大的现货溢价。而且由于石油供给的不确定性增加，价格波动会加剧。最后，在炼油商试图将更高的成本转嫁给终端用户的过程中，产品价格变化又存在短期滞后现象，因此炼油厂的利润将被压缩。这些交易都有一个共同的风险因素，即油价大幅波动。看似是四笔深思熟虑的独立交易，实际上就只是同一笔亏钱的交易！

为了解决这个问题，聪明的指数投资者在管理交易规模时，会从四个不同的角度来看待相关性。

- 当前已实现的相关性（需设置包含回溯与衰减因素的标准时间窗口）。
- 在市场异常紧张或波动的时段内实现的相关性。
- 由一种算法得到的具有前瞻性的相关性。该算法使用历史数据作为指导，并使用用户定义的相关性用于所需的那么多大宗商品组合，得出一个正定的方差－协方差矩阵。

- 所有的相关性都是1.0的极端情况。

头寸管理

一旦开始交易，重点就要转移到持续性风险管理上。应该建立风险和头寸管理系统，以提供直观的高层次视图和更详细、更细化的视图。高层次视图应该足够直观，以便风险经理或有经验的投资专业人士能够快速了解主要风险所在，并对这些风险的规模做出数值估计。此外，对于专注于投资组合微观结构的专家，需要不断细化的视图。这些多元的视图，最终会细化到单个大宗商品和合约的层面，对于力图最大限度分散整个投资组合风险的专家来说，是一个重要的工具。表 11-3 显示了实现这种风险和头寸管理系统的例子的一个图示。

表 11-3b 显示了风险管理系统中到期日不同的各类大宗商品与商品指数的偏差。这个特定的例子用市场价值的百分比来显示与基准的偏差，可通过下拉项来选择名义金额、合约等价物的数量、追踪误差、VaR 以及一些其他风险指标的偏差。图中，投资者在石油 / 石油产品行业超配了 5%，敞口集中在 3 ～ 6 个月到期的账户。

从这个高层次视图中，可以进一步挖掘，从而更微观地了解投资组合中的风险。例如，深入到石油 / 石油产品类别，可以看到该行业内按大宗商品划分的细目，以及更细化的到期账户。虽然石油总体上增持了 5%，但即月 WTI 原油减持了 5%，远期布伦特原油期货增持了 5%，路易斯安那轻质原油增持了 5%。WTI 原油和路易斯安那轻质原油双边相互抵消，表达的观点可能是，由于库存持续增加，库欣

表 11-3 提供直观的高层次视图和更详细、更细化视图的风险和头寸管理系统示例（样本仅供说明）

风险概览	账户	指数	系数	是否贯穿全程
大宗商品	XYZ	道琼斯瑞银大宗商品指数	市值的百分比	是

a）

行业 / 到期时间	0～3个月	3～6个月	6个月～1年	1～2年	2～3年	3～5年	5～10年	10年以上	总计
石油 / 石油产品	0.0%	5.0%	0.0%	0.0%	0.0%	0.0%	0.0%	0.0%	5.0%
天然气	–3.0%	0.0%	3.0%	0.0%	0.0%	0.0%	0.0%	0.0%	0.0%
工业金属	2.0%	0.0%	0.0%	0.0%	–2.0%	0.0%	0.0%	0.0%	0.0%
贵金属	0.0%	0.0%	–5.0%	0.0%	0.0%	0.0%	0.0%	0.0%	–5.0%
粮食	2.5%	0.0%	0.0%	0.0%	0.0%	0.0%	0.0%	0.0%	2.5%
软商品	–2.0%	0.0%	2.0%	0.0%	0.0%	0.0%	0.0%	0.0%	0.0%
牲畜	0.0%	0.0%	0.0%	0.0%	0.0%	0.0%	0.0%	0.0%	0.0%
总计	–0.5%	5.0%	0.0%	0.0%	–2.0%	0.0%	0.0%	0.0%	2.5%

b）

石油 / 石油产品	0～1个月	1～2个月	2～3个月	3～6个月	6个月～1年	1～2年	2～3年	3～5年	5～10年	10年以上	总计
WTI 原油	–5.0%	0.0%	0.0%	0.0%	–2.0%	0.0%	2.5%	0.0%	0.0%	0.0%	–4.5%
布伦特原油	0.0%	0.0%	0.0%	5.0%	0.0%	0.0%	–2.5%	0.0%	0.0%	0.0%	2.5%
路易斯安那轻质原油	0.0%	5.0%	0.0%	0.0%	0.0%	0.0%	0.0%	0.0%	0.0%	0.0%	5.0%
取暖油	0.0%	0.0%	2.0%	0.0%	0.0%	0.0%	0.0%	0.0%	0.0%	0.0%	2.0%
柴油	0.0%	0.0%	–2.0%	0.0%	0.0%	0.0%	0.0%	0.0%	0.0%	0.0%	–2.0%
RBOB 汽油	0.0%	0.0%	0.0%	0.0%	0.0%	0.0%	0.0%	0.0%	0.0%	0.0%	0.0%
墨西哥湾沿岸汽油	0.0%	0.0%	0.0%	0.0%	2.0%	0.0%	0.0%	0.0%	0.0%	0.0%	2.0%
总计	–5.0%	5.0%	0.0%	5.0%	0.0%	0.0%	0.0%	0.0%	0.0%	0.0%	5.0%

c）

布伦特原油	0～1个月	1～2个月	2～3个月	3～6个月	6个月～1年	1～2年	2～3年	3～5年	5～10年	10年以上	总计
现货	0.0%	0.0%	0.0%	0.0%	0.0%	0.0%	0.0%	0.0%	0.0%	0.0%	0.0%
期货 / 互换	0.0%	0.0%	0.0%	5.0%	0.0%	0.0%	0.0%	0.0%	0.0%	0.0%	0.0%
期权	0.0%	0.0%	0.0%	0.0%	0.0%	0.0%	–2.5%	0.0%	0.0%	0.0%	–2.5%
总计	0.0%	0.0%	0.0%	5.0%	0.0%	0.0%	–2.5%	0.0%	0.0%	0.0%	–2.5%

d）

资料来源：太平洋投资管理公司。

原油价格可能与全球其他石油基准价格持续脱钩。布伦特原油头寸为原油净多头头寸，它也许表明了对中东地区地缘政治紧张局势加剧的看法。此外，我们发现取暖油增持了 2%，而柴油减持了 2%。最后，在 2 ～ 3 年到期的范围中，这个代表性的账户减持了 2% 布伦特原油，而增持了 2%WTI 原油，预计这两类原油的价格最终会趋于一致。

对于专业的投资组合经理来说，重要的是能够更进一步深入了解布伦特原油敞口的来源（不论是互换、期权、期货还是现货）。如表 11-3d 所示，通过对布伦特原油头寸的深入研究，我们发现在 3 ～ 6 个月到期的账户中有一个完全的多头。此外，我们发现在 2 ～ 3 年到期的账户中，有 2.5% 的减持是通过期权来实现的（与之相匹配的是在 WTI 原油期权中相互抵消的增持）。还有一个最后的层次，即单个证券本身。对于广泛的大宗商品指数互换或 ETF 来说，其中一些头寸只是隐含的，因为它们嵌入在更大的结构中。

在每个层面上，与其用与指数的偏差来观察头寸（按市场价值的百分比计算），不如利用前面章节中列出的四个相关矩阵中的任何一个，从风险值或追踪误差来观察这些头寸。

交易对手方风险管理

在基于衍生品的投资策略中，虽然管理和监控市场风险很重要，但是管理交易对手方的风险同样重要。无论是通过总回报互换还是期货投资大宗商品指数都有基于衍生品的风险敞口。虽然在很多方面期货交易交易对手方的风险会受到交易所和常规的每日计算保证金的限制，但是，只和具有成熟的风险管理实践以及良好财务状况的交易对手进行交易仍然很重要。

2011 年曼氏金融破产，其将客户的独立存管资金与公司资金混合存放的做法是一个典型的例子，它说明了与信誉良好且具有健全风险管理的交易对手方进行交易很重要。在曼氏金融之前，2005 年瑞富公司（Refco）破产[⊖]导致客户资产被暂时冻结，虽然钱可能没有损失，但也再次提醒我们仍然可能会出现的潜在问题。

在涉及衍生品的场外交易中，对交易对手方进行严格管理显然很有必要。如果场外交易的交易对手方破产了，投资者就失去了他们所拥有的敞口，那他们必须与另一个交易对手方重建该敞口。在投资者还没有敞口期间，市场可能会经历价格的大幅波动。此外，投资者还陷入了与其他债权人的漫长斗争中，以期收回他们在原始衍生品交易中的任何账面收益。

这就是为什么所有衍生品交易的交易对手方（包括那些涉及期货交易所在内的对手方）必须由指定的风险管理委员会定期审查和核准。太平洋投资管理公司有一个专门的交易对手方风险管理委员会负责监督这一过程。该委员会由太平洋投资管理公司每个业务部门的高管组成，他们与太平洋投资管理公司的信用分析师合作，考虑每个潜在交易对手方的财务能力和风险管理实践（见图 11-2）。至少每个季度对经核准的衍生品交易对手方名单复审一次。

⊖ 瑞富公司成立于 1969 年，是全球著名的期货经纪商之一。2005 年 10 月，瑞富公司的首席执行官被指控通过名下控股的全资且无监管的子公司瑞富资本市场（Refco Capital Markets）隐藏 5.5 亿美元债务，公司存在巨大的财务窟窿。当时，瑞富公司拥有超过 17 000 个有效外汇交易账户，但因涉嫌欺诈最终宣布破产。——译者注

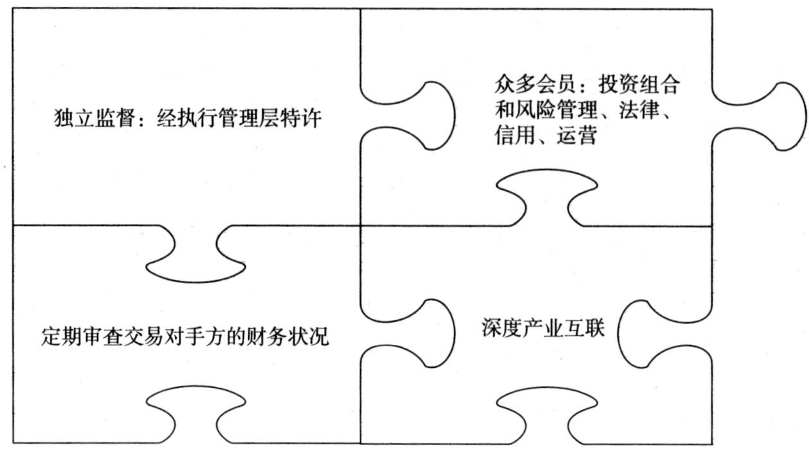

图 11-2 交易对手方风险委员会

通过签订合理的法律协议并遵循操作规范，可以进一步降低对手方风险。例如，签订的互换协议应在所有交易对手方之间保持统一一致，并包含对违约或合同终止的标准事件定义，如破产、支付违约、信用事件（评级变化）、税收事件等。此外，交易员和投资组合经理应该了解所执行的每笔交易细节，而这超出了定价和经济条款的范围。例如，假设有一笔黄金方差互换的交易，其参考价格是伦敦黄金市场的下午黄金定盘价。

如果伦敦黄金市场只有上午定盘价，而没有下午定盘价，那交易过程会是什么样呢？如果假期或技术问题导致交易中断，这会有影响吗？如果存在任何加速或终止的触发因素，在触发任意终止条款的情况下，到底有什么出清措施？如果某一天大宗商品价格出现涨 / 跌停板，则应使用什么价格？在进行衍生品交易时，彻底理解这些问题以及其他问题的答案是至关重要的，以防止恰恰在错误的时间发现一般规则存在临时例外情况。无论交易对手方是投资银行还是交易所清算所，这些相同的问题都需要问到。从历史上看，清算所的风险是最小的，但新的立法可能会导致更多的结算中心建立，而它们是没有早期建立的交易所的历史数据的。

抵押品组合的风险管理

现在我们来谈谈大宗商品敞口抵押品组合的最佳风险管理实践，可以进一步将其分为两个方面：操作方面，确保保证金交易顺利无差错；主动管理方面，视情况在固定收益市场上持仓，以期跑赢三个月短期国债（T-bill）或其他抵押品的基准收益。

完备风险管理的另一个重要组成部分是强大的业务实操。能够支持频繁且及时的场外头寸抵押品交易，这对于限制交易对手方风险来说至关重要。交易员、前台工作人员、风险管理部门、后台部门和托管银行之间应该有密切的合作。几年前，每周进行一次抵押品交易似乎是可以接受的，但在2008年信贷危机期间，每天甚至日内抵押品交易变得必不可少，如今亦是如此。

除了旨在降低交易对手方风险的操作实践外，强有力的操作控制是确保适当的现金流入和现金流出的关键因素。场外衍生品交易通常有相对复杂的收益函数，或者会参考一些可观察的非市场资产，例如定制的大宗商品指数。在场外交易中，计算投资者要支付或收到的金额是计算机构（通常是作为交易对手方的华尔街银行）的工作。但是，这个过程完全有可能出现错误。因此，投资者必须能够对其所有指数计算和衍生品交易的现金流进行独立验证，无论是到期日还是每日盯市。除了上面简略强调的问题外，在从事大宗商品现货交易时，还需要落实更深一层的操作风险控制。

就主动管理而言，其中一部分是用于所有固定收益投资组合的谨慎管理，即了解和管理久期、信用（如果是资产担保证券，则需要考虑是主权、公司还是个人信用）、凸性和收益率曲线风险。也许，与这些“标准”的固定收益风险因素同样重要的还有流动性风险。如果一个人为了提高收益而将全部抵押品投资其他标的，而不买短期国债，那么他如何能够及时满足大宗商品投资所需要的频繁持续且往往大量的保证金要求？

监控流动性

例如，太平洋投资管理公司利用分层的流动性方法，将投资组合划分为多个流动性层级。第一层基本上是现金（可在当天获得，或称T+0）。这一层包括短期国债和其他国债、短期投资基金（STIF）、定期存款、可转让定期存单（CD）和商业票据（CP），以及回购协议。第二层是可以在T+3基础上获得的，交易成本很低。这一层包括短期评级为A级及以上的公司债券，如非美元政府债券等。第三层是非流动性资产。这些资产的清算可能会产生巨大的交易成本，尤其是市场承压或市场下行时。有的金融形势可能会引发大宗商品市场的猛烈抛售，应该考虑这些金融形势与此类证券的相关性。

每一层的合理持仓是由量化模型和太平洋投资管理公司投资委员会对市场状况的判断共同决定的。在正常情况下，第一层资产是两天95%置信度的有条件在险值（即假设突破在险值限值后的最大损失）的最大值。该数值采用基于极度动荡时期（例如1998～1999年、

2000～2001年、2007～2008年）数据的方差–协方差矩阵，或由太平洋投资管理公司投资委员会设计的自定义压力情景分析得出。而且在正常情况下，第三层资产将低于投资组合的50%。

资金集中风险

信贷限额和资金集中度限制在固定收益抵押品组合中也极为重要。正如本章前面提到的，2007年和2008年，由知名投资公司管理的几个大宗商品指数基金由于抵押品组合的风险管理不善而被迫关闭。其中一只基金的所有抵押品基本上都投资于雷曼兄弟公司发行的大宗商品关联票据（信用研究不足，且资金集中风险管理不力），而另一只基金的投资组合中有很大一部分投资于被评级机构高度评级的次级资产担保证券，但还是遭受了巨大的本金损失（信用研究不足）。无论是投资主权政府债券、公司债券还是资产支持证券，投资人都要进行彻底独立的信用分析，上述例子正说明了这一点的重要性。而且，不仅要对个别发行人进行资金集中度限制，还应该按部门甚至按国家加以控制，这样可以防止整个部门（金融、抵押贷款等）甚至国家（希腊、葡萄牙等）的系统性贬值。

最后，最好的风险管理工具和范式应将大宗商品头寸的风险与来自抵押品组合的风险无缝衔接起来。一个聪明的商品指数化投资者一旦照这样做了，就可以从多个来源不断在任何大宗商品指数上实现增值。

我们希望，通过我们对聪明的商品指数化投资的最佳实践案例的介绍，你已经形成了全面的认识。首先，我们介绍了大宗商品指数投资的历史以及最热门大宗商品指数的起源。接着，我们讨论了聪明的投资者如何利用大宗商品市场和大宗商品期货标的抵押品池中的低效率和结构性风险溢价来获取高于这些指数的收益。我们用了许多例子来说明这些问题。最后，我们讨论了这些投资策略的实际执行及后续风险管理。

如果对大宗商品市场的不同部门有更多的基础知识，那之前讨论的所有想法都可以进一步改进。了解每个市场基本面可以帮助投资者在进行结构性交易时做出更明智的决定，也可以帮助识别新的结构性交易。更多地了解大宗商品的基本面也可以改善风险管理过程，因为我们知道了造成特定投资组合波动的宏微观风险因素是什么。鉴于对基本面的了解有助于商品指数化投资，在下一章中，我们将简要介绍每个大宗商品行业里最重要的基本面因素。

第 12 章

大宗商品的基本面

前面的章节为大宗商品指数投资者概述了多种不同的结构性机会。不论是大宗商品价格的期限结构溢价、期权价格溢价，还是不同等级、不同交割地点大宗商品之间的价差，都会带来这种结构性机会。但是，大宗商品或外部市场基本面的演变往往会导致大宗商品价格波动，风险溢价降低，甚至导致结构性交易转盈为亏。这样的例子很多，有时势头会很猛烈。例如，1995 年的严冬导致 1996 年 3 月与 4 月之间的天然气价差出现 20% 的现货溢价；2008 年金融危机导致原油的已实现波动率飙升 100%；还有 2011 年美国中西部原油储备导致 WTI 原油交易价格比布伦特原油低 27 美元。在所有的这些例子中，如果投资者掌握了各大宗商品市场的基本面，那么他们本可以做出更明智的决策。

掌握各个市场的基本面会让聪明的指数投资者在几个重要方面占得先机。首先，了解各个市场的基本面可以让投资者抓住结构性机会。其次，可以让投资者预知潜在的基本面变化，而这些变化有可能导致结构性风险溢价无法实现，甚至导致交易亏损。这样，投资者可以更好地量化交易风险，识别多笔交易中相似风险因素的相关性和集中度，并有可能找到方法对冲其中的一些风险。能深刻洞悉基本面的投资者也有信心看空近期趋势，并从市场长期关系的反转中获利。毕竟，两种替代性大宗商品（如小麦和玉米）之间的价差达到最大值时，往往是最难交易的时候。最后，了解各个市场的基本面可以让投资者更好地回答“这次有什么不同吗？”这一问题。

一般来说，从定义上来看，结构性大宗商品交易有着良好的历史表现。如果不是这样，就不会认定它为结构性机会了。以原油为例，许多指数投资者倾向于看涨布伦特原油，而非 WTI 原油，因为历史数据显示布伦特原油拥有更好的展期收益。但是，历史不会重演，有时候事情会发生改变。比如，2011 年年中，WTI 原油与布伦特原油价差和以往相比就有所不同。在此之前，WTI 原油与布伦特原油价差从未超过几美元；但到 2011 年第三季度，其价差扩大到 27 美元。虽然这一涨幅让那些结构性减持 WTI 原油的人尝到了甜头，但情况并不总会这样。如果拥有扎实的基本面知识，投资者就可以进行尝试，并避免其中一些大规模的市场错位。这些错位是基本面的巨变，而不是结构性的错位。鉴于大宗商品基本面对于践行本书中所述观点和风险管理具有重要意义，本章将概述各大宗商品行业应该关注的基本面，并介绍主要的数据发布来源。

能源：原油及原油产品

通常，从最高层面划分，原油的供应方可分为欧佩克[⊖]（OPEC）和非 OPEC 国家。图 12-1 所示为国际能源署（IEA）和太平洋投资管

⊖ 指石油输出国组织。——译者注

理公司的数据，以国家为单位，分别展示了OPEC成员国和非OPEC国家的原油产量，并单独统计了OPEC液化天然气的产量。

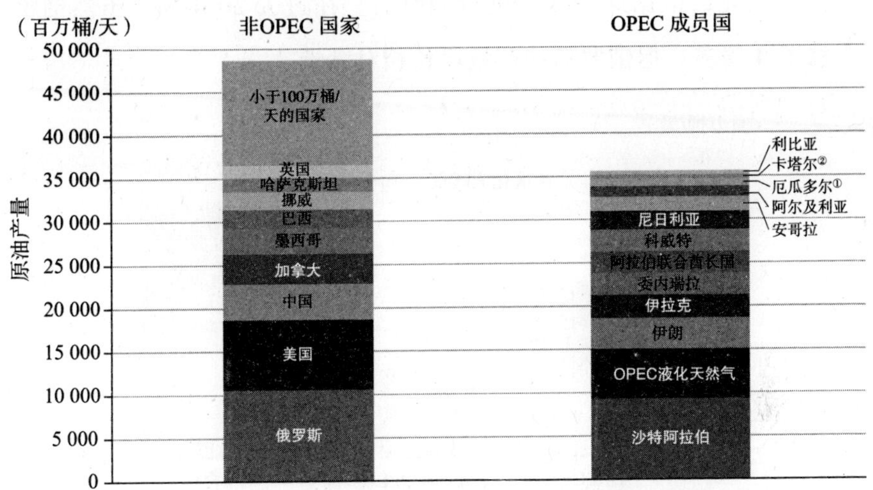

图 12-1 OPEC成员国和非OPEC国家的原油产量

① 2020年1月1日，厄瓜多尔退出OPEC。——译者注
② 2019年1月，卡塔尔退出OPEC。——译者注
资料来源：国际能源署，太平洋投资管理公司，截至2012年1月15日。

OPEC成员国的原油产量约占全球产量的40%，非OPEC国家占据了剩余的60%。虽然非OPEC国家贡献了大部分原油产量，但决定未来几年里原油产量增长的产区仍然是OPEC。图12-2是国际能源署对2010～2016年石油供应增长的预测。

造成这一局面的一个原因是，OPEC以外的许多原油产区产量增长已经触顶，当下产量处于持平甚至下降的状态。例如，在过去15年里，俄罗斯一直是OPEC以外最大的原油供应增长点。1995年，俄罗斯的日产量仅略高于700万桶，而到2011年，其日产量则高达1350万桶。虽然产量增长的原因部分是税制改革和行业私有化，但很大一部分原因是俄罗斯为了扭转1998年金融危机之前的产量和石油需求下降的局面。1988年，俄罗斯的石油日产量就达到了约1100万桶。因此，根据这一因素进行调整后，在过去20年间，虽然油价上涨了4倍多，但俄罗斯的产量增长相对缓慢。

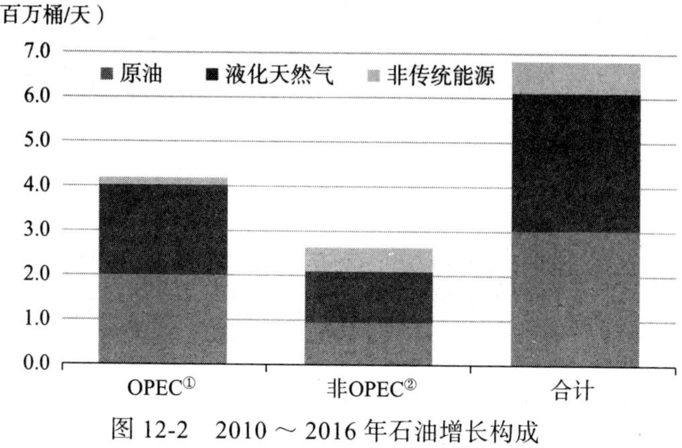

图 12-2　2010 ～ 2016 年石油增长构成

① OPEC 原油为产能增加。
② 计入非 OPEC 国家的全球炼油加工收益。
资料来源：国际能源署，《2011 年中期石油与天然气报告》。

图12-3是对未来几年非OPEC国家原油供应变化的预测。从图中可以看到，过去几十年来产量大幅增长的国家（如俄罗斯、墨西哥、英国和挪威等），产量都在逐渐下降。

美洲的产量增长抵消了这些地区的产量下降。得益于新技术的发展，美洲地区开始从油砂、页岩和深水等中开采石油。但是，成熟的产油区产量增长乏力，甚至直线下降，这将严重影响非OPEC国家石油供应的增长。

与非OPEC国家不同，OPEC成员国不仅在国家层面，而且从OPEC总体出发来管理原油产量，以平衡市场、缓和库存和价格的变化。在国家层面，进行产量调整的基本都是 OPEC 核心成员国，主要包括沙特阿拉伯、科威特和阿联酋。另外，非 OPEC 国家的产量基本接近最大产能。因此，就算非 OPEC 国家提供了世界上大部分的石油供给，OPEC 成员国也是所有年份里影响石油供应的最大摇摆因子。

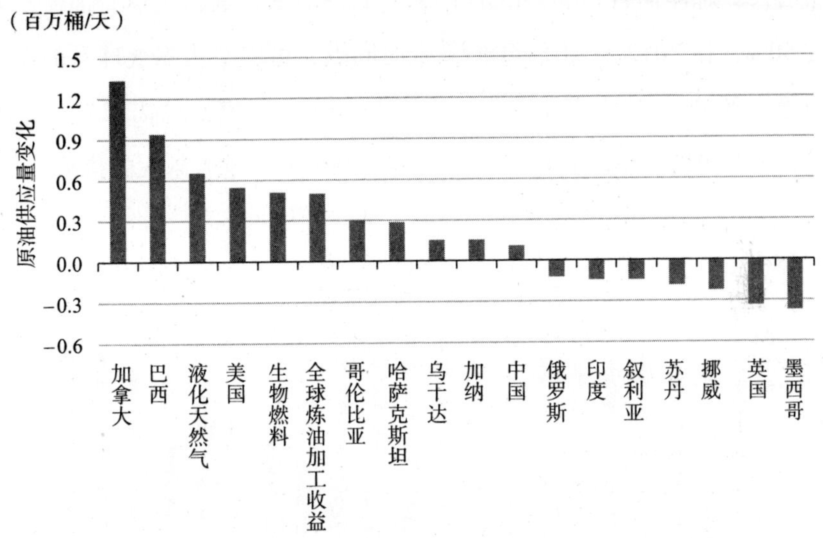

图 12-3　非 OPEC 国家原油供应：2010 ～ 2016 年的变化情况

资料来源：国际能源署，《2011 年中期石油与天然气报告》。

OPEC 的动态调整意味着，在原油需求下降的情况下，如果为了稳定市场，OPEC 成员国能共同减少市场上的原油供应的话，原油价格就有一定的软着陆空间。相反，OPEC 成员国（尤其是沙特阿拉伯）拥有闲置产能，可以随时投入使用以应对短期原油供给不足，并缓解实际原油短缺及相应的油价飙升，2011 年利比亚产量大幅下降就是这样一种情况。

石油的需求方通常也分为两类，即 OECD 国家和非 OECD 国家，它们有两个主要区别。其一，OECD 国家的需求数据相对及时也相对准确。通常可以将 OECD 国家的原油需求分为实际终端市场和库存变化。非 OECD 国家的数据是没办法如此详尽的，因为非 OECD 国家不会完全透露其整体原油库存水平。其二，OECD 国家的石油需求增长呈现总体持平并有下降趋势，而非 OECD 国家的石油需求正在不断增长。总体而言，非 OECD 国家的石油需求目前占全球石油需求的近 50%，在 2012 ～ 2013 年的某个时间点，可能会占据全球石油需求的绝大部分，如图 12-4 所示。由于非 OECD 国家石油需求缺乏透明度和可获得的数据，这给了解石油需求侧带来了越来越大的挑战。

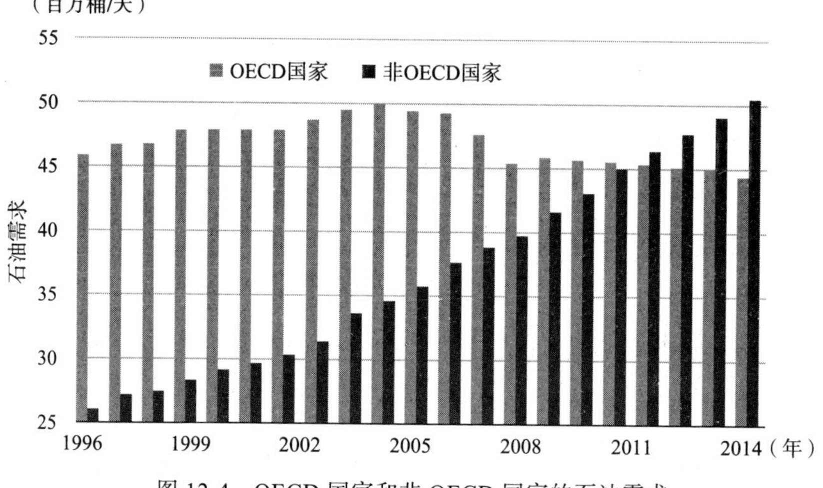

图 12-4　OECD 国家和非 OECD 国家的石油需求

资料来源：国际能源署，《2011 年中期石油天然气报告》。

就掌握石油供需状况而言，应从多个渠道关注非 OECD 国家和 OECD 国家的需求趋势和供给趋势，并将两者结合起来。石油市场最重要的，也是最受关注的数据是美国能源信息署（EIA）每周三发布的《每周石油状况报告》。这份报告很重要，因为美国是世界上最大的石油消费国，其需求遥遥领先于其他国家。

美国石油需求的变化对全球石油供需平衡会产生相应的影响。美国能源信息署的每周报告包含汽油、航空煤油、石油蒸馏物等不同石油产品的详细需求数据，以及美国石油进口、生产和库存水平的数据。除了每周数据外，美国能源信息署同样也会详尽统计月度数据。月度数据不一定总和每周数据一致，因为两者有着实际上截然不同的数据集，因此同时掌握两份数据通常是大有裨益的。每周数据的优势在于更新频率更高，所以更具时效性。不过，由于月度数据通常更准确且更能真实地反映美国石油的供需状况，它通常被用来核验每周数据的有效性。

除美国能源信息署的每周数据，最受关注的另一组数据是国际能源署发布的《月度石油市场报告》。该报告通常在每月 12 日左右发布，汇总了各个国家提交的数据。国际能源署的这份报告之所以受到如此广泛的关注，是因为许多基础数据只会通过这份报告公开。

这也是为什么国际能源署是获取 OECD 石油数据的官方渠道并通常被视为全球石油供需平衡的行业基准或基线的原因了。除了国际能源署的数据，美国能源信息署还会发布一份名为《短期能源展望》（STEO）的月度报告。这份报告通常早于国际能源署报告几天发布，它包含对当前以及下一年度全球石油供应、需求和 OECD 库存水平变化的预测。除了整合全球数据，《短期能源展望》在石油供给侧细化到 OPEC 成员国和规模较大的非 OPEC 国家；而在石油需求侧，则提供主要石油消费国的国家层面需求数据。

除了国际能源署和美国能源信息署的月度报告外，在石油市场还有几个数据来源也受到广泛关注。特别值得一提的是中国公布的月度生产和贸易数据，其中包含石油进出口以及炼油生产的数据。这些数据往往是预估中国石油需求的基础。考虑到中国是世界第二大石油消费国，而且有关中国的石油消耗数据相对有限，因此这一信息显得尤为重要。受到密切关注的除了中国的石油贸易数据，还有日本、新加坡和欧洲的石油库存数据。新加坡《石油库存报告》由新加坡国际企业发展局（International Enterprise）发布。由于新加坡是地区石油交易的中心，所以这份报告相当重要。日本石油协会（Petroleum Association of Japan）也会每周公布日本的石油库存水平。多年来，由于日本原油需求的结构性下滑，日本库存的重要性有所降低。但是这份报告仍然很重要，因为它是亚洲地区为数不多的原油库存水平的信息来源之一，每周发布一次。通过查看 PJK International 公司发布的阿姆斯特丹－鹿特丹－安特卫普（ARA）地区的每周报告，就可以窥见欧洲的石油库存。ARA 地区是欧洲的石油交易中心，通过每周库存报告就可以了解欧洲的原油库存水平。

最后，《联合组织数据倡议》（JODI）是一个提供石油市场数据的相对较新的来源，是石油生产国和石油消费国之间的佐证。JODI 的数据是由各个国家提供的。随着数据质量的提高和标准化程度的提高，这些信息也越来越重要。JODI 涵盖 90 多个会员国石油和石油产品的需求、供应和库存数据。JODI 数据的缺点是要滞后 1 ～ 2 个月才能获得，经常修改，而且经常与其他来源的数据不一致。但是，JODI 数据通常是沙特阿拉伯石油生产和需求信息的市场标准。

上述针对基本面的讨论集中在石油相关数据的发布上。不过，还有其他基本面数据值得关注。例如，与整体经济活动和 GDP 有很强相关性的宏观指标。这很重要，因为经济增长和石油需求增加之间存在高度相关性。图 12-5 表明了石油需求同比增长和全球 GDP 同比增长之间的关系。鉴于两者间的紧密关系，美国、中国和日本等主要石油消费国的GDP、工业生产等宏观指标是石油市场的影响因素。

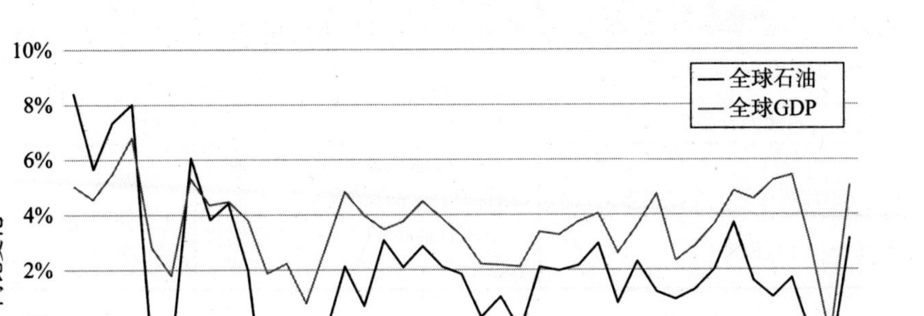

图 12-5　全球 GDP：石油需求增长的主要驱动力

资料来源：彭博、国际能源署，截至2011年6月30日。

全球地缘政治格局和高地缘政治风险构成了石油市场的最后一个影响因素。这一因素虽然难以量化，但很显然，它是全球石油供需平衡所有基本面评估中必须考虑的因素。目前，尚无追踪这一因素的数据来源，但要跟踪石油市场基本面，这一因素必不可少。表12-1总结了一些与石油市场密切相关的基本面信息主要来源。

表 12-1　石油市场基本面信息的主要来源

数据发布	信息摘要	发布时间
美国能源信息署《每周石油状况报告》	美国原油生产、需求、进口、库存等综合数据	每周三
国际能源署《石油市场报告》	按国家细分的数据，是全球石油供需的行业基线	每月12日左右
美国能源信息署《短期能源展望》	全球供应、需求和OECD国家石油库存的高层次数据	每月6～12日
中国月度生产和贸易数据	石油加工和进出口数据	每月月中

（续）

数据发布	信息摘要	发布时间
新加坡《石油库存报告》	亚洲石油贸易中心新加坡的石油行业库存情况	每周四
日本《石油库存报告》	日本石油行业的库存情况	每周三
阿姆斯特丹－鹿特丹－安特卫普（ARA）地区《石油库存报告》	欧洲石油贸易中心 ARA 地区的石油行业库存情况	每周四
联合石油数据库	全球石油供需、库存的高层次数据	每月

能源：天然气

与原油市场不同，美国的天然气市场更多以美国为中心，而且在很大程度上是一个相对封闭的系统。美国的大部分原油从其他国家进口，而近 90% 的天然气供应由国内生产。为确保天然气供给，美国通过管道从加拿大进口液化天然气。也就是说，基本上可以从美国能源信息署获取天然气供给、需求和库存的所有基本信息。

在需求端，天然气需求主要来自五个方面，其相对重要性如图 12-6 所示。民用和商业需求加起来约占总需求的 1/3，主要用于采暖和制冷。工业需求占总需求的比例略低于 1/3，用于各个行业的各种产能。例如，天然气是包括化肥、塑料等在内的许多不同化学制品和产品生产所需的原材料。许多行业还将其作为能源，例如烧锅炉以产生蒸汽等。天然气需求的最大来源是发电。虽然在美国大部分电力是燃煤发电[⊖]，但鉴于环保法规越来越严，且天然气发电具有成本较

⊖ 近年来，美国发电能源不断变化，煤炭所占的比重逐年下降，天然气和可再生能源所占的比重日益增加。目前，天然气燃料占美国发电量的 35% 以上，其次是煤炭（占 25% 以下）和核能（占 20%），可再生能源占近 20%，主要来自水电、风能和太阳能。——译者注

低、运营灵活等特点，越来越多的天然气发电厂不断投入使用。最后，图 12-6 中的“其他”指的是整个系统运行（如运输、管道输送等）所消耗的天然气。

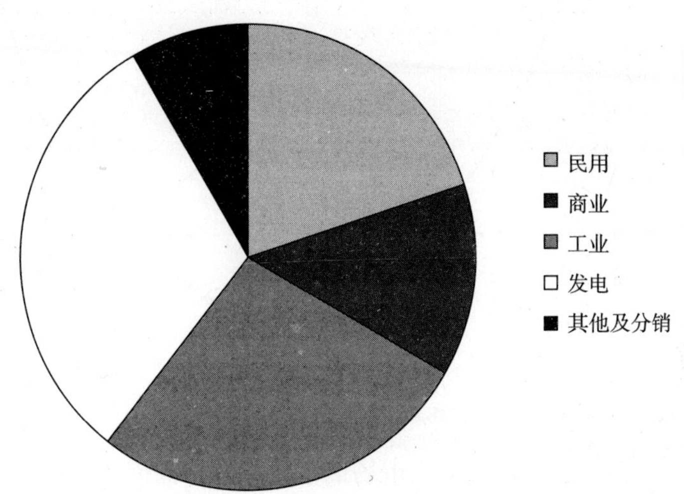

图 12-6 不同行业的天然气需求

资料来源：美国能源信息署，截至 2011 年 12 月 31 日。

综合天然气需求的来源看，天然气需求具有高度季节性特征也就不难理解了。冬季天然气需求往往最高，而春季到秋季则要低得多。民用和商业采暖需求造成了这种基本的季节性变化，且这一需求往往在冬季达到峰值。此外，近年来，随着老的燃煤电站和核电站被天然气发电站所取代，用于发电的天然气需求也在不断增加。这就造成天然气需求在最热的夏季出现了新的季节性变化。在夏季最热的时候，空调需求达到顶峰，天然气需求上升的趋势也越来越明显，这是因为满足空调需求的电力大部分来自天然气发电站。图 12-7 表明了天然气需求的这种典型的季节性特征。

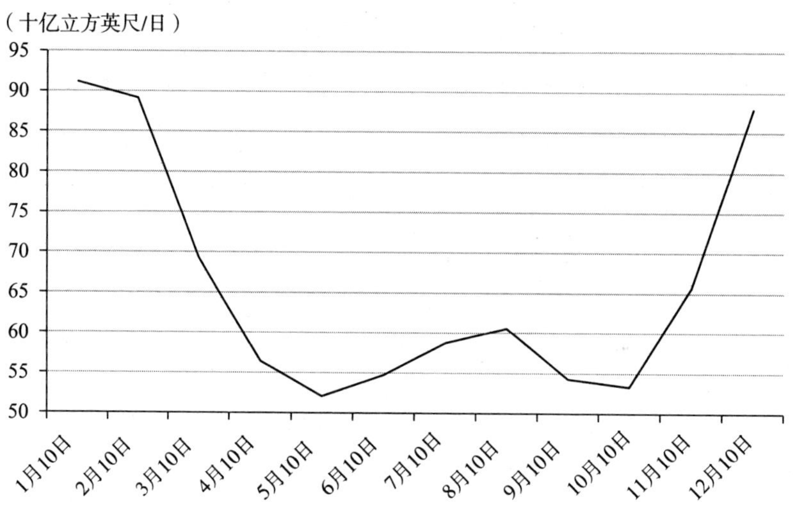

图 12-7　2010 年日均天然气需求

资料来源：美国能源信息署，截至 2011 年 12 月 31 日。

一般来说，天气是天然气市场最重要的基本面因素，因为民用和商业需求，加上发电，甚至一些工业需求都与采暖和制冷紧密相关。可以从美国国家海洋和大气管理局（NOAA）的美国国家气象局获取每日天气情况播报和天气预报。但是，市场上最受关注的数据出自提供私人服务和订阅服务的公司，如地球卫星（EarthSat）公司等。这些公司从美国国家海洋和大气管理局等处获取基本天气预报，并将其转换为更有用的形式，如人口加权的空调度日数或采暖度日数[⊖]。这些数据反映了建筑物供暖或制冷的能源需求，因此，它们对于预测天然气需求来说，是更有用的信息。

除了天气预报及其对采暖和制冷需求的影响外，还必须关注飓风

⊖ 1999 年 9 月，CME 率先将天气衍生品从场外引入场内进行交易，推出了四个美国城市的空调度日数（HDD）和采暖度日数（CDD）期货和期权合约。目前，合并后的 CME 集团是全球最大的天气衍生品交易所。——译者注

等重大天气事件。虽然自21世纪初以来，墨西哥湾及其周边地区天然气生产的重要性有所下降，但仍然占据相当大份额的美国天然气产量。墨西哥湾地区不仅聚集了天然气生产资源，还有大量的民用、商业和工业需求。因此，飓风有可能大幅扰乱天然气生产和需求，这样的干扰可能会对天然气现货价格和远期价格曲线产生很大影响。

对于天然气市场而言，美国能源信息署的《每周天然气储存报告》是继天气变化因素之后的另一个最重要的基本面数据。库存变化体现了供需相对关系的变化，它对大多数大宗商品市场都很重要，但因为天然气市场具有季节性需求和可用仓储容量受限的特点，所以库存信息显得尤为重要。

如前所述，天然气需求具有很强的季节性，在冬季达到高峰，但天然气供应全年相对稳定。从春季到秋季，市场供过于求，天然气就会被储存起来，等到冬季再被投入市场以满足更高的需求。如果在冬季到来之前或冬季期间，天然气库存太低，那么天然气价格的变化将会导致在用户之间重新分配天然气，以维持整个冬天的需求。同理，如果在动用库存之前库存水平过高，那么持续供应天然气就可能超过储存能力，这时就需要压低价格以提前释放需求，或者关闭天然气井口，暂停天然气供应。天然气库存水平之所以如此重要，是因为冬季开始与结束期间对天然气的需求存在一个大致的范围，价格须不断进行调整，以适应这一需求范围。

天然气特有的其他基本面信息在很大程度上都与供应有关。在美国，所有天然气主要管线上每一处每天通过的实际天然气量都有准确的数据。Bentek 就是一家处理这些天然气流量数据（又称管道名目数据）、汇总数据并有偿向市场主体提供信息的公司。

除了管道名目数据，还有一些公开的天然气供应信息，但是信息不那么及时。美国能源信息署会发布《天然气总产量月度报告》(有时也被称作“914 报告”)。该报告提供了美国天然气产量的详细数据。此外，在上文论述石油的部分提到了《短期能源展望》，其中有天然气供需状况数据。贝克休斯（Baker Hughes）公司和史密斯钻头（Smith Bits）公司每周五都会公布钻机数量的数据，它们可以用来判断生产率和钻探活动。除此之外，许多业内人士还关注勘探和生产公司发布的季度和年度报告，以洞悉未来天然气钻探和勘探的支出情况。

最后，要从长远角度考虑天然气的发展前景，则必须时刻关注美国国家环境保护局和联邦能源管理委员会的更新法规。监管可能会对天然气的供给侧和需求侧产生实质性影响。在供给侧，页岩气供应的增长及其环境监管就存在不确定性。在需求侧，则要关注碳排放法规以及越来越受重视的清洁能源这两个问题。表 12-2 总结了一些与天然气市场密切相关的基本面信息主要来源。

表 12-2 天然气市场基本面信息的主要来源

数据发布	信息摘要	发布时间
天气预报	天气是影响需求的关键因素	每日、日间
美国能源信息署《每周天然气储存报告》	天然气储存量	每周四
管道名目数据	主要管道输送的天然气量	每日
914 报告	美国天然气生产数据	每月
美国能源信息署《短期能源展望》	高层次天然气供需数据	每月 6 ～ 12 日
钻机数量	钻井活动和生产率数据	每周五

农业：粮食

美国是世界上最大的粮食生产国，也是世界上最大的粮食出口国。美国是影响全球粮食供需平衡中最大的单一因素，也是决定各种粮食全球价格的关键所在。美国在全球农业市场中占有巨大份额，且农业对美国经济至关重要，所以美国有大量的粮食市场基本面数据，它们优质且更新频率较高。这些数据主要由美国农业部的不同部门发布，涵盖从产量、库存水平到按国家划分的全球供需平衡状况等方方面面。（注：在本章中，虽然大豆实际上不是粮食，但我们按大宗商品指数领域的惯例，将玉米、大豆和小麦归为粮食。）

就把握粮食市场的基本面而言，供给侧信息通常是最重要的。这是因为，与需求侧相比，供给侧的不确定性更大，且每年波动幅度也更大。图 12-8 是过去 20 多年全球玉米产量和消耗量的同比变化，也是供给侧波动幅度较高的一个示例。1988 ～ 2011 年底，全球玉米消耗量年度变化的波动幅度仅为 2.3%，而玉米产量年度变化的波动幅度达到了 7.7%。玉米消耗量的变化相对较小，且主要是由价格波动造成的，

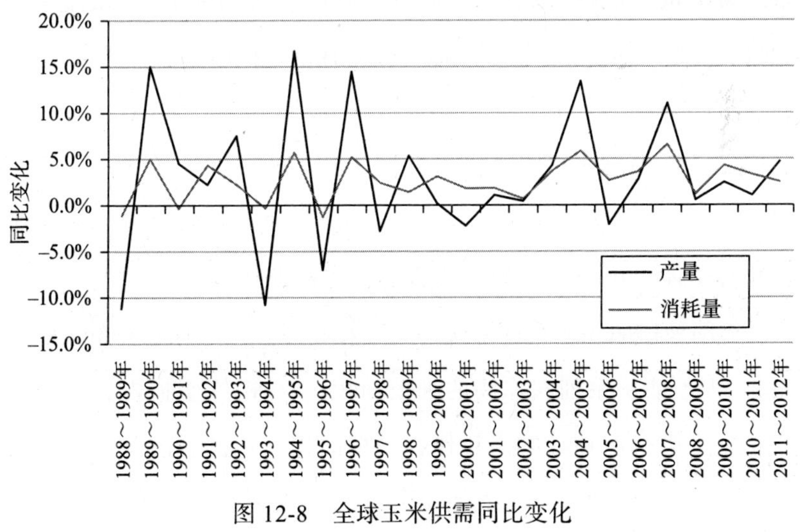

图 12-8　全球玉米供需同比变化

资料来源：美国农业部，截至 2011 年 12 月 31 日。

而价格波动通常是产量变化的结果。其他粮食和农产品市场也发现了同样的现象，即产量变化的波动性更大，并导致价格的波动，最终造成需求变动。

考虑到粮食的供需变化，要分析粮食市场的基本面，很有必要从分析粮食市场的供给侧开始。美国主要粮食作物的种植区如图 12-9 所示。值得注意的是产地集中度较高。美国的玉米产量约占世界总产量的 40%，而仅仅 6 个州的产量就占了美国全国总产量的近 70%。

供给侧主要受两个因素影响：第一个是种植面积，第二个是产量。每种作物的种植面积取决于总种植面积以及每种作物种植面积的分配。粮食价格高企时，会投入更多边际土地和低产土地，总种植面积就可能增加。不同作物的种植组合则取决于农民采取的农作物轮作模式，以及不同粮食之间的相对价格。

农民决定种植什么肯定是为了利润最大化。如果在特定年份种植玉米的每英亩㊀利润最高，那么农民就有可能增加种植玉米的总面积。天气也会影响种植，因为不同的作物都有特定的种植窗口期。如果不能在这个时期种植，那么产量通常会降低，而且作物对恶劣天气更敏感。例如，降水过多可能使玉米种植前所需的田间工作无法完成，导致提前轮作本该晚些时候种植的大豆。这样的天气状况或其他外部事件可能会迫使农民考虑种植不符合经济规律的作物。

就美国种植面积的数据来说，美国农业部会在 3 月底发布《种植展望报告》，预估一系列农作物的种植面积。《种植展望报告》中的数据通常是官方第一次估计的来年作物种植面积。它是通过调查全国数万名农场主得到的信息。该报告涵盖了玉米、大豆和小麦等主要农作物，

㊀ 1 英亩 = 4046.86 平方米。——译者注

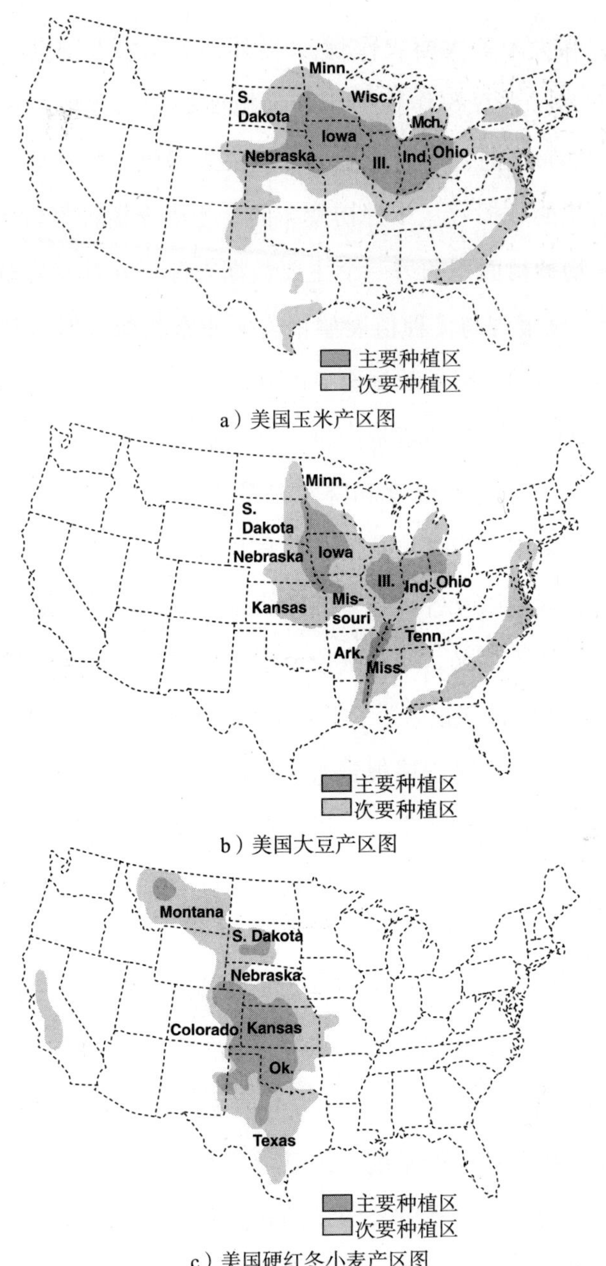

图 12-9　美国主要粮食作物的种植区

资料来源：美国国家海洋和大气管理局（NOAA）、美国农业部（USDA）。

以及油菜籽和大米等次要农作物。(另外，美国农业部会在2月展望报告中对玉米、大豆等作物的年度种植面积做出预估。这在《种植展望报告》发布之前，可以为做出种植决策提供一些意见。此外，冬小麦种植面积的数据可从1月初发布的《冬小麦播种报告》中得知。)确定美国作物种植面积的另一个主要数据来源是6月底公布的《种植面积报告》，该报告与《种植展望报告》非常相似，但大部分作物是在种植之后发布的，因此数据会更准确。

影响供给的第二个因素是产量。某种作物的产量主要由种植时间和种植后的天气决定。温度和降水是最重要的天气因素，但究其根本，产量是许多不同变量复杂的相互作用决定的，它们包括土壤含氮量、土壤水分含量以及各种杂草或杀虫剂。这些基本因素的相互作用是如何影响作物的状况，并最终影响产量的呢？可以通过美国农业部每周发布的《作物进展报告》了解作物的生长情况。在作物生长时期，每周一都会发布《作物进展报告》，其中对各种作物的状况进行评分，采用5分制，从优秀到非常差。虽然作物状况和最终产量之间的相关性可能会有很大差异，但这是一个重要的每周数据。

可以从美国农业部的月度报告《世界农产品供需评估报告》(WASDE)中获取美国实际粮食产量的预测数据。除了产量数据外，该报告还包含美国的供需状况以及高层次的全球供需状况。《世界农产品供需评估报告》一般在每月10日左右发布，通常被视为美国供需状况和全球供需状况的基准。虽然通常是美国农业部为该行业分析提供基准，但也有许多私营公司试图在美国农业部所做工作的基础上加以改进。其中规模较大的公司，如英富曼(Informa)，通常会在美国农业部之前发布种植面积预估和产量预估等数据。这些公司的数据发布受到密切关注，因此也常常对市场产生极大的影响。

在需求侧，《世界农产品供需评估报告》每月为市场分析提供基准。该报告按主要类别对美国的需求进行了细分。以玉米为例，它将需求分为饲料、食品、乙醇和出口。虽然该报告每月发布一次，但还有许多发布频率更高的报告提供主要产品需求侧的数据。

在这些报告中，最重要的是美国农业部每周四发布的《出口销售报告》，其次是美国能源信息署每周三发布的《美国乙醇生产报告》。出口销售数据会非常及时地体现出口对市场需求做出的反应。例如，如果出口销售数据每周持续下降，那么美国农业部会下调全年的预估出口销售额。同样地，美国能源信息署的乙醇产量数据则及时反映了市场需求对乙醇产量的预期。其他报告，如《美国大豆压榨数据和饲牛报告》，也会及时反映需求变化，但通常对市场的影响较小。

上述报告和讨论主要聚焦在直白的供需信息上。不过，美国农业部也按季度发布了《粮食库存报告》。就市场影响力而言，《粮食库存报告》可能是美国农业部发布的所有报告中最重要的报告。该报告全面衡量了美国实际拥有的粮食库存。鉴于美国每年只在收获季节补充一次库存，收获季节以外的库存变化实际上是衡量粮食需求非常直接的指标。这就是《粮食库存报告》如此重要的原因。该报告不仅说明了应对未来产量下跌的缓冲库存空间，还是衡量需求变化一个非常直接的指标。考虑到这一点，《粮食库存报告》几乎是一个将市场对于粮食实际需求所做假设进行“逐日盯市”的过程。这意味着该报告可能会产生非常大的市场影响，因为可能会导致市场重新评估之前对需求水平的假设。在收获之后，这份报告可以帮助再次确认产量。

上述基本面分析和数据主要集中在美国。美国有大量的高质量数据，是全球最大的玉米和大豆生产国、世界第四大小麦生产国，所以备受关注。尽管如此，关注其他主要生产国和出口国的作物发展也很重要。就玉米而言，美国、巴西和阿根廷是最需要关注的国家，因为这三个国家玉米产量约占全球总量的50%，出口量约占全球总量的75%。在大豆方面，这三个国家的产量约占全球产量的80%，出口量占全球出口量的85%。而小麦方面，最需要关注的是大型出口国，因为小麦产量在全球分布相对均匀，而且往往都只能满足国内需求。美国是世界上最大的小麦出口国，拥有近20%的市场份额，紧随其后的国家或地区是欧盟、加拿大、俄罗斯和澳大利亚，各占全球出口量的10%～15%。

对于上面强调的所有主要生产国来说，每月发布的《世界农产品供需评估报告》对美国国内生产和出口做了高水平的预估，是最容易得到的信息。为了进行更全面的分析，可以获取美国农业部农产品外销局（FAS）定期发布的《专员报告》（Attaché Report）数据，该报告包含对主要进出口国家供需变化的总结和分析。往往可以从这些报告中窥见《世界农产品供需评估报告》会发生的变化。此外，还应关注其他国家内部诸如美国农业部这样的部门所发布的数据。例如，巴西的国家大宗商品供应总局（CONAB）会在作物生长季定期发布作物产量预测；阿根廷布宜诺斯艾利斯谷物交易所（Bolsa de Cereales）则每周发布一次。最后，实时最强但也最具干扰性的数据则是世界主要种植区的天气数据。温度、降水、土壤湿度等因素会互相影响，很难评估天气对粮食产量的最终影响。但是，天气往往是影响产量的根本原因，而产量变化则会体现在后续官方对粮食供给的预估中。表12-3总结了一些与粮食市场密切相关的基本面的主要信息来源。

表 12-3　粮食市场的主要信息来源

数据发布	信息摘要	发布时间
《世界农产品供需评估报告》	美国农业部对美国和全球农作物产量和需求量的估计	每月
《粮食库存报告》	每季度末美国主要农作物的库存水平，隐含需求	每季度
《种植面积报告》	美国主要农作物种植面积	每年 6 月底
《种植展望报告》	对农民来年种植意向的调查	每年 3 月底
《出口销售报告》	美国销售给外国的粮食统计	每周四
《美国乙醇生产报告》	每周乙醇生产统计	每周三
《作物进展报告》	各州的作物状况和种植进度	每周一
天气情况	主要生产国的天气情况	每日

农业：软商品

传统意义上，“软商品”指的是种植而非开采得来的大宗商品。但是农产品指数则分为粮食市场和软商品市场，前者包括玉米、小麦和大豆，而后者包括糖、棉花、咖啡和可可等非粮食农产品。分析软商品与分析粮食非常相似。软商品的需求相对稳定，往往是其产量的意外变化引起大部分基本面波动。产量发生意外变化后，需求对价格变化的敏感度将影响未来的价格走向。

棉花市场上，中国、印度和美国是最大的生产国，三者占据了近三分之二的全球总产量。美国是世界上最大的棉花出口国，其出口量遥遥领先于他国，美国和印度加起来占全球出口量的近 50%。《世界农产品供需评估报告》包含棉花市场最重要的数据，其中还有对美国和全球棉花供需状况的预估。在“粮食”部分提到的美国农业部每周发布的《出口销售报告》和《作物进展报告》，也包含棉花市场的数据。除了这些与粮食市场一样的报告外，还有一些棉花市场特有的报告，虽然关注度较小，但对那些密切关注棉花市场的人来说却是很重要的。其中，最重要的可能是CFTC每周发布的《棉花即期报告》（COC报告）。这份报告详细列明了已签约销售但价格尚未确定的棉花数量。由于棉花市场的交易方式不同，在某一特定地点的销售价格通常与期货合约的价格有固定的基差。这些销售数据都包含在COC报告中。因此，关注这份报告就可以知晓在某一价格水平下，棉花市场正在进行的现货买卖量。

巴西、印度和欧盟是最大的产糖国家和地区，约占全球供给量的50%。美国是全球第五大产糖国，可以在美国农业部的《世界农产品供需评估报告》中得到美国糖产量的数据。此外，美国农业部还通过农产品外销局来维护全球糖供需的数据。巴西甘蔗行业协会（UNICA）每两周会发布一次巴西中南部地区的糖产量数据。巴西中南部地区是世界上最大的产糖区，其产量数据受到密切关注。除了巴西甘蔗行业协会和美国农业部的数据外，受到市场密切关注的官方信息很少。大多数重要的基本面数据都来自Kingsman、F.O.Licht等私营咨询机构。

对于咖啡和可可等其他软商品来说，目前尚无公认的权威机构可以提供市场数据基准。美国农业部的农产品外销局也会维护全球咖啡供需状况的数据，并定期发布报告，更新主要生产国的全球供需信息。美国农业部会准确记录历史需求数据，但这一信息更多的是用于参考，并不是实时的市场数据。在规模较小的软商品市场中，大部分的基本面信息来自F.O.Licht或其他私营咨询机构。

表12-4总结了一些与软商品市场密切相关的公开基本面的主要信息来源。

表 12-4　软商品市场的主要信息来源

数据发布	信息摘要	发布时间
《世界农产品供需评估报告》	美国农业部对美国和全球农作物产量和需求量的估计	每月
《种植面积报告》	美国主要农作物种植面积	每年 6 月底
《种植展望报告》	对农民来年种植意向的调查	每年 3 月底
《出口销售报告》	美国销售给外国的粮食统计	每周四
《作物进展报告》	各州的作物状况和种植进度	每周一
《棉花现货报告》	价格尚未确定的棉花现货买入或卖出数量	每周四
巴西中南部产量	最大产糖区的产量估计	每两周

金属：基本金属[⊖]

与石油和粮食市场相比，基本金属市场的基本面相当不透明。重点地区基本金属生产和消费水平的基本面数据并不会及时对外公开。大多数有色金属都有交易机构，这些交易机构也是全球供需数据的来源，但其数据往往不是最新的。例如，国际铜业研究组织（ICSG）会在每月 20 日左右发布一篇新闻稿，对全球供需趋势和同比增长率进行高层次概述。不过，12 月新闻稿中公布的 ICSG 数据将只涵盖截至 9 月的供需数据。像 ICSG 这样的行业组织很好地提供了长期供需趋势、行业背景等数据，但是往往不会发布引起巨大市场反应的数据。有些基本金属市场，与大多数大宗商品市场一样，缺乏市场供求状况的可靠集中发布渠道，其更及时的基本面数据可以从私人订阅服务中获得。

中国对基本金属市场来说极其重要，因为中国不仅是最大的消费

⊖ 金属分为贵金属和基本金属。贵金属主要指金、银和铂族金属等 8 种金属，基本金属指除贵金属以外的其他金属，包括铜、铝、镍等。——译者注

国，而且对大多数工业金属有着最大的增量需求。例如，中国的精炼铜需求量占世界总需求量的39%，铝需求量占世界总需求量的40%，铅需求量占世界总需求量的44%。目前中国对基本金属市场的影响很大，在未来，中国将变得更加重要。就增量需求而言，2010年铜需求增长量中约80%来自中国。考虑到中国的重要性，其进出口数据受到密切关注。中国在每月10日左右发布进出口预估数据，在每月20日左右发布最终数据，还在每月中旬左右发布有色金属产量数据。这些数据有助于了解目前中国的金属需求。但是，考虑到上海交易的金属价格与伦敦金属交易所（LME）的全球价格之间的依据不同，以及这种差异对金属航运的影响，不同月份的数据可能会具有干扰性。

由于基本金属市场透明度有限，加上供需数据滞后，往往需要密切关注与基本金属需求高度相关的宏观基本面数据。例如，全球以及美国、中国、欧元区和日本等较大经济体的采购经理人指数（PMI）和工业生产指数。考虑到中国在基本金属市场的主导地位，一些中国特有的宏观数据也受到了相当密切的关注，其中中国的贷款增长数据以及固定资产投资的细分和变化尤为重要。

市场也会密切关注库存水平。库存水平决定了应对供需大幅波动的缓冲空间，库存水平的变化也会反映供需状况是收紧还是放缓的。经过核准，伦敦金属交易所会发布交割库中基本金属每日库存数据。除伦敦金属交易所外，上海期货交易所还会发布铜、锌和铝的每周库存数据，纽约商品交易所也会发布每日铜库存数据。但是，看待基于交易所公布的库存数据得出的结论应该持保留态度，因为许多大型市场参与者经常玩骗局，他们将金属从伦敦金属交易所仓库转移到场外仓库，晚些时候又将金属移回伦敦金属交易所仓库，这种情况很常见。尽管存在这一缺陷，交易所库存水平的变化仍受到市场参与者的密切关注。除了交易所库存，消费者、生产商和商家的库存水平也是重要的数据。

表 12-5 总结了一些与基本金属市场密切相关的基本面的主要信息来源。

表 12-5　基本金属市场的主要信息来源

数据发布	信息摘要	发布时间
全球采购经理人指数和工业生产数据	总需求和行业活动水平	每月
中国宏观数据	中国新增贷款和固定资产投资的增长	每月
库存水平	交易所库存水平和商业库存水平	每日～每月

金属：贵金属

黄金不同于其他大宗商品，因为其他大宗商品都是基于供需基本面进行交易的，而黄金不是。黄金如此独特是因为它不是消费品。历史上生产的黄金如今几乎全部仍然存在。基于这个特点，黄金的总供给量不仅受每年黄金开采量的影响，还受现存黄金废料供应的影响。目前全球黄金总量约为 155 000 吨，而每年采矿新增产量约为 2600 吨，数据仅作参考。在这么庞大的现有总量中，只有小部分作为废料重新进入供应链，但与金矿产量相比，它们却是影响市场供求平衡的更大摇摆因子。图 12-10 是过去 20 年中矿山开采和废料供应的黄金重量图。需要注意的是，矿山开采产量相对稳定，但废料供应却不稳定。废料供应随着时间的推移波动较大。这种动态就意味着金矿产量不像其他大宗商品的新增产量数据那样重要。这也是从基本面分析的角度来看，黄金会如此独特的原因。

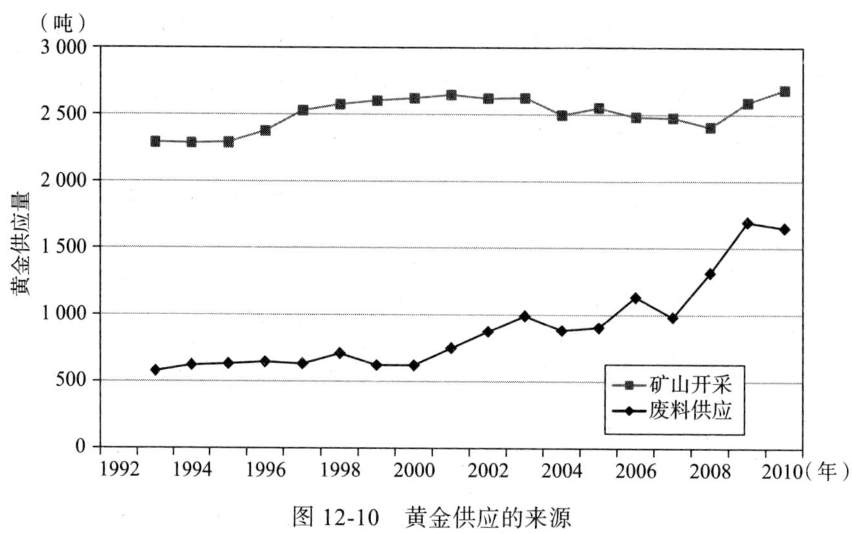

图 12-10　黄金供应的来源

资料来源：彭博、黄金矿业服务公司，2011 年 6 月 20 日。

由于黄金并非消费品，因此根据定义，其每年供需总量必须匹配。当需求超过废料供应和新矿产量的自然比率时，就必须寻找额外的废料来供应。而这些额外的供应则是通过更高的价格获得的。随着金价上涨，废料的数量也随之增加。这种动态变化就要求了解推动黄金需求增加的原因。黄金需求主要源于珠宝和投资，两者加起来约占总需求的 80%。剩下的 20% 来自其他各种需求，包括电子产品、牙科、工业需求等。珠宝需求对价格敏感，具有相当大的价格弹性，金价上涨，珠宝需求就会下降。投资需求在很大程度上是将持有的黄金作为保值或对冲通货膨胀的手段。这种通货膨胀对冲的成本是由一个经济体的实际利率水平决定的，即投资者因持有黄金而不是一些生息资产而放弃的回报。如果实际利率较低，那么黄金投资需求就会增加，因为这降低了持有黄金的机会成本。反之，高水平的实际利率会降低黄金的投资需求。实际利率水平是影响全球主要黄金消费国（如美国、中国、印度和日本）需求的最重要因素。实际利率往往与通货膨胀呈负相关，较高的通货膨胀水平往往意味着更高的黄金投资需求。

可以从几个不同的数据来源直接衡量黄金投资的需求水平。首先，各种黄金 ETF 每天都会报告其黄金持有量和流通份额。其次，CFTC 每周五会在《交易商持仓报告》中公布黄金期货投机多头头寸。最后，在过去 10 年间，随着新兴市场的央行分散其持有的部分美元资产，各国央行已从黄金净卖家转变为净买家。各国央行是全球最大的黄金持有者，国际货币基金组织（IMF）公布了各国央行的黄金持有量，但是数据较为滞后。然而，即使央行购买黄金的数据往往事后很久才可知道，却依然可以对市场产生巨大的影响。

其余的贵金属则更像是黄金和基本金属的混合体。白银和铂金等金属也受到黄金价值的影响，因为它们也具有类似的保值和通货膨胀对冲特性。但是，白银和铂金也有许多工业用途。以铂金为例，汽车催化剂和工业需求占铂金需求总量的近 50%，珠宝占据了另外 40%，而投资只占 10%。因此，黄金以外的贵金属交易倾向于采用与黄金之间的 beta 系数。受自身供需状况的影响，这些贵金属的价格可能会高于或者低于黄金。同基本金属市场一样，全球采购经理人指数、工业生产指数等工业需求指标也受到这些贵金属市场的密切关注。鉴于汽车行业占铂金需求的很大份额，美国和欧洲的汽车销售情况也受到密切关注。

表 12-6 总结了一些与贵金属市场密切相关的基本面信息的主要来源。

表 12-6 贵金属市场信息的主要来源

数据发布	信息摘要	发布时间
实际利率 / 通货膨胀水平	扣除通货膨胀后的资本收益率	每日
ETF 的持仓	投资于黄金 ETF 的金额	每日
中央银行持有量	中央银行的黄金持有量	每月
全球采购经理人指数和工业生产数据	总需求和工业活动水平	每月
CFTC《交易商持仓报告》	黄金的投机性资金总额	每周五

结论

本章概述了驱动不同大宗商品市场主要供需变化的因素，也列出了许多受到市场密切关注的重要数据来源。利用这些信息，指数投资者可以了解大宗商品行业主要基本面的最新情况。追踪基本面数据有助于投资者确定大宗商品价格走势是否受到供应和需求变化的影响，从而在结构性大宗商品交易中做出更明智的决定。它还将帮助投资者理解某种结构性关系此次是否有所不同，以及哪些因素可能会改变，使这种结构性关系不再成立。总之，本章讨论的基本面知识虽然不是十分详尽，但将是改进结构性指数头寸交易和风险管理的起点。

第 13 章

下一阶段：指数发展

理想的大宗商品指数应该具备哪些特性？在我们看来，理想的大宗商品指数应该是对整个资产类别的展示，既要充分体现大宗商品行业的多样性并对冲通货膨胀，同时还要能提供比当今标准大宗商品指数更好、更稳定的长期回报。如今有太多可投资的大宗商品指数，其回溯测试表现均优于基准的标普高盛大宗商品指数和道琼斯瑞银大宗商品指数。这些所谓的第二代、第三代大宗商品指数，绝大多数关注的是本书第 1 章所述的指数基本特征的变化。这些特征包括根据期货价格曲线建仓、展期日的选择以及权重的确定规则（依据流动性、全球产量等）。所有这些指数都将抵押品投资于 3 个月的短期国债。但是，大宗商品指数的总回报既包括大宗商品期货超额回报，也包括抵押品回报，因此抵押品的选择同样重要。本章将对市场上可供选择的部分指数进行概述。由于所有这些指数都没有包含本书论及的全部结构特征，因此本章结尾将举例展示未来的指数应当具有的特点。

根据期货价格曲线建仓

到目前为止，为提高大宗商品指数收益，应用最广泛的方法是延长该指数持有期货合约的期限，故在此花一些时间论述这一点（有关移位指数的更多细节详见第 7 章）。由于道琼斯瑞银大宗商品移位指数是最简单常见的基于期货价格曲线的指数增强产品，故我们以该指数为案例，作为依据评估更为复杂或灵活的期货价格曲线建仓策略带来的真正额外价值。道琼斯瑞银大宗商品移位指数持有一篮子到期日更远的合约，通过与常规道琼斯瑞银大宗商品指数进行对比，就能体现出其根据价格曲线建仓策略的优势。道琼斯公司公开发布的移位指数所包含的成分合约为 1 ～ 5 个月后到期的合约，未来发布的指数成分合约到期日还将可能更远（从历史来看，原始的道琼斯瑞银大宗商品指数可以视为是标普高盛大宗商品指数的一月期部分移位指数，只是标的商品权重不同）。

由于个别大宗商品市场期货曲线最前端呈现不断上升的期货升水趋势，投资者可随之做出相应操作，移位指数变得流行起来。自 2006 年 7 月推出以来，各类道琼斯瑞银大宗商品移位指数通过减少展期亏损，经常跑赢常规的道琼斯瑞银大宗商品指数。道琼斯瑞银大宗商品两月期移位指数相对于常规道琼斯瑞银大宗商品指数的表现如图 13-1 所示。

持有到期日更远的期货合约实现的额外展期收益和良好业绩，部分归功于远月合约有更多生产商参与、风险溢价更高，另一个原因是这避免了在期货价格曲线前端进行展期的部分压力。

通过降低可获得的风险溢价，大宗商品指数可以在一定程度上影响不同期货合约间的相对价格。为避免大宗商品指数的风险溢价持续下降，随着投资大宗商品指数的资金增加，需要在进行合约展期或者

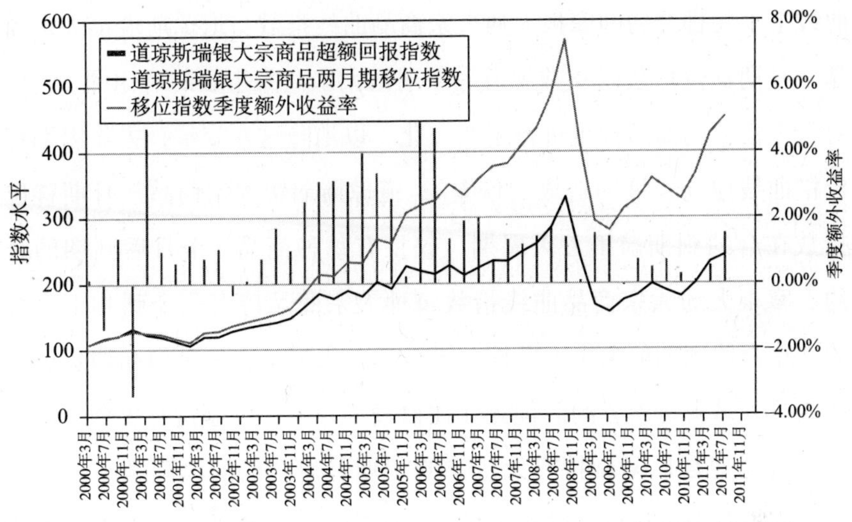

图 13-1　道琼斯瑞银大宗商品两月期移位指数和常规道琼斯瑞银大宗商品指数的总回报对比

资料来源：彭博、太平洋投资管理公司，截至 2011 年 3 月 31 日。

变更合约期限时，不断增强大宗商品指数的多样性，这一点至关重要。最近编制的大宗商品指数（如 CSCB）已经开始通过实行 15 天的展期窗口期、持有到期日最近的三个月份合约等方式践行这些理念。这种持有多个月份合约的理念甚至可以进一步扩展至持有每种商品的所有月份合约。对于指数投资者来说，依据相对持仓量赋予所持有每种合约权重似乎是规避市场中存在的扭曲最可行的方法（例如摩根大通的大宗商品曲线指数 CCI 近期便采用了这种方法）。从理论上来看，这种方法非常有吸引力，因为它将指数的流动性要求与市场活动相匹配。但是，实行该方法需要持有大量不同月份的商品合约，潜在操作压力较大。

从表面上看，这些挑选合约的方法似乎有所不同，但其实它们基本上与买入某个移位指数的操作方法类似。图 13-2 为持有期货价格曲线上十几种合约的摩根大通大宗商品曲线指数与道琼斯瑞银大宗商品三月期移位指数以及常规道琼斯瑞银大宗商品指数的对比图（我们对每个指数的商品权重进行了归一化，以消除这一变量，去除因期货价格曲线建仓及展期造成的偏差）。道琼斯瑞银大宗商品三月期移位指数在合约到期前第五天展期，仅持有每种商品 3 个月后到期的合约。摩根大通大宗商品曲线指数每种大宗商品持有几个到几十个合约，在合约到期前第十天展期。最后，结果显示，每种商品期货价格曲线买入多个月份合约的优势往往被过分夸大，仅需持有 3 个月后到期的合约便足以复制持有大量不同到期月份合约的风险敞口。这表明，将近月合约风险溢价水平纳入考虑后，市场在为不同商品价格曲线定价时非常高效。同时也说明，若投资者想要最大化其长期收益，那么最大限度地增加风险溢价非常重要。

图 13-2　摩根大通大宗商品曲线指数与道琼斯瑞银大宗商品三月期移位指数、常规道琼斯瑞银大宗商品指数对比

资料来源：彭博，截至 2011 年 9 月 30 日。

本章目前的主要内容都聚焦于价格曲线上建仓或指数展期的时机，但其根本目的通常在于减少指数的流动性影响。然而，正如前述案例所示，无论是改变展期日期还是持有的合约，业绩回报的提高在于获取商品期货近月合约风险溢价的扭曲。在这一方面，已经有了足够的分析，但在解决投资者应该持有哪些大宗商品合约的问题上，还需进一步讨论。也许，道琼斯瑞银大宗商品指数持有 20 种大宗商品，标普高盛大宗商品指数持有 24 种大宗商品，数量都太多了。

选择正确的大宗商品并确定其权重

我们认为，未来的大宗商品指数应该降低对一大篮子期货每日收益评估的关注，而应更多地聚焦于通过产生最大的长期超额回报，为投资者增加长期价值，同时保留大宗商品资产类别的多样性与对冲通货膨胀的特性。

如今，常规的大宗商品指数会根据流动性公式或全球产量来设定大宗商品权重。这种传统的指数编制方式与股票指数编制方式非常相似，即在指数中包含多种大宗商品，并根据其全球产量或其他定量因素、价值因素确定权重比例。标普 500 指数便是基于指数成分所包含的公司市值编制并确定权重的。一些股票投资者青睐于这种指数编制方式，这类投资者往往希望获取到覆盖范围更广的风险敞口，且认为市场在高效运行的情况下，不会出现指数成分中某家公司股票表现优于其他公司股票的情况。但是大宗商品市场并不那样平稳，市场经常预期某些大宗商品会跑赢其他大宗商品。通过研究各大宗商品的储存成本和风险溢价的历史水平（详见第 6 章），可以预测大量关于投资大宗商品获得未来收益的信息。到目前为止，大宗商品市场这一最基本但最独特的特征，却在大宗商品指数中被忽略了。

此外，指数应覆盖各行业（粮食、能源、金属等）的大宗商品，注重大宗商品的多样性，而不是涵盖所有通过某些流动性测试的大宗商品。而且，大宗商品市场与股票市场不同。在股票市场中，有一个常见的因素 beta 系数，不同行业的 beta 系数相当稳定，医疗等行业 beta 值可能偏低，科技等行业的 beta 值可能偏高，但对于大多数企业和行业来说，相互之间的潜在相关性相当高。在这方面，大宗商品市场就和股票市场有所不同，因为不同大宗商品行业间的相关性非常低。股票市场长期而言会受共同因素影响，但在大宗商品市场中，却不存在这样的共同因素（短期而言，投资大宗商品指数资金流入或较低的实际利率可能会暂时提高大宗商品之间的相关性，但这种相关性的增加往往是短期的）。了解这一基本因素并加以利用，对于编制真正多元化的大宗商品指数来说至关重要。

如果大宗商品指数成分同时包含取暖油和原油，或者大豆和玉米，那么其多样性达到了什么程度呢？为了阐明这个问题，表 13-1 呈现了八种不同大宗商品每日收益的相关性矩阵。从四个不同的行业中各挑选了两种大宗商品，即能源中的布伦特原油和取暖油，贵金属中的黄金和白银，基本金属中的铜和铝，以及农产品中的玉米和大豆。需要注意的是，同一行业内的两种大宗商品具有很高的相关性，而不同行业大宗商品之间的相关性却很低。以能源行业为例，布伦特原油和取暖油的相关性为 89%。一个大宗商品指数同时持有布伦特原油和取暖油，几乎不具备多样性优势。这并不意味着，一只指数在流动性或其他因素都表明同时持有两种大宗商品有利时，不能同时持有这两种大宗商品。但在这种情况下，同时持有布伦特原油和取暖油就无关乎提高大宗商品指数的多样性了。

表 13-1　八种不同大宗商品每日收益的相关性矩阵

	布伦特原油	取暖油	黄金	白银	铜	铝	玉米	大豆
布伦特原油	100%	89%	26%	29%	33%	28%	26%	28%
取暖油	89%	100%	24%	25%	28%	25%	22%	25%
黄金	26%	24%	100%	75%	32%	27%	19%	19%
白银	29%	25%	75%	100%	40%	35%	24%	26%
铜	33%	28%	32%	40%	100%	72%	24%	27%
铝	28%	25%	27%	35%	72%	100%	22%	24%
玉米	26%	22%	19%	24%	24%	22%	100%	65%
大豆	28%	25%	19%	26%	27%	24%	65%	100%

资料来源：彭博，太平洋投资管理公司，截至 2011 年 6 月 30 日。

在能源行业以外，与布伦特石油相关性最高的大宗商品是铜，达到了 33%。基本金属、贵金属和粮食等其他行业也存在同样的关系。例如，黄金和白银之间的相关性为 75%，但在贵金属以外的行业中，黄金与铜的相关性最高，为 32%。指数多样性的主要驱动力是其成分所包含的大宗商品行业的数量，而指数中大宗商品的数量对多样性的影响紧随其后。因此，指数多样性的真正优势并非源于囊括了大量不同的大宗商品，而是源于包含大量不同的大宗商品行业，如谷物、能源、牲畜、基本金属、贵金属和软商品。

这一结论很重要，因为它意味着，如果某一特定大宗商品（如玉米）比另一种谷物（如大豆）的储存成本更高，那么玉米敞口就有可能会被大豆敞口所取代。这样的替代，既能提高投资者对大宗商品指数的收益预期，又不会减少预期的多样性优势。

在决定单个大宗商品及其所属行业的权重时，除了考虑潜在的长期投资收益和相关性外，还应考虑该单个大宗商品的波动性。归根结底，单个大宗商品及其所属行业的权重应该由其自身的流动性、波动性、相关性和预期收益共同决定。相较于现有的标准大宗商品指数，这种做法可使风险和收益实现最优平衡。

选择正确的抵押品

本章此前的篇幅一直聚焦于通过提升指数成分商品合约收益来增加商品指数收益。但是，大宗商品期货必须要有抵押品担保，而这种抵押品可以通过许多不同的方式进行管理。目前，所有大宗商品指数都默认期货的担保是 3 个月期短期国债。国债可以说是最安全、最具流动性的金融资产，因此，预期其长期收益率会低于其他金融资产。

一般来说，伦敦同业拆出利息率（LIBOR）是在期货等金融交易中设定的融资基准利率。例如，不同合约月份的标普股指期货之间的价差就取决于 LIBOR 利率水平。LIBOR 也是计算大宗商品期货之间的无风险套利或价差时的融资基准利率。投资者在抵押品上的收益率必须超过 LIBOR，才能抵在期货市场固有的隐含融资利率。从 2000 年到 2011 年，3 个月期国债和 3 个月期 LIBOR 之间的平均息差为 48 个基点。除了从国债转投收益更高的现金抵押品可能获得 LIBOR 以及一定额外息差外，投资者还有其他的选择。对于以对冲通货膨胀为目的的大宗商品指数投资者而言，采用 TIPS 作为大宗商品期货的抵押品更能完全抵御通货膨胀，因为其抵押品收益率与通货膨胀率明确挂钩。一般来说，抵押品的选择应该与投资者的风险和收益目标一致，但从短期国债转投其他形式的抵押品，往往会带来更高的收益。

除此之外，这也可以改善大宗商品投资的多样性或其对冲通货膨胀的功能。

太平洋投资管理公司大宗商品指数新理念：商品种类更少、储存成本更低、抵押品收益更强的指数

通过了解各种不同大宗商品的储存成本，可以提前预估哪种大宗商品的优化展期收益更为稳定。在详细介绍基于静态储存成本的投资组合的构建之前，有必要强调一下这种使展期收益最大化的方法与第6章中讨论的更动态的优化展期收益方法之间的主要区别。由于存储成本的方法是静态的，与其说这种方法是一种策略，倒不如说是一种指数。指数的目的是作为调整一篮子资产配置的参考或指南。它也是一条准绳，让投资者能够从高层次了解不同资产随时间推移的相对表现。为了尽可能地作为历史参考，构成指数的成分应该尽量不随时间推移做出改变。此外，无论是在事前还是在事后，指数的基本构成部分均应易于理解和观察。而优化的展期收益策略具有动态性，无法满足上述这些条件。在优化的展期收益策略中，有的合约月份不含农产品敞口，而有的合约月份中农产品大宗商品敞口的比例超过了40%。这种权重的波动意味着，优化的展期收益策略并不适合作为大宗商品资产类别的广义衡量标准。但是，这并不表示优化的展期收益策略不好，也不表示其无法产生长期收益。重要的是要记住，优化的展期收益策略是一种在不同大宗商品间来回交易的策略，并非衡量大宗商品资产类别表现的准确指标。

为了既保证多样性又能广泛地代表大宗商品资产类别，编制的低

储存成本指数包含农业、能源、贵金属、基本金属和肉类五个主要大宗商品行业的大宗商品敞口，且所含的大宗商品都是这五个行业中储存成本最低的大宗商品。上述各行业中储存成本最低的大宗商品分别是大豆（农业）、原油（能源）、黄金（贵金属）和镍（基本金属）。

在实际情况中，可以根据前瞻性收益预期、历史相关性和波动性、流动性和全球产量等指标进行综合测算，为每种大宗商品及行业设定最优权重。或者，如果担心已发布指数的跟踪误差，可以将低储存成本指数的行业权重与道琼斯瑞银大宗商品指数、标普高盛大宗商品指数等主要指数的行业权重相匹配。但在本案例中，我们将低储存成本指数的行业权重与第 6 章中讨论的优化展期收益策略中平均行业权重保持一致。这样做是为了尽可能多地对两种策略进行同类比较。此外，由于肉类的储存成本很难评估，这一行业的大宗商品权重则采用优化的展期收益策略中的平均行业权重，以使比较的结果尽可能反映实际。最后，在能源行业，针对低储存成本的指数对布伦特原油和 WTI 原油进行了平均赋权。

除了考虑储存成本和预期未来收益来合理选择大宗商品，还将抵押品的收益率假定为当前 3 个月期 LIBOR 利率。如前所述，3 个月期 LIBOR 利率是大多数金融交易中设定的基准利率。相较于国债收益率，该收益率是投资者可预期的其资金收益的较好水平。

表 13-2 和图 13-3 显示了自 2000 年以来，在低储存成本指数与前述探讨的优化的展期收益策略之间进行的业绩对比。总体而言，低储存成本指数的总回报率最高，主要原因是低储存成本指数的现货收益率提高。正如在第 6 章中所探讨的，由于低储存成本指数本质上是静态的，因此这一结果在意料之中。虽然低储存成本指数的展期收益

率不如优化的展期收益策略那么高，但现货收益率刚好弥补了这一点。低储存成本指数的抵押品收益率也略高于优化的展期收益策略，因为3个月期LIBOR利率平均比3个月期国债收益率高出近50个基点。而且，本分析未考虑交易费用或交易滑点的影响，这两点对优化的展期收益策略的影响无疑显著高于低储存成本指数。

表13-2　等权指数、低储存成本指数以及具有最优和最差展期收益的大宗商品指数的收益率分析

	等权指数	收益高于一半同类产品的展期收益指数（优化的展期收益策略）	收益低于一半同类产品的展期收益指数	低储存成本指数
总回报率	10.25%	15.13%	5.37%	16.68%
超额回报率	7.73%	12.61%	2.85%	13.66%
展期收益率	−7.73%	5.42%	20.87%	−1.57%
现货收益率	15.46%	7.20%	23.72%	15.23%

资料来源：太平洋投资管理公司、彭博，截至2010年12月31日。

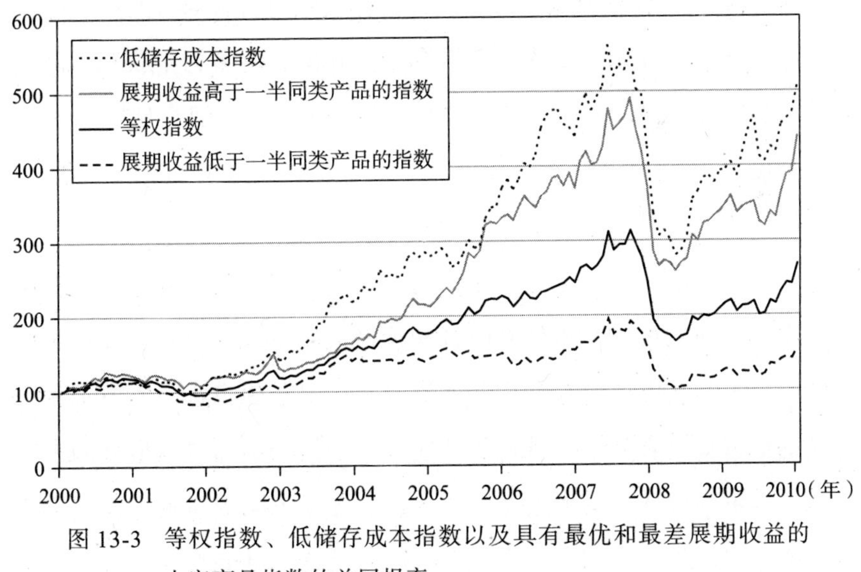

图13-3　等权指数、低储存成本指数以及具有最优和最差展期收益的大宗商品指数的总回报率

资料来源：太平洋投资管理公司、彭博，截至2010年12月31日。

低储存成本指数的真正优点就在于其简单性。尽管低储存成本指数事实上比优化的展期收益策略回报更高，但真正的比较其实在于低储存成本指数与等权指数的对比，两者现货收益率几乎一样，也就是说两者都准确地捕捉了这一时期内的大宗商品现货价格变化。但是，低储存成本指数具有更高的总回报率，这并非源于复杂的交易策略，而仅仅是通过降低指数投资者支付的储存费用来实现的（以及同时选择了一种更合理的抵押品）。

为了理解低储存成本指数作用良好的原因，值得回头思考一下，买入并做多一篮子大宗商品期货到底意味着什么。当投资者做多大宗商品期货合约时，就已经确定了未来购买该大宗商品的价格。那么，持有一篮子期货并进行展期的指数投资者，实际上是在买入这一篮子实物大宗商品的所有权并进行展期。从本质上讲，大宗商品指数投资者与仓库经营者非常相似。指数投资者和仓库经营者都会购买一些大宗商品，并希望在未来出售以获取利润。仓库经营者为了获利，其购买的大宗商品在未来出售时，价格必须足够高以抵消仓储和运营成本。仓库经营者如果对两个类似大宗商品的相对价格前景拿不定主意，那么应该购买储存成本最低的那个大宗商品。

同理，指数投资者也是如此。他们经营着一个假想的仓库。在这个仓库里，他们可以获得便利收益和价格上涨带来的收益，而指数投资者的成本是实际的储存费用和融资成本。对于想投资一大篮子大宗商品的指数投资者来说，默认头寸应该是一篮子储存成本最低的大宗商品。理解仓储成本的影响及其重要性，并不意味着投资者永远不应该持有仓储成本较高的大宗商品。可以对默认的低储存成本投资组合进行调整，但考虑到仓储成本较高的大宗商品头寸面临着长期不利因素，应该基于供需基本面有技巧地进行调整。采用由一篮子低储存成本大宗商品组成的指数有两个目的：其一，它是衡量资产分类的一种透明指标；其二，鉴于其具有结构性长期优势，它是一个有效的被动指标，可以准确衡量不同经理人、交易策略和规则导向增强策略所带来的价值增长。

结论

本书从大宗商品指数的历史出发，花费大量篇幅探讨如何以更好、更聪明的策略，系统性地获取指数这一重要资产类别的多头敞口。本章为大家分享了一些关于未来大宗商品指数投资的想法，并以一个可能的指数示例作为结尾。

结　　论

如前言所述，本书旨在：

- 准确地定义“大宗商品指数”。
- 解释影响大宗商品指数的回报驱动因素，并阐明大宗商品促进多样性和对冲通货膨胀的原理。
- 说明聪明的大宗商品指数投资者可以采用的策略，获取比简单计算指数更多回报。
- 讨论与投资组合管理和风险管理相关的重要话题。
- 展望大宗商品指数投资的未来。

本书力图为投资大宗商品指数的投资者提供可以实际使用的投资策略和方法。

通过可投资指数衡量的大宗商品期货投资发展历史很短，但关注度很高。投资者投资这一资产类别以期获得一定的收益，对冲通货膨胀，并促进自身投资组合（不同于股票和债券）的多元化。受收益驱动，投资者往往是出于经济原因的考量，来进行大宗商品期货投资，以获取到上述益处。

随着投资者对大宗商品指数这一资产类别的兴趣不断上升，其种类、复杂性和精密性也在增加。但是，无论大宗商品指数多么精密复杂，聪明的大宗商品指数投资者并不满足于仅获得指数被动收益。以下几种方式可以实现指数增值，同时又不会失去最初吸引投资者进入该资产类别的关键优势：

- 展期收益是指数投资中不可或缺的考虑因素，可通过策略选择何时对头寸进行展期以及买入哪些合约，以获取展期收益。
- 采取利用大宗商品市场的季节性特点的策略。
- 采取可发现能够买入指数所覆盖市场之外其他市场头寸交易机会的策略。
- 采取利用错误定价的波动率的策略，尤其是当投资者明白波动率被错误定价的原因的时候。
- 采取有效管理抵押品（大宗商品指数投资的重要组成部分）的策略。
- 清楚地了解风险和交易需考虑的因素。

聪明的指数投资者除了利用这些机会实现增值，还需明白在投资组合中需采用一套多元化的增值策略，而不是依靠任何单一的策略。同时，无论是现货还是期货大宗商品市场，都是动态变化的，因此，任何一成不变的方法都不是最佳的。投资者也会进一步了解到，对大宗商品指数投资组合进行风险管控的重要性，包括所有单一策略的风险以及整个投资组合的风险。管理风险的方法已在书中阐述清楚。

最后，所有大宗商品指数都必然涉及为大宗商品头寸提供担保的固定收益产品投资。合理挑选抵押品并对其进行主动管理也可以为整个大宗商品投资组合增加价值。

我们不应孤立地看待大宗商品指数投资，而应从投资者整体投资组合的角度进行考量。大宗商品指数这一资产类别将继续在投资组合中发挥越来越重要的作用。本书旨在帮助读者更多地了解大宗商品指数的优势，从而更好地利用这一资产类别。希望你从本书中有所收获，并希望你能享受阅读的过程，正如我们享受书写这本书一样。

作者简介

罗伯特 · J. 格里尔（Robert J. Greer）

40 年前，刚从斯坦福大学商学院毕业的罗伯特首次涉足大宗商品市场，并设计出世界上首个可投资的商品指数。在 20 世纪 90 年代重返大宗商品领域并管理大宗商品指数产品之前，罗伯特一直在管理通胀资产（商业房地产）。自 2002 年起，他与本书的合著者一起为太平洋投资管理公司创建了稳健的实际回报业务。

尼克 · 约翰逊（Nic Johnson）

尼克 · 约翰逊负责管理太平洋投资管理公司的几个大宗商品投资组合，其中包括大宗商品增值战略；开发和应用本书所介绍的量化策略。尼克拥有芝加哥大学的金融数学硕士学位。他曾是一位名副其实的“火箭专家”，就职于美国国家航空航天局的喷气推进实验室。工作之余，尼克喜欢与妻子以及两个儿子共度休闲时光。

米希尔·P. 沃拉（Mihir P. Worah）

米希尔是太平洋投资管理公司实际回报项目负责人，主管超过1000亿美元的积极管理通胀对冲战略，负责管理太平洋投资管理公司的大宗商品实际回报战略，本书提出的许多想法在该战略中得到了试炼。米希尔拥有芝加哥大学理论物理学博士学位，他喜欢和儿子一起弹奏吉他。

参考文献

Ankrim, Ernest M., and Chris R. Hensel. 1993. "Commodities in Asset Allocation: A Real-Asset Alternative to Real Estate." *Financial Analysts Journal*, vol. 49, no. 3 (May/June):20–29.

De Chiara, Adam, and Daniel M. Raab. 2002. "The Benefits of Real Asset Portfolio Diversification." AIG Trading Group.

Erb, Claude B., and Campbell R. Harvey. 2006. "The Tactical and Strategic Value of Commodity Futures." *Financial Analysts Journal*, vol. 62, no. 2 (March/April):69–97.

Fernholz, Robert, and Brian Shay. 1982. "Stochastic Portfolio Theory and Stock Market Equilibrium." *Journal of Finance*, vol. 37, no. 2 (May):615–624.

Gorton, Gary, and K. Geert Rouwenhorst. 2006. "Facts and Fantasies About Commodity Futures." *Financial Analysts Journal*, vol. 62, no. 2 (March/April):47–68.

Greer, Robert J. 1978. "Conservative Commodities: A Key Inflation Hedge." *Journal of Portfolio Management*, vol. 4, no. 4 (Summer):26–29.

———. 1997. "What Is an Asset Class, Anyway?" *Journal of Portfolio Management*, vol. 23, no. 2 (Winter):86–91.

———. 2000. "The Nature of Commodity Index Returns." *Journal of Alternative Investments* (Summer):45–53.

Kaldor, Nicholas. 1939. “Speculation and Economic Stability.” *Review of Economic Studies*, vol. 7, no. 1 (October):1–27.

Keynes, John Maynard. 1930. *Treatise on Money*. London: Macmillan.

Working, Holbrook. 1949. “The Theory of Price of Storage.” *American Economic Review*, vol. 39, no. 6 (December):1254–1262.